都市経営研究叢書2

都市行政の最先端

法学と政治学からの展望

久末弥生[編]

日本評論社

『都市経営研究叢書シリーズ』
刊行にあたって

　21世紀はアジア・ラテンアメリカ・中東・アフリカの都市化と経済発展の時代であり、世界的には、人類の過半が都市に住む都市の時代が到来しています。
　ところが、「人口消滅都市（※注）」などの警鐘が鳴らされているように、逆に先進国都市では、人口の減少、高齢化、グローバル化による産業の空洞化が同時進展し、都市における公共部門やビジネス等の活動の課題はますます複雑になっています。なぜなら、高齢化等により医療・福祉などの公共需要はますます増大するにもかかわらず、人口減少・産業の空洞化が同時進行し、財政が緊迫するからです。
　※注：2014年に日本創成会議（増田寛也座長）が提唱した概念
　このため、これからは都市の行政、ビジネス、非営利活動のあらゆる分野で、スマート（賢く）でクリエイティブ（創造的）な課題解決が求められるようになります。人口減少と高齢化の時代には、高付加価値・コストパフォーマンスの高いまちづくりや公民連携（PPPやPFI）が不可欠です。今後重要性の高い、効果的なまちづくりや政策分析、地域再生手法を研究する必要があります。また、人口減少と高齢化の時代には、地方自治体の行政運営の仕方、ガバナンスの課題が大変重要になってきます。限られた財政下で最大の効果を上げる行政を納税者に納得して進

めていくためにも、合意形成のあり方、市民参画、ガバメント（政府）からガバナンス（運営と統治）への考え方の転換、NPOなどの新しい公共、そして法や制度の設計を研究する必要があります。また、産業の空洞化に対抗するためには、新産業の振興、産業構造の高度化が不可欠であり、特に、AIなどのICT技術の急速な進歩に対応し、都市を活性化する中小・ベンチャーの経営革新により、都市型のビジネスをおこす研究が必要です。一方、高齢化社会の到来で、医療・社会福祉・非営利サービス需要はますます増大いたしますが、これらを限られた財政下で整備するためにも、医療・福祉のより効率的で効果的な経営や倫理を研究し、イノベーションをおこさないといけません。

　これらから、現代社会において、都市経営という概念、特に、これまでの既存の概念に加え、産業や組織の革新（イノベーション）と持続可能性（サスティナビリティ）というコンセプトを重視とした都市経営が必要となってきています。

　このために、都市経営の基礎となるまちづくり、公共政策・産業政策・経済分析や、都市経営のための地方自治体の行政改革・ガバナンス、都市を活性化する中小ベンチャーの企業経営革新やICT化、医療・福祉の経営革新等の都市経営の諸課題について、都市を支える行政、NPO、プランナー、ビジネス、医療・福祉活動等の主要なセクターに属する人々が、自らの現場で抱えている都市経営の諸課題を、経済・経営・政策・法／行政・地域などの視点から、都市のイノベーションとサスティナビリティを踏まえて解決できるように、大阪市立大学は、指導的人材やプロフェッショナル／実務的研究者を養成する新しい大学院として都市経営研究科を、2018年（平成30年）4月に開設いたしました。

　その新しい時代に求められる教程を想定するとともに、広く都市経営に関わる諸科学に携わる方々や、学ばれる方々に供するため、ここに、『都市経営研究叢書』を刊行いたします。

都市経営研究科 開設準備委員会委員長　桐山　孝信

都市経営研究科 初代研究科長　小長谷　一之

はしがき

　私たちの日常生活を支える都市行政は、社会の新陳代謝に応じて変化を繰り返す。かつてないスピード感で都市そのものが変化していく21世紀の現代社会において、都市における新たなニーズを的確に把握し迅速に対応することが、都市行政に今、最も求められている。インフラ、環境、安全保障、情報、AI、訴訟、議会など、都市のガバメントとガバナンスのあらゆる面で、最新の動向を踏まえたアップデート、さらに、未来社会を見据えた都市行政システムの構築が必要とされているのである。本書では、都市行政研究を専門とする法学者および政治学者が、住宅法、水法、自治体環境行政、国土安全保障、情報法、AI・ロボット活用、現代型訴訟、議員立法、議会改革などに言及しながら、行政の今とその先について鋭く分析し、わかりやすく解説していく。

　都市経営研究叢書シリーズ第2巻となる本書は、2018年4月に開設した新大学院、大阪市立大学大学院都市経営研究科の4つのコース（都市政策・地域経済コース、都市行政コース、都市ビジネスコース、医療・福祉イノベーション経営コース）のうち、都市行政コースが企画・編著を担当した。

　2018年5月25日には、大学院都市経営研究科が主催する最初のシンポジウムとして、「大阪市立大学大学院都市経営研究科　開設記念特別シンポジウム　小磯良平が描いた恒藤恭―大学の原点を見つめて」が行われた。同シンポジウムは、これまで外部へ一般公開されたことのない、大阪市立大学が所蔵する小磯良平（1903-1988）画伯による恒藤恭（1888-1967）初代学長の肖像画について神戸市立小磯記念美術館の全面協力のもとで詳細に分析調査すると共に、同じ時代を生きた小磯と恒藤をつなぐ1枚の肖像画が映し出す大阪市立大学の原点を見直すことで、新大学院の船出の先にある大学全体の展望を考えようという趣旨のものである。

会場の大阪市立大学梅田サテライト文化交流センターホールには、1949年の大阪市立大学の創立にゆかりの深い方々を含む、多くの来場者たちが集まった。当日の司会は私が務め、プログラムは荒川哲男学長（大学院医学研究科教授）の開会挨拶に始まり、桐山孝信特命副学長（大学院法学研究科教授）による基調講演「大阪市立大学の原点から現点へ―恒藤恭とその時代―」、高橋佳苗神戸市立小磯記念美術館学芸員による基調講演「肖像画家としての小磯良平―《恒藤恭氏肖像》を読み解く―」の後、パネルディスカッションが展開された。安竹貴彦大学史資料室長（大学院法学研究科教授）による解説「恒藤学長時代の大阪商科大学・大阪市立大学」「桐山・高橋報告への若干の補足―所蔵資料を中心に―」、広川禎秀恒藤記念室特任教授（大阪市立大学名誉教授）による解説「恒藤恭「世界苦を克服するための世界苦」の思想」の後、来場者たちからの質問が紹介され、続いてパネリストの桐山、高橋、安竹、広川の4氏により、特に小磯良平作品《娘子関を征く》（1941年、東京国立近代美術館蔵）に着眼した活発な意見交換が行われた。2時間半にわたるシンポジウムの終了後も、感想を伝え合う方々、思いがけない再会を喜ぶ方々など、会場は華やかな余韻に包まれた。全学規模開催のキックオフシンポジウムを無事に成功させたことは、新大学院としての大きな自信につながった。

　大阪・シカゴ姉妹都市提携45周年記念年である2018年7月24日から28日には、アメリカのシカゴ市で開催された「グローバル・ユース・アンバサダー・リーダーシップサミット2018」に私が招聘された。シカゴ市と28の姉妹都市出身の14歳から16歳の女子を対象に次世代のグローバルリーダーを育てる集中型リーダーシッププログラムである本サミットで、大阪市代表の女性研究者のロールモデルとして私が招待講演「My Way of Life as a Woman Legal Scholar」を行うと共に、パネルディスカッション「Luncheon and Panel Discussion on Women in Leadership」にパネリストとして登壇したことを契機に、2018年10月24日には大阪・シカゴ姉妹都市提携45周年記念事業の一環として、大学院都市経営研究科主催（大阪市、シカゴ姉妹都市インターナショナル共催）

の初めての国際フォーラム「大阪市立大学大学院都市経営研究科　特別シンポジウム　女性のリーダーシップ、アントレプレナーシップ」が、大阪市立大学梅田サテライト文化交流センターホールを会場に行われた。当日の司会は私が務め、キャサリン・イバタ＝アレンズ氏（デポール大学政治学部教授、グローバルアジア研究プログラムディレクター）による基調講演「イノベーションとアントレプレナーシップ：アジアの新型？」、和田彩氏（大阪市経済戦略局立地交流推進部長）による基調講演「女性のリーダーシップ―姉妹都市シカゴの事例より―」の後、パネルディスカッションが展開された。岩田千栄美氏（女性研究者支援室特任助教）による冒頭プレゼンテーションに続き、来阪中のシカゴ市代表団総勢11名のなかから高橋玲子氏（ロータリー・インターナショナル国際本部アートディレクター）が加わり、イバタ＝アレンズ、和田、岩田、高橋の4氏をパネリストとして、特にメンター制度の必要性や、アジアのうちインドネシア、フィリピン、中国の躍進について、解説や意見交換が行われた。また、シカゴ市代表団から野毛洋子氏（日本経済新聞米州編集総局シカゴ支局共同支局長）と高橋昭彦氏（デポール大学教育学部准教授）も加わり、リーダーシップやアントレプレナーシップにとって必要な能力や効果的な実現に向けての提言など、活発な質疑応答が展開された。多様なバックグラウンドをもつ参加者たちによる熱のこもったディスカッションは、新大学院の新たな可能性と方向性を予感させるものとなった。

　本書は、現代社会において私たちが直面する都市行政のさまざまな課題のうち、法学や政治学の初学者も興味をもって読み進めることができるように、社会的に話題となったテーマを取り上げている。さらに、未来社会の都市生活を支える行政システムの提言を、近未来の具体的なイメージと共に、さまざまな方向から試みる。第1章では日常生活の土台として私たちに最も身近な住宅について、第2章では私たちの日常生活に不可欠な水管理について、それぞれ考察する。第3章では自治体レベルでのアップデートが常に求められる環境行政について、第4章では災害の大規模化に伴う喫緊の国土安全保障対策について、それぞれ検討する。第5章では私たちの都市生活そのものを日々変革させる情報通信に

ついて、第6章では都市行政システム全体への導入が急速に進むAI・ロボットについて、それぞれ分析する。第7章では半世紀の試行錯誤を経て一定の成熟を見せる医療訴訟について、第8章では1947年の第1回国会から都市基盤を支えてきた議員立法の今について、第9章では20世紀から21世紀にかけての議会改革の大きなうねりについて、それぞれ概観する。日本万国博覧会（大阪万博）が開催される2025年には、本書が示す提言のいくつかが実現されているかもしれない。

本書の執筆者はいずれも、大学院都市経営研究科の授業「ワークショップ（招聘ゲスト講演）」、都市行政コースシンポジウム（一般公開ワークショップ）において好評を博したメンバーであり、当該分野の第一人者、新進気鋭の研究者であると同時に、私が大きな信頼を寄せる研究仲間たちでもある。

小長谷一之都市経営研究科長と、本書の執筆者であり研究科の同僚でもある髙野恵亮先生には、企画の初期段階から、有意義なご助言と多方面でのご協力をいただいた。桐山孝信特命副学長には、都市経営研究科の開設準備から開設初年度までの3年間、多大なご尽力を賜った。都市経営研究叢書シリーズ第2巻として本書の刊行が実現したのも、社会人大学院担当の特命副学長であり法学者であられる桐山先生のご理解とご協力があってこそのことである。

本書の刊行について、日本評論社の永本潤氏に大変お世話になった。皆さまに、深く、厚く、感謝申し上げたい。

2018年12月

久末　弥生

＊本書は、「平成30年度大阪市立大学全学的研究環境整備費」および「平成30年度大阪市立大学証券センター研究費助成金」を受けて刊行されたものである。

目 次

『都市経営研究叢書シリーズ』刊行にあたって......iii
はしがき......v

第1章　都市行政と住宅法　　001

Ⅰ．総説......001
Ⅱ．安心・安全な住宅の建設......002
Ⅲ．住環境にまつわるインフラの整備......006
Ⅳ．多数当事者の権利調整......016
Ⅴ．展望......021

第2章　都市行政と水法　　025

Ⅰ．都市と治水......025
Ⅱ．都市の水利用......034
Ⅲ．健全な水循環のための法制度......037
Ⅳ．住民参加による流域管理......044

第3章　都市行政と自治体環境行政　　051

Ⅰ．自治体環境行政を語る現在の法環境......051
Ⅱ．環境基本条例のもとでの法体系......057
Ⅲ．新たな発想にもとづく新たな枠組み......058
Ⅳ．居住環境と空き家問題......065
Ⅴ．居住環境と民泊問題......068
Ⅵ．自治体が先導する分権条例......073

第4章　都市行政と国土安全保障　075

Ⅰ．国土の安全保障と災害......075
Ⅱ．災害や非常事態に対する準備の歴史的概要......076
Ⅲ．大規模災害への対応と展望......094

第5章　都市行政と情報法　101

Ⅰ．はじめに——情報通信技術を中心とする先端技術によって変革する都市行政と法......101
Ⅱ．情報通信技術の発展と変革期を迎える都市行政——スマートシティの構造と問題......103
Ⅲ．ドローン活用と自動運転をめぐる都市行政上の諸問題と課題......109
Ⅳ．おわりに——都市行政と情報と法をめぐる将来課題と展望......115

第6章　都市行政とAI・ロボット活用　121

Ⅰ．はじめに......121
Ⅱ．AI・ロボットの特徴......126
Ⅲ．AIの都市行政への利用と責任論......129
Ⅳ．おわりに......140

第7章　都市行政と現代型訴訟　145

Ⅰ．現代型訴訟としての医療訴訟と医療情報の利活用......145
Ⅱ．医療訴訟と証拠の偏在——文書提出命令と診療録の開示......147
Ⅲ．医療訴訟における過失の競合......150
Ⅳ．医療事故調査報告書と文書提出命令......152
Ⅴ．医療裁判の限界と医療ADR......154
Ⅵ．医療分野と個人情報保護、医療事故情報と医療訴訟......155
Ⅶ．都市行政と医療訴訟、医療情報......158

第8章　都市行政と議員立法

Ⅰ．はじめに......163

Ⅱ．都市行政をめぐる法制度......166

Ⅲ．閣法と議員立法──法制定をめぐる2つのルート......169

Ⅳ．都市行政に係る議員立法の概観......175

Ⅴ．おわりに──議員立法をめぐる課題と展望......180

第9章　都市行政と議会改革

Ⅰ．問題の所在──大都市制度改革の動向と地方政治の台頭......185

Ⅱ．議会改革の到達点......187

Ⅲ．自治体間連携への住民統制......192

Ⅳ．都市内分権への住民統制......196

Ⅴ．都市行政への住民統制の課題......202

Ⅵ．大都市制度と住民投票──特別法の住民投票とのアナロジー......204

執筆者紹介......209

第1章

都市行政と住宅法

Ⅰ．総説

　都市をいかなるものとして定義するにせよ、そこに住まう人々の暮らしが見えない都市など考えられない。古代の王都であれば宮殿──これ自体が国王とその家族の住居である──とその周囲を護る臣下の住まいが、中世の商都であれば盛んに往来する商人や船乗りたちの定宿が、現代の通勤者たちが帰宅する住宅都市（ベッドタウン）であればその安息の場であるマイホーム──これは一戸建てに限られず、マンションやアパートなどの集合住宅も含まれる──が、その不可欠の構成要素となる。完全なる政治都市として計画されたブラジリアやキャンベラ、外部から存在を秘匿されたロスアラモスやバイコヌールにおいてさえ、都市が人の集まりによって成り立つ以上は、程度の差こそあれ、そこに集う者たちの住まいが設けられた。

　ところが、人が集住するところには、いかにして治安を確保するか、いかにして清浄な水を得るか、いかにしてゴミ・汚水を処理するか、いかにして交通渋滞を解消するか、いかにして住宅を確保するかといった問題が山積する。為政者は、いつの時代においても、こうした課題への対処に知恵を絞ったのであり、その成果は現代にも脈々と受け継がれている。都市行政は統治機構を生み出す母胎であり、行政法の淵源は都市行政の法にあるといっても過言ではない。

　本章では、これらの課題のうち、住宅をめぐり展開されてきた施策について、安心・安全な住宅の建設、住環境にまつわるインフラの整備、

多数当事者の権利調整という3つの視点に立ち、素描する。各々の視点は複雑に絡まっているため、いずれか1つで完結するものではないし、場合によっては他の章のテーマに踏み込むことがある。

Ⅱ. 安心・安全な住宅の建設

1. 概要

　近代のロンドンやパリの都市政策を引くまでもなく、住宅をめぐる都市問題の根源は、あまりに稠密なその人口にある。都市がその本来の包容力（キャパシティ）を超えて人口を抱え込めば、必然的に生活環境の悪化を招く。無秩序な状態を改善するためには、都市計画に基づく整然としたまちづくりを進めていく必要がある。

　最初に取り組むべきは、居住における安全性（安心・安全）の確保である。わが国は世界でも有数の地震大国であり、さらに、豊富な木材資源を生かした住宅は、「火事と喧嘩は江戸の華」と謳われたように、大規模な延焼と常に隣り合わせであった。倒壊と火災に強い建築物の確保は、他国以上に、喫緊の課題だったのである。

　このことから、単体としての建築物の安全性と、密集市街地の解消が課題として浮き彫りになる。単体としての建築物の安全性とは、耐震基準や接道義務を満たすことにより図られるものであり、建築確認が法定されている。

2. 建築基準関係規定への適合

　住宅にとって最低限求められる品質は、建築物としての構造の安全性である。古典的な行政法学は、これを警察規制と呼ぶ[1]。個々の建築物の安全のための最低限度の水準を定めているのが、建築基準法の単体規制である。建築計画が建築基準関係規定に適合しているか否かを確認するために、法は、一連の建築確認の手続を定めている。

　建築主が一定の階数、高さ、床面積を超える建築物を建築（大規模修繕・模様替えを含む）しようとする場合には、建築主事に確認の申請書を提

出し、建築計画が建築基準関係規定に適合するものであることについて確認を受けなければならない（建築基準法6条1項）。確認済証の交付を受けずして建築を行うことは、違法である（同条8項）。設計図の段階で建築主事が法令適合性を確認することで、違法な建築物が出現するのを未然に防ぐシステムが採られているのである[2]。

　遵守すべき建築基準法令の内容は、建築物そのものの内容・質を直接定める単体規定と、地域環境・都市機能の確保という目的から建築物の集団としての規制を定める集団規定とに分かれる。単体規定には、(i) 衛生、安全に関わる規定、(ii) 構造上の強度に関わる規定、(iii) 階段、出口、排煙設備、非常用設備、敷地内通路など付属設備に関わる規定、(iv) 防火・避難に関わる規定、(v) 準用工作物についての規定、(vi) 工事現場での危害防止に関わる規定などがある。条例で基準を上乗せすることも可能である。(iv)は、消防長の同意（同法93条1項）によって担保される[3]。問題になりやすいのは接道義務（同法43条1項）であり、消防用車両が入り込むことのできるスペースを確保することが求められる。

　工事が完了したときは、完了検査を受ける必要がある（同法7条）。検査済証の交付を受けるまで、建築物を使用してはならない（同法7条の6第1項）。違反建築物については、特定行政庁によって、工事の施工停止、除却、移転、改築、増築、修繕、模様替え、使用禁止、使用制限等の是正命令が発せられる（同法9条1項）。

3．既存不適格と耐震改修

　但し、建築基準関係法令が制定された当時、すでに存在していた建物については、財産権保障の見地から法令の規制は及ばない（同法3条2項）。いわゆる既存不適格である。接道義務などは典型的であり、法律施行時にすでに存在していた幅員4メートル未満の道については、特定行政庁の指定を受けることで、「道路」とみなされる（同法42条2項）。しかし、耐震強度の不備が問題となる場合には、既存不適格だからといって、建築物をそのまま据え置くわけにはいかない。

　福井地震（1948年）を契機として制定された現行法は、その後も、十

勝沖地震（1968年）、宮城県沖地震（1978年）のように、耐震構造のあり方に再考を迫る巨大地震が発生するたびに、基準の改定を行ってきた。宮城県沖地震を受けて改訂された新耐震基準（1981年）は、震度6強から7の揺れに耐えられることを目指している。阪神淡路大震災（1995年）では、新耐震基準以前の建物が多数倒壊したのに対して、新耐震基準の建物は倒壊を免れたことから、「建築物の耐震改修の促進に関する法律」（平成7年法律第123号）によって、新耐震基準を充たすための大規模な耐震改修が推進されることになった[4]。

　所管行政庁による耐震改修計画の認定を受けて工事を行った場合には、耐震関係規定以外の規定について不適合部分が残っている場合であっても、引き続き既存不適格の建築物（既存耐震不適格建築物）として、その存在が認められる（同法5条3項1号）。都道府県耐震改修促進計画に記載された建築物（要安全確認計画記載建築物）の所有者は、耐震診断を行う義務が課されるとともに（同法7条1号）、必要があると認められるときは、耐震改修を行うよう努めなければならない（同法11条）。学校、体育館、病院、劇場、百貨店など多数の者が利用する建築物についても、耐震診断の結果、必要があると認められたときは、耐震改修を行う努力義務が課される（同法14条）。必要な耐震診断・耐震改修が行われていない場合には、指示・公表が行われる（同法15条2項・3項）。

　その一方で、所有者は、自身の建築物が地震に対する安全性に係る基準に適合しているという認定を受けた場合には、基準適合認定建築物である旨を表示することが認められる（同法22条）。自身の所有物件が安全であることを売りにできるというわけである。

　マンションのような区分所有建築物については、合意形成が難航するために、耐震改修の必要性の認定を受けた区分所有建築物が大規模な耐震改修を行おうとする場合には、決議要件が通常の4分の3以上から過半数へと緩和されている（同法25条3項）。

　法律や税制による耐震改修推進政策の効果もあり、2013年の「住宅・土地統計調査」では、新耐震基準の住宅は3380万戸で住宅全体の64.9％に達しており、将来的にはこの数値を9割以上に高めることが目標と

されている。

4．管理不全不動産の問題

　都市問題といえば、歴史的・世界的には密集市街地における狭小過密な住宅（スラム）の解消のことを指し、わが国でも、戦前から復興期においては決して軽視できない問題であった。しかし、市街地再開発事業や住宅地区改良事業の推進により、高度経済成長期以降、スラムはおおむね解消された。むしろ現在の課題は、空き家の増加による市街地空洞化にある。昭和40年代半ばに充足されたわが国の住宅需要は、その後数十年にわたり均衡状態を続けてきた。ところが、本格的な人口減少社会の到来とともに、これまでに建設された膨大な住宅ストックが次々と余剰になっている。2013年における全国の空き家の総数は820万戸で、住宅総数に占める割合は13.5％に達した。空き家が管理不全のままで放置されることは、「割れ窓理論」にみられるように[5]、防犯性の低下（窃盗、放火）、衛生環境の悪化、景観の阻害など、良好な生活環境を脅かす要因となる。

　2010年に制定された「所沢市空き家等の適正管理に関する条例」が、その後の空き家条例ブームに火をつけ、数年の間に400を超える市町村で「空き家対策条例」が次々と制定されたことは、その潜在的需要がいかに高かったかを物語っている[6]。「空家等対策の推進に関する特別措置法」（平成26年法律第127号）の制定により、空き家対策は国を挙げての課題に昇華した。特措法のポイントは、著しく管理が不全の状態にある「特定空家等」（同法2条2項）を設けて、除却、修繕、立木竹の伐採その他周辺の生活環境の保全を図るために必要な措置として、助言、指導、勧告、命令、代執行といった具体的な手段を法定したことにある（同法14条）。市町村長は、空家等の所在や所有者等を把握するために調査を行うことができ（同法9条1項）、その際には、固定資産税情報等の内部利用も認められる（同法10条1項）[7]。税制上の措置（同法15条2項）との関係で、特定空家の敷地は固定資産税等の住宅用地の特例から除外された（地方税法349条の3の2第1項）。

生活環境の阻害という点では、「ごみ屋敷」対策も見落とすことはできない。足立区生活環境の保全に関する条例は、「適正な管理がされていない廃棄物、繁茂した雑草又は樹木により、土地又は建築物の周辺住民の健康を害し、生活環境に著しい障害を及ぼし、又はそのおそれがある状態」を「不良な状態」と定義して（同条例2条3号）[8]、区長に対して調査（同条例5条1号）、指導（同条例6条1項）、勧告（同条2項）のほか、審議会の意見を聴いた上で命令（同条例7条1項）、代執行（同条例9条1項）を行う権限を付与している。

5．さらなる課題
　わが国の都市構造は成熟化し、世界に冠たる治安と高い耐震化率は実現された。それでも、従来の想定を超えた巨大地震の発生やゲリラ豪雨に伴う浸水被害の増加など、「安心・安全」の追求には終わりがない。こうなると、建物単体の安全性を確保するだけでは手に負えず、災害に強い住環境のインフラが求められてくる。長らく、都市問題とは密集市街地対策であった。しかし、人口減少社会の到来に伴い、それとはまったく逆のベクトルを向いた課題――空洞化対策、中心市街地活性化策――が議論の俎上に乗せられるようになった。次節では、住環境にまつわるインフラの整備という視点から、この問題についてみていくこととする。

Ⅲ．住環境にまつわるインフラの整備

1．概要
　都市に人が集まるのは、都市の利便性ゆえである。商業の中心地はいうに及ばず、政治や防衛上の拠点として形成された都市であっても、もともとは街道の結節点にあるとか、舟運の拠点であるといった理由で形成されてきたところが多い。さまざまな理由によって人やモノが集まりやすい環境にあるために、都市では便利な生活インフラが次々と構築されて、さらに人やモノが集積することになる。

本節では、まず、住宅そのものが重要なインフラであることを確認した上で、住宅の直接供給について説明する。次に、都市の住宅ストックが飽和状態にある現状では、行政が住宅を直接供給するのではなく、住宅市場を活用しながら居住の安定の確保を図る方策に転換していくべきことを述べる。住宅を取り巻く環境を形成するインフラについては、他章との兼ね合いもあり、①サービス水準切下げの可否と②コンパクトシティ構想について触れるにとどめる。

　その上で、「柔構造」の都市を構築することで、人とモノの入れ替わりによる新陳代謝が生まれ、突発的な災害のような外的な衝撃にも強い都市が形成されるという「町の住みこなし」の法政策について提案する。

２．住宅の直接供給

　公的主体の整備する生活インフラの最たるものが、住宅それ自身を提供することである。旧社会主義国や開発独裁で急激に発展した新興国では、国により直接供給された集合住宅が都市の中心を占める光景が珍しくない。わが国においても、復興期から高度経済成長期にかけて、420万戸に上る住宅不足について緊急に対処する必要から、行政主導の住宅の直接供給が展開された。直接供給の施策は、低所得者向けの公営住宅と中所得者向けの公団住宅へと分かれる[9]。

(1) 公営住宅

　公営住宅法（昭和26年法律第193号）は、戦災による住戸の滅失と引揚者の増加に伴って生じた住宅困窮の状況に対応して、国民に低廉な価格で広く住宅を供給するという目的の下に制定された。都道府県、市区町村といった地方公共団体が事業主体となり、住宅の整備、維持、管理が行われる。その管理は地方住宅供給公社によって行われることも少なくないが、公社は地方財政の構造変化とともに縮小傾向にある。

　長らく低所得者の住宅セーフティネットの中核とされてきた公営住宅も、わが国を取り巻く社会・経済情勢の変化に伴い、対応を余儀なくされている。公営住宅団地の高齢化は急速に進んでいるし[10]、多国籍化している地方公共団体では外国人の入居も日常的な光景である。公営住宅

の姿は、わが国の将来を先取りしているのかもしれない。

(2) 維持・管理における民間活力の導入

他の公共インフラと同様に、公営住宅の大部分は築30年以上が経過して老朽化が目立っており、耐震改修を含めた修繕や維持・管理費用の捻出が課題となっている。解決のカギになるのが、民間活力の導入である。まず、1996年の公営住宅法改正により、事業主体による直接建設の他にも、買取り（同法2条4号）と借上げ（同条6号）方式による整備が認められるようになり、PFIの導入に道が開かれた。

大阪府を中心とした三大都市圏では、相当の割合の公営住宅がPFI方式により整備（建替）されるようになっている[11]。とはいえ、民間のノウハウを導入したところで、家賃が法定（公営住宅法16条）されている公営住宅の維持・管理において劇的な収益の変化が望めるわけではなく[12]、参入する事業者の目論見は、付帯不動産の売却益を整備費用に充てて、不採算部分の補填を行うことにある。したがって、三大都市圏のような立地ポテンシャルの高い地域を除くと、PFIの導入は低調である。とりわけBOT方式の場合は、SPC（Special Purpose Company）が20～30年の長期にわたり所有権を保持したまま施設の維持・管理を担当することとの関係で、引き受け手となる民間事業者が見つからない。そうでなくとも、将来にわたる維持・管理費用の見通しがきかないことから、リスクを含む分だけ受注見積りが高騰するという難点がある。

これに対して、2～3年という短期の周期で公営住宅の維持・管理のみを民間に委託する指定管理者（地方自治法244条の2第3項）は、広く全国的に活用されている。

(3) 公団住宅（UR住宅）

1955年に設立された日本住宅公団は、高度経済成長期に多くの大規模ニュータウンを造成し、半世紀近くの間に、ステンレス製流し台の置かれた食事のできる台所（ダイニング・キッチン）を中心に専用の浴室やバルコニーを備えた「公団住宅」を152万戸（賃貸83万戸、賃貸用特定分譲39万戸、分譲30万戸）も供給して、日本の住宅市場を牽引してきた。独立行政法人都市再生機構（UR都市機構）へと改組された現在では、

もはや新規の住宅供給からは手を引いており、既存の公団住宅（約76万戸）の管理、密集市街地の改善（都市再生事業）、そして民間賃貸住宅の供給支援へと、その役割を変えている。かつて勤労者の憧れの的であった公団住宅は、住宅ストックの老朽化と住民の高齢化という二重の「老い」に直面している。

3．住宅セーフティネットと住宅市場

(1) みなし仮設住宅や借上げ公営住宅

居住の安定を確保する手法は、直接供給だけではない。東日本大震災の対応では、民間賃貸住宅を行政が借り上げて被災者に提供する「みなし仮設住宅」や「借上げ公営住宅」が空前の規模で展開された。いまや、全国の物件情報がインターネットで瞬時に手に入る時代である。被災者にはできるだけ早く、快適な空き賃貸物件に入居してもらうのがよい。プレハブの仮設住宅や鉄筋コンクリートの災害公営住宅を、用地取得も含めて一から建設するのは、時間も手間もかかる。復興後に余剰ストックとなれば、維持・管理のコストが自治体財政を圧迫しかねない。これに対して、既存の民間賃貸住宅を被災者に提供する方策は、賃貸住宅市場の活性化にもつながり、一石二鳥である[13]。

(2) 家賃補助（バウチャー方式）の拡大を

この発想を進めて、平時の住宅セーフティネットを構築する際にも、家賃補助（バウチャー方式）を大幅に拡充すべきである[14]。何しろ、民間市場における住宅の需給バランスは大幅に崩れて、多くの空き家が生じる一方で、公営住宅を整備、維持、管理するコストは削減を迫られている[15]。ならば、公営住宅の直接供給政策を家賃補助に転換して、住宅セーフティネットの役割を民間賃貸住宅市場の手に委ねるべきである。

(3) 民間市場と住宅セーフティネット
　　　──簡易宿所、無料低額宿泊所

住宅の確保の可否は生存に直結することから、高齢者、病身者、障害者などの住宅困窮者に向けて、公営住宅を斡旋したり生活保護（住宅扶助）を案内するといった福祉政策が採られている。かねてより敷金・礼金を

準備できず保証人を立てられない日雇い労働者に対しては、山谷や釜ヶ崎に密集した簡易宿所（旅館業法2条3項）が日割りで宿泊料金を徴収して、住宅政策を補完してきた。しかし、高齢・無年金などで生活に困窮した場合には、無料低額宿泊所の出番となる[16]。公営住宅に入居できない者に対して、民間市場におけるシェア居住の低家賃住宅が住宅セーフティネットの役割を果たしてきた歴史をみれば、家賃補助を全面採用することに何らの支障もない。

(4) 住居のない人々——ホームレス

さらに簡易宿所や無料低額宿泊所からもあぶれた場合、住居を失ったホームレスとなる。都市公園にテントを張って生活しているホームレスについて、最判平成20年10月3日判時2026号11頁は、「都市公園法に違反して、都市公園内に不法に設置されたキャンプ用テントを起居の場所とし、公園施設である水道設備等を利用して日常生活を営んでいる」場合には、「社会通念上、上記テントの所在地が客観的に生活の本拠としての実態を具備しているものと見ることはできない」として、都市公園を住所として届け出ることを認めなかった[17]。住所すら不定となると、事実上、各種社会福祉施策を受けることがきわめて困難となるため、検討を要する課題である。

4．生活環境に関するインフラの整備

経済の停滞、財政危機、少子高齢化の波は、まちづくりにも大きな影響を及ぼしている。道路や水道管など、やはり高度成長期に整備された公共インフラが老朽化により続々と更新の時期を迎えているからである。特に地方都市では、リバース・スプロールにより中心部が空洞化する一方で、郊外地域のインフラ維持・管理に多額の費用がかかることが問題となっている。上下水道の管理（→第2章）、ゴミ処理や騒音・振動への対策（→第3章）といった具体的な課題は他章に譲り、本章ではサービス水準切下げの可否とコンパクトシティ構想について触れることにする。

(1) サービス水準切下げの可否

　財政難から公共サービスの水準を切り下げることは許されるか。さすがにサービスの品質がナショナル・ミニマムを下回ることは、国家行政の負う生存配慮（憲法25条）から導かれる保障責任（Gewährleistungsverantwortung）の視点から許されない[18]。但し、保障責任の議論も、安易な民営化によるサービス水準の低下の抑制を説くにとどまり、その判断基準は、結局、求められる「生存配慮＝健康で文化的な最低限度の生活」の水準をどこに置くかに依存する。求められる「生存配慮」の水準について、最大判昭和57年7月7日民集36巻7号1235頁は、国の財政事情と専門技術的な考察に基づく政策的判断を必要とするという理由から、立法府の広い裁量を認めている。

　インフラについては、いずれの地域に住むかによって出発点が大きく異なる――その一方で、居住・移転の自由（憲法22条1項）は保障されている――ことに留意しなければならない。ネットワークを引いてインフラを維持・管理するコストは無視することができず、一定程度、費用対効果の視点に晒されることは不可避である。山奥の一軒家に住む自由は憲法上保障されているが、相応の生活必需サービスを享受しようとすれば高額の対価が必要になる。それで事実上住めないのは居住・移転の自由の侵害であるという主張を認めるわけにはいかない。インフラのサービス水準を引き上げよという請求権は、法的に保障されておらず、切下げを禁止せよという請求も、基本的には政策レベルの当・不当の話であって、法的な適否の問題ではない[19]。

　次に、サービス水準の「切下げ」とはいっても、水道水の消毒を省いたり汚水処理の程度を落とすわけにはいかないのだから、実際に行われることの多くは、サービスの質の低下よりも、サービスの質を維持したままでの対価の大幅な引上げであろう。サービスを維持するために支払う対価が跳ね上がっていって住む人が誰もいなくなるという状況は、政策的にみれば好ましいとはいえない。しかし、2006年に財政再建団体となった夕張市の例をみれば明らかなように、財政が逼迫している状況において、公共料金を引き上げることが法的に禁止されるわけではない。

インフラ行政の対価的性格が、ここで顔を出すことになる。

　現実的な解決策として考えられるのは、広域連携である。現在でも、上下水道や医療・消防などは、一部事務組合（地方自治法286条以下）や広域連合（同法291条の2以下）などの広域連携で対応されており、次のコンパクトシティとも絡めた定住自立圏構想を進めることで、インフラの維持・管理という難題に対処するほかない。

(2) コンパクトシティ構想

　生活インフラの維持という問題に対し、中長期的な集住を促進して都市区域を集約・縮小し、住民の利便性を高めるとともに都市機能の維持に要する費用を削減・効率化しようというのが、コンパクトシティ構想である。しかし、すでに都市の周辺部に住んでいる人々を強制的に中心部に移転させるわけにはいかず（憲法22条1項はもとより、政策的にも多大な反発は避けられない）、結局採り得るのは長期的な視点から立地を誘導する施策となる。

　中心市街地の活性化に関する法律（平成10年法律第92号）は、2006年の改正により、市町村が作成した基本計画の認定制度を新設し（同法9条以下）、「選択と集中」の理念の下に、意欲的な市町村を重点的に支援することとした[20]。富山市では、2005年より「まちなか居住推進事業」を、2007年からは「公共交通沿線居住推進事業」を実施して、JR富山港線をLRT（Light Rail Transit）に再生させるなど、低床式の公共交通を中心とした低炭素社会のまちづくりが進められており、借上げ形態の市営住宅が積極的に整備されている点でも注目される。しかし、青森市のように再開発ビルの経営破綻により失敗に終わった事例もあり、コンパクトシティ構想は試行錯誤が続いている。

　2014年の都市再生特別措置法（平成14年法律第22号）改正により、立地適正化計画（同法81条1項）が導入された。これは、都市再生基本方針に基づき、住宅および都市機能増進施設（医療施設、福祉施設、商業施設など）の立地の適正化を図るための計画のことを指し、居住誘導区域や都市機能誘導区域が定められるほか、立地を誘導するために市町村が講ずべき施策などが書き込まれる（同条2項）。主に用いられる手法は、

届出と勧告（行政指導）であり（同法88条など）、誘導すべき施設を整備する民間事業者に対しては民間都市開発推進機構から出資等の財政的支援がなされるほか（同法103条）、特定用途誘導地区を定めた場合には容積率や用途制限が緩和される[21]。反対に、居住誘導区域外の区域で住宅地化を抑制すべき地域が居住調整地域に定められた場合には、市街化調整区域並みの厳しい開発許可基準に服することになる（同法89条以下）[22]。

コンパクトシティ構想は、人口減少・財政難の現状に劇的な回復の見込みがない以上、不可避的に取り組まざるを得ない施策であり、とにかく粘り強く住民を説得して、長い目で市街地の規模縮小を図る以外にない。数十年、場合によっては百年先まで見据えて、市街地のインフラを漸進的に維持・管理していくことが、現代を生きる私たちの子孫に対する責任であり、短期的な視野で政策の可否を評価するのは禁物である。

5．柔構造による町の「住みこなし」

事態を打開する手がかりとして、ここでは2つの意味での「ソフト」を提案したい。1つ目は、建物としての住宅それ自体や施設などの「ハード」に対して、実際にその中で生活する人を意味する「ソフト」である。2つ目は、厳格（ハード）な法規制の緩和ないし柔軟な運用を目指すという意味での「ソフト」である。

(1) 多様な住民を受け容れる寛容さの涵養

1つ目の「ソフト」は、実際に都市の中で居住し移動する住民のことを指す。高度成長期に各地に設けられたニュータウンは、子育ての30代夫婦の世帯が一挙に入居したために、半世紀近くを経て、一挙に高齢化が進んでしまった。ハード面の住宅だけでなく、居住者も「老い」に直面しているのである。かつてニュータウンで育った世代が戻ってきたり、新たな子育て世代を呼び込むべく工夫が図られているものの、軒並み難航している。

こうした経験が教えるのは、生物に遺伝的多様性が必要であるように、都市の居住者にも多様性が必要ということである。理想をいえば、かつ

ての農漁村のように、血のつながったさまざまな世代が、仕事、介護、子育てを互いに協力しながら進めていく「近居」が実現できれば、いうことはない。しかし、血がつながっていなくとも、リタイヤ世代、子育てを終えた中年世代、子育て真っ盛りの若い世代、単身世代の間で仕事、介護（見守り）、子育てを分担していくことは十分に可能である。いわば、現代都市の中に農漁村にも似た紐帯を生み出す試みといってよい。そのためには、異分子を積極的に受け入れる寛容さが求められる[23]。

　少し強引かもしれないが、住宅宿泊事業法（平成29年法律第65号）によって本格的に解禁された民泊は、寛容を育む絶好の機会である。日本を旅行する外国人を積極的に受け入れて交流することで、思わぬライフスタイルを知ったりビジネスを生み出したりするだけでなく、寛容の精神が育まれるのではないか。ゴミ出しや騒音のことなど、閑静な住宅地ではとかく忌避される民泊であるが、得体の知れないよそ者が身の回りをうろつくことへの不安は、かつてワンルームマンションが増加したときにも寄せられていた。民泊により異分子である旅行者を「排除」するのではなく地域に「包摂」することこそが、現在の都市に足りない居住者の多様性を生み出す契機となると思われる[24]。

(2) 用途規制の見直しと性能規定化

　２つ目の「ソフト」は、規制緩和である。まず、既存インフラとしての住宅ストックが余っていることを嘆くばかりでなく、少しは積極的な意義を見出してはどうか。空き家には、集会所、保育施設、老人ホーム、小規模な店舗など、その活用の方策はいくらでもある。柔軟に活用することで、多様な世代の呼び込みもうまくいく。

　むろん、土地の用途規制や建築・消防法の規制が大きな障壁となって、簡単には事が運ばないことは百も承知である。しかし、住宅専用地域のように、住宅しか存在することが許されない画一的な町並みは、実際に人が住むには少し窮屈である。都市計画が秩序を取り戻すための手段であることは冒頭で述べたとおりだが、あまりに厳格に過ぎると息苦しくなる。子育てや老いといった住民の暮らしの変化に応じて、町並みもしなやかに変化する余裕（あそび空間）が必要なのであり、大月敏雄は、

これを「町の住みこなし」と表現する。

町を住みこなすためには、一定割合の空きストックの存在はむしろ歓迎すべきことである。また、空き家を小規模店舗として活用するなど、用途混合を柔軟に認めることで、住宅ストックの流通の回転率は高められる[25]。用途、容積率、開発行為における厳格な規制を見直して仕様規定を性能規定化するという、大胆な政策転換に踏み出す機運が高まっているのは、こうした事情と無関係ではない[26]。

(3) 災害に強い「柔構造」のまちづくり

柔軟なまちづくりは、非常時においても威力を発揮する。東日本大震災の折には、大量の「帰宅困難者」の問題がクローズ・アップされたが、帰宅困難者の発生を防ぐ唯一の方策は、職場に留まらせることである[27]。そうはいっても職場はビジネスビルであり、多くの人々を宿泊させることには適しない。しかし、万一の事態に備えて普段から空きテナントを災害時の受け入れ先としてオーナーと協定を結んでおき、最低限の2〜3日分の食糧や日用品を備蓄しておけば、交通が復旧して外部からの支援が得られるまでの足しにはなる。

防災・減災のためには、建築物の耐震性や避難のための交通経路を確保するといったハード面の整備だけでは十分でない。ハザードマップの配布や防災情報の提供を通じて、普段から地域住民の防災意識を高めておき、危機時に適切な行動を促すといったソフト面の充実が必要不可欠である。住民が動きやすい環境を整備することが、行政の大事な役割となる。

こうした発想を、免震構造の建築物にちなんで、まちづくりの「柔構造」と呼んでおこう。ハードなものは外からの衝撃に弱いけれども、ソフトなものは予測不可能な状況にも柔軟に対応可能である。「柔構造」のまちづくりこそが、山積する難題を解決する糸口になるものと考える。

Ⅳ. 多数当事者の権利調整

1．概要
　都市では、数少ない土地をめぐり、権利者が群がる。いきおい地価は高騰し、猫の額ほどの土地の価額が数億円に上ることも珍しくはない。多数の地権者の存在、個々の土地評価額の高騰といった事情のため、都市をつくりかえようとすれば、決まって権利調整は難航する。こうした事情から、都市行政では、多数当事者を一挙に法関係へと巻き込むシステムが高度に発達してきた。本節では、計画行政（平面における権利調整）と区分所有建物（立体における権利調整）の話題を中心に、多数当事者の権利調整の問題を取り扱う。

2．都市設計における権利調整＝計画の策定
(1) 土地区画整理事業
　権利調整手続の原型を示しているのが土地区画整理事業であり、「都市計画の母」ともいわれる[28]。これは、市町村、土地区画整理組合（土地区画整理法 14 条以下）、および UR 都市再生機構（同法 3 条の 2）が施行者となり、(a) 都市計画区域内で、(b) 公共施設の設備改善・宅地の利用増進を図るために、(c) 土地の区画形質の変更、公共施設の新設・変更に関する事業を行うというものである（同法 2 条 1 項）。
　(c)については、宅地の整形や、道路・公園等の新設・拡張・整形を行うために、宅地の位置と形を少しずつ変えていく「仮換地の指定」（同法 98 条・99 条）と「換地処分」（同法 103 条以下）が行われる[29]。換地処分は「照応の原則」に則って、従前の宅地の位置、地籍、利用状況、環境が照応するように行われる必要がある（同法 89 条）。とはいえ、土地区画整理事業の施行によって一般に地価は上昇するから、新たに割り当てられる宅地の面積は減少する（減歩）。減歩には、道路の拡幅や公園の新設など、公共施設の整備に充てるために行われる公共減歩と、捻出した土地（保留地）を売却して事業費に充てるために行われる保留地減歩がある。

大都市圏内では、「大都市地域における住宅及び住宅地の供給の促進に関する特別措置法」に基づく特定土地区画整理事業（同法10条以下）が用意されており、都市計画のなかで住宅街区整備促進区域を定めることで、集合住宅の建設も対象に含めた住宅街区整備促進事業が実施される（同法24条以下）。

(2) 市街地再開発事業

ただし、土地区画整理事業の場合、地権者がある程度限られた長閑な田園地帯を開発することを想定しており、もとから密集市街地であって地権者が多数に上るような場所には使いにくい。そのような場合を想定して開発されたのが、市町村、市街地再開発組合（都市再開発法8条以下）、UR都市機構（同法58条）が行う市街地再開発事業（同法2条1号）である。

第一種市街地開発事業では、細分化された土地を一体のものとしてビルを建て、駅前広場や道路をつくり、もとの土地・建物の所有者の権利をビルの区分所有権（およびその敷地の共有持分）へと強制的に変換するという権利変換方式（同法86条以下）が用いられる[30]。ビルに設けられた余分の床（保留床）を売却した利益を、事業費に充てるのである。

但し、実際の土地・建物には多数の権利者が複雑に絡み合っており、合意を得て一斉に権利変換を行うことは難しい。そこで追加された法制が第二種市街地再開発事業であり、もとの権利をいったん事業者が収用（あるいは任意買取）し、後でその補償（代金）に代えてビルの床を渡すという金銭補償方式が用いられる。第二種市街地再開発事業は、権利者と調整のついたところから順次、収用（あるいは買収）を行って対価を給付すればよいので、大規模かつ権利関係が複雑な事案にも行いやすいとされる。

3. 行政計画と争訟

(1) 土地区画整理事業における判例変更

これまで、計画の適法性を行政訴訟で争うタイミングの問題が議論されてきた（詳細は第7章に譲る）。土地区画整理事業計画決定については、

最大判昭和 41 年 2 月 23 日民集 20 巻 2 号 271 頁が、(i) 事業計画は土地区画整理事業の「青写真」にすぎず地権者が受ける制限は付随的なものにとどまること、(ii) 後続する仮換地の指定や換地処分の段階で争えば権利救済の目的は達成できることを理由に、取消訴訟の対象となる資格（処分性）を認めなかった。しかし、浜松市遠州鉄道訴訟に係る最大判平成 20 年 9 月 10 日民集 62 巻 8 号 2029 頁はこれを変更し、(i) 事業計画決定によって地権者は換地処分を受けるべき地位に立たされるのであり、法的地位に直接的な影響が生じるといえること、(ii) 換地処分がされた段階ではすでに工事も相当程度進捗し、仮に事業計画の違法が認定されたとしても、事情判決（行政事件訴訟法 31 条 1 項）が下される可能性が高いことを理由に、処分性を認めた[31]。

(2) 第二種市街地再開発事業

これに対して、第二種市街地再開発事業計画決定については、最判平成 4 年 11 月 26 日民集 46 巻 8 号 2658 頁によって、この決定が土地収用法上の事業認定（同法 16 条）と同一の法効果をもち、決定がなされることで地権者は収用を受けるべき地位に立たされることを理由に、早くから処分性が認められている。

行政計画は多数の利害関係者を巻き込む関係上、一度策定されると変更するのが容易ではないため、ドイツの計画策定手続のように、利害関係者に対する意見聴取を含めた重厚な手続を経てから慎重に計画を策定することにして、決めたことは引っくり返したりしないのが肝要である。処分性を計画決定の段階に認める近年の判例の傾向は、こうした思考を後押しするものとして、評価することができる。

(3) 長期にわたる都市計画制限と損失補償

縮小社会に直面するわが国では、これまで長期にわたり塩漬けにされてきた都市計画についても、見直しが求められている。ところが、都市計画制限によって自由な開発行為を制限されてきた地権者からは、公共の利益のために「特別な犠牲」を払ってきたとして、損失補償（憲法 29 条 3 項）が請求される。最判平成 17 年 11 月 1 日判時 1928 号 25 頁は損失補償の支払いを不要としたが、いったん定めた都市計画が合理的な理

由なく長期にわたり停滞するときは、無補償のまま都市計画制限を受忍させ続けることは許されないと思われる[32]。都市計画の見直しに着手する際には、これまでの都市計画制限に係る損失補償を支払って、新たに策定される都市計画が再び長期にわたり放置されることがないように、責任をもって現実的かつ身の丈に合った計画を立案し、実現していく必要がある。

4．区分所有建物における権利調整

　一戸建てが多くを占める郊外では、個別の建物と権利者が一対一対応していることがほとんどである。これに対して、人口が密集する都市においては、集合住宅（マンション、アパート）が重要な位置づけを占めており、とりわけ区分所有という特殊な形態をもつマンションでは、利用、管理、建替えをめぐり、権利調整が難航する。

　わが国においてマンションとは、住民が専有部分の区分所有権と共用部分の共用持分を所有している共同住宅のことを指す。「マンションの管理の適正化の推進に関する法律」（平成12年法律第149号）2条1号イは、「2以上の区分所有者……が存する建物で人の居住の用に供する専有部分……のあるもの並びにその敷地及び附属施設」と定義する。

　区分所有の法関係は、「建物の区分所有等に関する法律」（建物区分所有法、昭和37年法律第69号）によって規律される。建物と敷地・附属施設の清掃・補修や管理費・修繕積立金の徴収といった管理行為は、管理組合が担う（同法3条）[33]。形状・効用の著しい変更を伴う共用部分の変更には区分所有者・議決権の各4分の3以上の特別多数決が必要であるが（同法17条1項）、区分所有者の頭数の議決については、管理規約によって、過半数まで減ずることができる（同項ただし書）。これに対して、共用部分の管理については区分所有者・議決権の各過半数の議決で足りる（同法18条1項・39条1項）。なお、耐震改修の必要性の認定を受けた区分所有建築物が大規模な耐震改修を行う場合には、決議要件が4分の3以上から過半数へと緩和されている（建築物の耐震改修の促進に関する法律25条3項）。

最大の問題は、区分所有者・議決権の各5分の4以上の特別多数決が求められる建替えの際に生じる（建物区分所有法62条1項）。決議に参加しなかった者は、建替えに参加するか、あるいは区分所有権を時価で売り渡さなければならず（同法63条）、これによって、全員が建替えに合意したものとみなされる（同法64条）[34]。「マンションの建替えの円滑化等に関する法律」（平成14年法律第78号）は、マンション建替組合を事業主体とする権利変換方式での建替え事業の遂行について定めるが（同法55条以下）、建物の一部を取り壊して全体の規模を縮小するような改修工事には対応しておらず、立法的な課題である。

　マンションの管理は区分所有者の合意によって行われる。一般には、管理規約によって管理組合の運営ルールが設定され、長期修繕計画に基づき修繕費用を積み立てて計画的な修繕が実施されることになっている。しかし、事情の変化に対応した柔軟なマネジメントや再生に向けた合意を円滑に行うことは容易でない。大まかな方針を定めた「長期マネジメント計画」を策定したり[35]、理事会役員に外部専門家を招くなどの工夫が求められている。

5．所有者不明土地（不動産）の増加

　東日本大震災の復興事業を契機として、いわゆる所有者不明土地問題が浮上した[36]。所有者不明土地は山林・原野に限られた問題ではなく、都市の中心においても顔を出している。とりわけ外国人が投資用に購入したマンションにおいては、修繕や建替えの際に、区分所有法上の合意の調達がきわめて困難になる可能性がある。数百戸を擁する高額な都心のタワーマンションの数十年後などは、想像するのも空恐ろしいものがある。合意調達のために、所在のわからない最後の1人を地の果てまで探し出すことは徒労である。対応策としては、厳密な権利調整を緩和し、管理が放棄された区分所有物件については所有者の意思を擬制して合意を調達し、売却代金を供託するシステムなどが考慮に値する[37]。

V. 展望

　都市の特徴は、人やモノの出入りが激しいことにある。昼間人口と夜間人口、旅行者と定住者、日本人と外国人のように、都市はさまざまな属性の人々であふれかえっている。本章では、住宅というものを、単に家族と一緒に暮らし、夜には就寝するために帰る場所にとどまらず、人が生活を営む空間の全体として広い意味で把握した。都市は人を抱え込むかなりの包容力（キャパシティ）を備えていなければならないし、人という生き物を相手にする以上、一筋縄ではいかないところも出てくる。

　行政によって法律や計画を通じた規制が行われるのは、人やモノの出入りが激しい都市に秩序をもたらすためである。一般には、均整の取れた整然とした町並みを想像するが、そればかりではない。人を相手にする以上、異種を排除する潔癖さだけでは事はうまく運ばない。ある種のバッファー機能（あそび空間、余剰スペース）が必須なのである。土地区画整理事業や市街地再開発事業の目的は、(i) 密集市街地における生活環境の改善、(ii) 都市インフラの整備による地価の上昇、(iii) 災害時の延焼の防止であるとされるが、目的の多くが「余剰スペースの創出」という視点で共通しているのは偶然ではないだろう。

　都市問題を解決するカギは、やはり「柔構造」にある。耐震設計でも注目される「柔構造」は、都市政策においても求められる。空き家についても、——「特定空家」のようなあまりに酷いものは撤去しなければならないが——都市に空き物件が存在することそれ自体は悪いことではない。用途混合を認めることで、都市を「住みこなす」工夫に道を開くべきである。

　多数当事者の権利調整が難航するのは、全員一致ないし特別多数決が求められることによる。もちろん、反対する個人の意思は尊重されなければならないが、補償の対価を支払うなどして、議決の要件は一定程度引き下げてよい。行政計画を策定する際にはさまざまな利害関係者を巻き込んで慎重に議論しなければならないし、法的・政策的安定性の見地からみれば、一度決めたことを引っくり返すのは禁忌であるが、全体構

造に影響を与えない程度の柔軟な軌道修正は認められる必要がある。

　何かと窮屈な現代、都市行政において求められるのはしなやかさや柔軟さであって、良い意味での「いい加減さ」なのかもしれない。

注

1) 行政法学でいう警察とは、警察官の行う犯罪の予防・捜査にとどまらず、公共の秩序を維持する活動一般を指す。塩野宏『行政法Ⅰ［第6版］』（有斐閣、2015年）9頁。

2) 板垣勝彦『住宅市場と行政法──耐震偽装、まちづくり、住宅セーフティネットと法』（第一法規、2017年）11頁以下。

3) 最判昭和34年1月29日民集13巻1号32頁は、消防長の同意を行政機関相互間の内部行為として理解し、抗告訴訟の対象となる処分性を認めなかった。

4) 板垣・前掲（注2）18頁以下。

5) 建物の窓ガラスを割れたままにしておくと、地域の環境が悪化し、凶悪な犯罪が多発するようになるという犯罪理論。軽微な管理不全や犯罪を取り締まることで、重篤な事態も未然に防がれることになる。

6) この間の各市町村での条例制定の動きについては、北村喜宣『空き家問題解決のための政策法務』（第一法規、2018年）14頁以下。

7) 従来は、地方税法22条の守秘義務との関係から、解釈問題となっていた。北村・前掲（注6）177頁以下。

8) 「不良な状態」の定義については、板垣勝彦『ごみ屋敷条例に学ぶ　条例づくり教室』（ぎょうせい、2017年）59頁以下。

9) 板垣・前掲（注2）43頁以下。

10) 高齢者には比較的早い時期から単身入居が認められてきたという事情も手伝っている。山口幹幸＝川崎直宏（編）『人口減少時代の住宅政策』（鹿島出版会、2015年）86頁。

11) PFI（Private Finance Initiative）では、建設：B（Build）、所有権移転：T（Transfer）、管理：O（Operate）をいずれの順番で行うかによって、BT方式、BTO方式、BOT方式などさまざまな組み合わせがある。山口ほか・前掲（注10）176頁。

12) 公営住宅の家賃は、近傍同種家賃を基に算定される。板垣・前掲（注2）321頁以下。

13) 東日本大震災で提供された仮設住宅の半数が「みなし仮設住宅」であった。詳細は、板垣・前掲（注2）364頁以下。

14) 現行のバウチャー型住宅政策については、板垣・前掲（注2）47頁以下。

15) 岩手、宮城、福島の被災3県においては、東日本大震災の発生以前、公営住宅の新規着工は見送られていた。

16) 「貧困ビジネス」の温床として指摘される無料低額宿泊所は、第二種社会福祉事業としての「生計困難者のために、無料又は低額な料金で、簡易住宅を貸し付け、又は宿泊所その他の施設を利用させる事業」（社会福祉法2条3項8号）である。

17) 太田匡彦「明渡しか、除却か──『占有』と『事実上の排他的支配』の間に立つ大阪地裁第2民事部」東京大学法科大学院ローレビュー4号（2009年）85頁以下。

18) 保障責任とは、民営化・民間委託が進んでも公共サービスの水準が許容限度を超えて引き下げられることは許されないとする考え方のこと。板垣勝彦『保障行政の法理論』（弘文堂、2013年）56頁以下。

19) 板垣勝彦「地理的な『選択と集中』の法的可能性」都市住宅学96号（2017年）48頁以下。むろん、切り下げにも限度があり、離島にあるただ1つの港の維持を取りやめるとか、山奥の集落に通じる唯一の道路を壊すといった施策は憲法25条に違反するが、逆にいえばそのくらい極端な施策でなければ、憲法問題にはならないということである。

20) 矢作弘＝瀬田史彦（編）『中心市街地活性化三法改正とまちづくり』（学芸出版社、2006年）23頁以下。

21) 亘理格「誘導的手法としての立地適正化計画──その特徴と課題」日本不動産学会誌121号（2017年）44頁以下は、立地適正化計画は、①市街化区域内や区域区分の定められていない都市計画区域内における市街地拡散を抑制するためのわが国初の計画手法であること、②公共交通網や交通計画との連携を打ち出したこと、

22) ただし、まだ居住調整区域の指定実績はない。中井検裕「立地適正化計画制度のこれまでとこれから」日本不動産学会誌121号（2017年）32頁。
23) 大月敏雄『町を住みこなす』（岩波書店、2017年）62頁。
24) 浅見泰司「民泊の現状と展望」浅見泰司＝樋野公宏（編著）『民泊を考える』（プログレス、2018年）10頁は、共通の帳場を設けて路地内の民泊を共同管理したり、レストラン、商店、地域スポーツなどの娯楽産業と連携することで、地域で民泊の便益を享受する工夫を説く。
25) 詳細は、大月・前掲（注23）46頁以下。
26) 福井秀夫「都市計画・建築規制における性能規定の意義──景観・用途・容積率・開発行為に関する規制を検証する」都市住宅学95号（2016年）8頁以下。
27) 田中純一「帰宅困難者対策はどこまで進んだか」日本不動産学会誌115号（2016年）79頁。避難所は地域住民のために開設されるものであり、帰宅困難者が利用してはならない。
28) 安本典夫『都市法概説［第3版］』（法律文化社、2017年）222頁。
29) 安本・前掲（注28）236頁以下。
30) 実際には、権利変換を希望しない旨の申出をして、補償金をもらって転出する権利者も多い。安本・前掲（注28）251頁。
31) 詳細は、友岡史仁「土地区画整理事業と行政訴訟」都市住宅学91号（2015年）69頁以下。
32) 板垣勝彦「長期にわたる都市計画制限は損失補償されるか」都市住宅学91号（2015年）40頁以下。
33) 管理をめぐる課題について、吉田修平「法的側面から見た管理組合運営の課題と今後のありかた」都市住宅学93号（2016年）102頁以下は、理事の担い手不足、管理の形骸化、管理費等の滞納、情報開示の不徹底を挙げる。福井秀夫「マンション管理のガバナンス──利益相反とコミュニティ活動のリスクを考える」都市住宅学93号（2016年）も示唆に富む。
34) 本来全員一致が求められる民法の共有の原則を、権利調整が極めて難航する現実の必要性から緩めた趣旨である。福井秀夫「所有者不明土地の発生原因と法政策──取引費用対策の徹底を」日本不動産学会誌122号（2017年）57頁。
35) 詳細は、長谷川洋「マンションの再生の円滑化に向けた『長期マネジメント計画』の提案と外部専門家の理事会役員としての活用の可能性」都市住宅学93号（2016年）139頁以下。
36) 所有者不明土地の発生原因については、岩﨑政明「所有者不明土地の法的課題」日本不動産学会誌122号（2017年）19頁のほか、『日本不動産学会誌』122号の特集が示唆に富む。
37) 福井・前掲（注34）58頁。

第2章

都市行政と水法

I. 都市と治水

1. 治水対策の現状と課題

(1) 水循環の悪化

　水は、河川の集水域によって形成される「流域」を単位として、降水が地下に浸透し、地表に流出した表流水が、やがて河川や湖沼を形成して海に至り、蒸発して大気に戻るという循環資源である。しかし、戦後の高度経済成長期を境とする経済社会活動の急激な変化は水循環の悪化をもたらしてきた。都市部では、水田や森林が宅地化され、地表がコンクリートやアスファルトにより被覆されたことにより雨水の地下浸透率が減少し、河川や下水道への流入量が増大したことが都市水害の原因となっている。一方、都市化の進行に対応して大規模な治水事業が行われるようになるにつれて、水害を人災として捉える傾向が強くなり、昭和50年代に入ると、多くの水害訴訟が提起されることとなった。しかし、河川管理の特質および諸制約を前提に、未改修河川または改修不十分な河川の安全性については、改修整備の過程に対応する「過渡的な安全性」をもって足りるとした大東水害判決（最判昭和59年1月26日民集38巻2号53頁）以後、わが国の河川の大半を占める改修途上の河川について管理瑕疵が認められることはなくなり、ダム放流や下水道施設による水害などを除き、国家賠償による救済の道はほぼ閉ざされている。しかしながら、河川管理は国家が独占し、地域住民には一切関与させないにもかかわらず、いったん水害が発生した場合には河川管理上の諸制約や

不可抗力を主張して徹底的に争うという、河川管理者（河川の種別に応じ、国土交通大臣、都道府県知事又は市町村長）と住民との関係はきわめて不正常なものであり、地域と水との関わりのなかで治水のあり方を再考することが求められる。また、地下水の過剰揚水による地盤沈下、生物多様性に富む水辺環境の喪失などの問題も全国的に発生している。

　このような諸課題を解決していくためには、水の水文的循環に即した流域管理が不可欠である。しかし、わが国の現行の法制度では、治水、利水、土地利用、水環境といった水管理行政が、省庁別の縦割りとなっており、河川法、森林法、農地法、水質汚濁防止法といった個別の法律によって分断的に規制されているため、統合的な水法の視点が不足していることが問題である。

(2) 現行河川法に基づく治水と課題

　河川法上の河川区域（河川法6条1項1号～3号）は、「線」としての河道や河川管理施設の維持管理を前提としたものとなっており、河川を軸とした流域全体について「面」としての施策を実施することを想定したものではない。次に、河川工事の実施計画は、長期的な基本方針を定める河川整備基本方針（河川法16条）と個別事業を含む具体的な河川の整備の内容を定める河川整備計画（同16条の2）に段階区分されており、河川整備基本方針において、洪水防御計画の基本となる流量である基本高水（河川法施行令10条の2第2号イ）が定められる。基本高水流量はダム等で貯留調節される量と、河道を流下する量に配分され、河道を流下する量が計画高水流量となる。しかし、ダムや堤防等の整備にはきわめて長い時間を要するため、完成途上の不完全なものが多く、最近会計検査院が行った堤防の整備状況の調査によると、高さ不足や隙間がある堤防が全国に二十数か所あるとされている[1]。例えば、2015年9月に発生した利根川水系鬼怒川の破堤水害は、破堤箇所の堤防高が国の基準を下回っていた箇所や、堤防に隣接して堤防と同一の機能を担っていた河川区域外の自然堤防が太陽光発電事業者によって掘削された箇所からの越水により発生したもので、災害対策本部のあった常総市役所庁舎も浸水した。同川の上流には4つのダムがあったが、約100キロ下流の破堤

地点では3センチ程度しか水位を下げる効果はなかったとされ[2]、上流域のダムによる洪水調節機能は、ゲリラ豪雨等により中下流域で洪水が発生した場合には無力である。また、これまで一貫して行われてきた、自然河川の蛇行を直線化し連続堤を築く高水工法と呼ばれる河川改修は、洪水を河道からまったくあふれさせることなく海まで速やかに流下させることを目的としているため、中下流部での洪水の最大流量を増大させる反面、改修後は堤内地の開発が進んで人口や資産が集積することから、いったん破堤した場合の被害は甚大なものとなる。とりわけ、近年の地球温暖化に伴う異常降雨ともあいまって、計画高水流量を上回る規模の超過洪水の発生が懸念されており、いったん超過洪水が発生すれば破堤の可能性は格段に高まる。むしろ、河川堤防は100年に1度の確率の規模の洪水に対しては有効であるが、それ以上の大洪水には耐えられない[3]ことを前提に、洪水を堤内に無害に流出させることにより河川管理施設の設計外力を上回る洪水の影響を軽減させることを治水の最終目標[4]として、河道中心の「河川管理」から「流域管理」[5]への転換が進められるべきである。

　そもそも氾濫時の被害は、氾濫外力レベル（氾濫到達時間、最大流速、最大浸水深、浸水継続時間、浸水頻度）と地先の耐水力レベル（警戒避難活動力、地先および家屋の耐浸水性、重要施設の危機管理能力、災害復旧能力）の相対的関係[6]で決まるとされており、ハード面の河道施設の整備だけでなく、森林や農地の保全による保水・遊水機能の維持、氾濫想定区域のゾーニングと土地利用規制、耐水性建築の義務づけ等といった、流域全体で洪水に対応する治水システムを法制度化することが適切である。なお、欧州諸国においては、水法中に洪水氾濫区域の制度を設け、河川の公物管理と併せて河川沿岸の土地利用規制等の管理を行うのが通例である[7]。

　2014年に成立した水循環基本法は、基本理念として、「流域に係る水循環について、流域として総合的かつ一体的に管理」すること（3条4項）、基本的施策として、国及び地方公共団体は、「流域における水の貯留・涵養機能の維持及び向上を図るため、雨水浸透能力又は水源涵養能力を

有する森林、河川、農地、都市施設等の整備その他必要な施策を講ずる」こと（同14条）を定めている。このように流域単位で健全な水循環を保全するためのマクロ的な方向性が明記されたことを踏まえ、基本法の趣旨に合致するよう個別法の見直しが進められなければならない[8]。

2．都市計画法と治水
(1) 開発許可制度のあり方

都市計画区域又は準都市計画区域において開発行為をしようとする者は、原則としてあらかじめ都道府県知事の許可を受けなければならない（都市計画法〔以下、条数のみ表記〕29条1項）。「開発行為」とは、「主として建築物の建築又は特定工作物の建設の用に供する目的で行なう土地の区画形質の変更」をいう（4条12項）。許可が必要となるのは、市街化区域で1000平方メートル以上（三大都市圏の既成市街地等の市街化区域では500平方メートル以上）、非線引き都市計画区域及び準都市計画区域で3000平方メートル以上、都市計画区域外では1ヘクタール以上の開発行為を行う場合である。33条1項各号に列挙されている開発許可の基準は、市街化区域、市街化調整区域の別を問わず、すべての開発行為について適用され、都道府県知事は、申請された開発行為が許可基準に適合していると認めるときは、開発許可をしなければならない（33条1項）。これに対し、市街化調整区域における開発許可については、33条所定の要件に加え、34条各号に定めるいずれかの基準に該当すると認める場合でなければ、開発許可をしてはならないこととされている。

都市水害は、雨水の地下浸透が限界に達して下流域であふれることによって多発するが、水の滞留する地域は地形的に明らかであるため、宅地など都市的な土地利用は回避すべきである。しかし、現行の開発許可制度では開発予定地の自然立地的な土地特性についてまでは審査する仕組みとなっていないため、旧地形や地下水の影響等を精査して個々に開発の許否を判断することは困難である。本来、溢水、湛水、津波、高潮等による災害の発生のおそれのある土地の区域は市街化区域には含まないことが原則とされ（都計法施行令8条2号ロ）、都市計画担当部局と治

水担当部局が予め十分協議して都市計画案を作成するべきであるとされている（昭和 45.1.8 建設省都計発 1 号・建設省河都発 1 号建設省都市局長・建設省河川局長通達「都市計画法による市街化区域および市街化調整区域の区域区分と治水事業との調整措置等に関する方針について」）にもかかわらず、都市部の人口急増を背景に、河道沿いの低湿地や旧河道など軟弱地盤の地域も宅地化されて市街化が進んできた。つまり、許可要件に適合した「適法」な開発許可により、自然災害に対し脆弱な住宅地が全国的に造成される結果がもたらされてきたのである。例えば、2011 年東北地方太平洋沖地震（東日本大震災）の際の宮城県気仙沼市における津波の遡上範囲は、1949 年当時、農地として利用されていた区域（非居住地）とほぼ一致しており、標高の高いところに立地していた旧市街地では人的被害が少なかったのに対し、新市街地では甚大な被害が発生したという解析結果[9]がある。また、2018 年 7 月の西日本豪雨では、岡山県倉敷市真備地区を流れる一級河川小田川とその支流で計 8 か所が破堤し、地区の約 4 分の 1 が浸水して 51 人の犠牲者が出た。同地区では過去にも同じ河川が繰り返し氾濫しており、市が作成したハザードマップの洪水想定と実際の浸水区域はほぼ重なっていた[10]。同地区は、南北に流れる本川の高梁川と東西に流れる支川である小田川が合流する低地に位置しており、明治期にもたびたび水害による犠牲者を出してきたという歴史的な経緯があるが、高度経済成長期に水島臨界工業地帯のベッドタウンとして多くの田畑が開発され、人口が急増した地域であった。

　これらの事例は、堤防や防潮堤の整備により低地にも市街地が形成されるようになり、ランドスケープ・リテラシー（土地環境の特徴や成り立ちを読み解く力）[11]の欠如が被害を拡大させたことを示している。したがって、今後は、旧河道や水田など自然地理的に災害危険度の高い土地における無秩序な開発を計画段階で抑制することにより、氾濫原に広がる都市の被害軽減を図るための治水が不可欠となると考えられる。一方、都市政策としては、少子高齢化の進行を背景に、郊外開発を抑制してコンパクトシティ化により都市機能の集約を図っていくことが求められている[12]。2014 年に改正された都市再生特別措置法は、市町村が作成す

る立地適正化計画において、居住誘導区域および都市機能誘導区域を定め、居住誘導区域外の区域においては、市街化調整区域とみなして開発許可基準を適用する居住調整区域などを定めることができることとしている。都市機能誘導区域には、医療・福祉施設、教育施設、行政機関、商業施設などが集約され、その周囲の居住誘導区域に住民が住むように誘導されることとなるが、ハザードマップにおいて浸水の危険が想定されるような地域については区域指定が行われないようにしなければならないことはいうまでもない。

なお、土砂災害については、砂防法、地すべり等防止法及び急傾斜地の崩壊による災害の防止に関する法律（砂防三法）があり、土砂災害のおそれのある区域における警戒避難体制の整備、開発行為の規制、既存住宅の移転促進などソフト的対策を規定した法律としては、2001年4月から施行された土砂災害警戒区域等における土砂災害防止対策の推進に関する法律（土砂災害防止法）があるが、地価への影響を懸念する地権者の抵抗もあって基礎調査後も警戒区域等の指定がなされていないケースが少なくない[13]。しかし、危険性を内包した土地を商業ベースで取引すること自体が規制され、当該土地の置かれた客観的状況を織り込んだ地価形成がされるのはむしろ当然であり、行政としては、住民の不安を煽るといった漠然とした懸念により危険情報の公表を躊躇すべきではない。

(2) 開発許可基準の見直し

開発行為は、土地利用と水循環の過程を著しく改変し、治水・防災面で大きな負荷をもたらすことになる。したがって、開発工事を行おうとする者に対し、土地特性の個別評価及び開発が行われた場合における安全性の定量的把握のための防災アセスメント[14]の実施を義務づけることが適切である。また、開発予定地を購入しようとする一般市民が当該土地のかつての形状と客観的な土地特性と危険性を理解できるよう、都道府県知事が行う都市計画に関する基礎調査（6条）の際に土地の特性調査と調査結果の公表[15]を行うこととすべきである。また、開発許可の対象行為についても、法令において全国一律に定めるものだけでなく、地

域特性に応じて条例により拡大、変更することを許容すべきである。現行の開発許可基準は、財産権尊重の観点から数値等により事前に明示された定量的なものが大半であり、許可に際して行政庁の裁量は基本的に認められない。しかし、土地所有権は、地域の環境を踏まえて最適な土地利用をすべき社会的制約を受け、当該土地の置かれた具体的状況や地域特性に応じ、土地利用の方法も拘束されると考えるべきものである。持続可能な土地利用法制の実現のためには、自然災害のリスクマネジメントの概念を確立[16]し、土地特性と災害危険度の観点からの土地利用規制により、旧河道や水田など自然地理的に災害危険度の高い土地の開発を回避し、土地利用の転換を誘導していく施策が必要である。このための手段として、地理情報システム（GIS）を用いた地域特性区分による解析[17]により、浸水、液状化、盛土崩壊、地滑り等のリスクの高い箇所の地図化が考えられる。

3．流域治水の実現に向けて
(1) 氾濫原の土地利用規制の必要性

　東京、大阪、名古屋など多くの大都市は、洪水によって形成された沖積平野の氾濫原に発達しているため、常に水害の危険にさらされている。河川管理者は、それ自体は発生不可避な自然現象としての「洪水」を社会現象としての「水害」に拡大させない措置を講じる義務を負っていると考えるべきであるが、現行法制度に基づく対応には限界がある。2004年5月に施行された特定都市河川浸水被害対策法は、国土交通大臣又は都道府県知事が「特定都市河川」及び「特定都市河川流域」（3条）の指定、「流域水害対策計画」（4条）の河川管理者と都道府県、市町村及び下水道管理者による共同策定、河川管理者による雨水貯留浸透施設の整備（6条）、雨水浸透阻害行為の都道府県知事による許可（9条）、都市洪水想定区域等の指定（32条）等について規定した。法文上「流域」の概念が明記され、河川管理者が河川区域外においても一定の権限行使ができるようになったことは一歩前進である。しかし、指定河川は、鶴見川（神奈川）、新川（愛知）、寝屋川（大阪）といった都市圏の一部の

河川にとどまっている上、都市計画との調整や森林、農地の保全施策との連携までは想定されておらず、流域治水の実効性確保には依然として困難なものがある。

　土地利用規制を活用した流域治水の必要性については、多摩川、長良川など一級河川の破堤水害が相次いだ1970年代にすでに指摘されており、三大都市圏を中心とした17河川が、順次総合治水対策特定河川に指定され、保水・遊水機能の保全などの流域対策、雨水浸透枡など流出抑制施設の整備、下水道整備と河川改修事業の一体的推進が図られている。当初は、堤内地を保水区域、遊水区域、低地地域にゾーニングして土地利用規制を行うことも想定されていたが、法的な根拠がないため、実施には至っていない[18]。また、2000年12月19日河川審議会計画部会中間答申「流域での対応を含む効果的な治水の在り方」は、洪水の氾濫域における土地利用方策として、現行の河川区域に比べて緩やかな規制を設定する新たな概念の河川区域に関する制度について検討を進めるべきであるとしている。さらに、社会資本整備審議会河川分科会の「気候変動に適応した治水対策検討小委員会」が2015年2月に出した中間とりまとめ（水災害分野における気候変動適応策のあり方について）[19]においては、まちづくり・地域づくりの担当部局と連携した災害リスクの提示と建築物の構造規制や宅地開発の抑制等の誘導、施設の能力を上回る外力に対する的確な避難のための取組、などが具体的に提言されている。関係省庁は、このような度重なる提言を真摯に受け止め、必要な措置を着実に実施していくべきである。

(2) 流域治水の法制度設計

　流域治水の中核となるのは、都市計画や予防的な土地利用規制による水害対策である[20]。土地利用規制の具体的手法としては、都道府県又は流域単位の広域連合の条例の定めるところにより、上流の森林等を「保水区域」に指定し、保水力の永続的保持・向上が望ましい森林の開発行為を禁止し、一定面積以上の森林を他用途に転用しようとする場合、同一流域内におけるミティゲーションを義務づけることが考えられる[21]。また、おおむね100年に1回程度の降雨量によって発生する洪水の想定

水深が一定以上となることが予測される区域を「氾濫原区域」として公示し、水田・休耕田や公園緑地等を遊水地に指定するほか、浸水危険度に応じ原則として建築や開発行為を禁止する区域と宅地の嵩上げ、家屋の高床化、輪中堤や調整地、浸透枡等の雨水流出抑制施設の設置を条件としてこれを許可する区域等にゾーニングするとともに、越流堤（洪水調節池や遊水地に洪水を導入するために高さを低くした堤防）や霞堤（古来急流河川などで設置されてきた、堤防の途中に開口部を設け、上流側の堤防と下流側の堤防が、二重になるように配置した不連続堤。洪水時には開口部から堤内地に流速を失った水を逆流させることによって下流の洪水流量を減少させる効果がある）などにより、破堤を回避しつつ洪水を無害に氾濫させる流域治水が進められるべきである。なお、特定の地域において一定量の氾濫を許容する治水対策がとられた場合、営造物の設置管理の瑕疵を理由とする損害賠償だけではなく、別途補償制度の導入も必要となる。例えば、土地利用規制と水害保険制度をリンクさせ、水害保険への加入を住宅融資の条件とする手法や、保険会社が保険料の一部を政府に納付して支払準備金とし、水害時に政府が保険会社を通じて支払う再保険制度も検討の余地がある。

　このようなゾーニングの法的根拠については、「流域治水」の規定を河川法に新設して、規制手法の詳細は都道府県の条例に委ねることが適切と考えられる。河川管理者としては、完成までに何十年という期間と莫大な費用を要するダムや高規格堤防（通称「スーパー堤防」。堤内地の地盤を堤防高まで地上げし、堤防の天端幅を数10メートル程度確保した堤防で、天端は通常の土地利用が可能）の整備のみに拘泥するべきではない。むしろ、既存堤防を強化し、越流しても一定時間耐えることのできる耐越水堤防[22]とするための予算を増額することにより、数十年先ではなく、今現在の流域住民の生命・財産を確実に守ることのできる施策に重点を置くべきである。また、流域治水は、地域住民が事前に災害危険情報を取得し、地域社会全体の合意の下に共有することと不可分一体であることから、下水道などの内水氾濫も含めて居住地域の浸水危険度等を地域住民が明確に認識するとともに、破堤を防ぐための最小限の氾濫と必要

な規制を社会連帯の観点から受容するという意識の醸成が求められることになる。

　なお、自治体の条例に関しては、滋賀県は滋賀県流域治水の推進に関する条例を2014年3月に制定している。同条例は、200年に1度の確率の降雨で3メートル以上の浸水被害が予想される区域を「浸水警戒区域」に指定し（13条）、新築・増改築する際、部屋や屋上を想定水位より高くすること等を義務づけ（14条、15条）、違反者に20万円以下の罰金（41条）を科すこと、宅建業者は想定浸水深等に関する情報提供に努めること（29条）などを主な内容とする。罰則付きの建築規制を規定した氾濫原管理条例は全国初である（ただし、附則において罰則は当分の間適用されないこととされている）[23]。このような国法に先んじて課題を認知し、独自の規制を行う認知的先導性[24]を有する条例が他の自治体に伝播し、ひいては国法に反映されることが望まれる。

II．都市の水利用

1．戦後の水資源開発立法と水利用の変遷

　戦後、首都圏を始めとする大都市圏の人口急増と四大工業地帯等への重化学工業の集中立地により右肩上がりに増大した用水需要に対応するため、広域的、先行的な水資源開発を可能にするための法律として、1961年11月に制定されたのが水資源開発促進法である。同法では、国土交通大臣は、水資源の総合的な開発及び利用の合理化を促進する必要がある河川の水系を水資源開発水系として指定することとされており（3条1項）、指定水系は、①利根川水系・荒川水系（1962年・1974年指定）、②淀川水系（1962年指定）、③筑後川水系（1964年指定）、④木曽川水系（1965年指定）、⑤吉野川水系（1966年指定）、⑥豊川水系（1990年指定）である。指定水系では、国土交通大臣は、厚労大臣、農水大臣、経産大臣の関係大臣や関係行政機関の長に協議して、関係都道府県知事・国土審議会の意見を聴いて閣議決定により水資源開発基本計画（通称「フルプラン」）を決定して公示する（4条1項、2項、4項）。1957年には特定多目的ダ

ム法が制定され、治水、利水、発電といった複数の目的に供される多目的ダムの管理体制の建設省（現国土交通省）への一元化が図られた。さらに、広域的な水需要が見込まれる地域をかかえる水系における水資源の先行開発を目的とした水資源開発促進法、国に代わって水資源開発事業を行う特殊法人の組織について定めた水資源開発公団法（水資源開発二法）が、それぞれ制定されたことにより、建設省の河川管理者としての権限は、治水面だけでなく利水面においてもいっそう強化されることとなった。なお、同公団は、2003年から独立行政法人水資源機構に改組されたが、水資源開発基本計画に基づいて、ダム、河口堰等の水資源開発施設の新築・改築を行うという従来の業務や省庁幹部の再就職先としての人事システムに大きな変更はない。一方、人口が増加している東京都においても、2014年の1日最大配水量は465万立方メートル（㎥）／日と、ピーク時の1992年の617万㎥／日から152万㎥／日減少しており[25]、広域的水需要への緊急対応という歴史的使命をすでに終えた水資源開発法制の抜本的な見直しが不可欠である。そして、地域の実際の水需給に即した水利権の合理化や転用を柔軟に認めるとともに、都市における上水、下水処理水、雨水などの再利用のための施策を所管省庁の障壁を越えて促進することが適切である。

2．水利転用制度の課題

　水利権とは、かんがい、上水道、工業用水道など特定目的のために、河川などの水を排他的・継続的に利用できる権利であり、歴史的経緯のなかで成立した水利秩序が社会的に承認を得た慣行水利権と、河川管理者から許可される許可水利権（河川法23条）がある。水利権は一定の使用目的があって成立する財産権としての性質を有するものであり、取水目的の変更は既存の水利権の放棄と新しい目的のための水利権の新設と解されている。例えば、減反に伴い農業用水に余剰水利権が生じた場合に当該部分を上水道など都市用水に転用しようとする場合においては、既得水利権につき監督処分権を発動して、当該水利権の取消し・変更を行い、それにより生ずる水量につき、上水に対し新規の水利権を付与す

るという手順になる。また、権利の譲渡の規定（河川法34条1項）については、譲渡の前後において権利の同一性が保たれていなければならないため、目的を異にする譲渡は認められず、企業財産としての事業自体の譲渡に伴うもののみ認められると解されている[26]。旧建設省は「農業用水の転用に関する取り扱いについて」（昭和47.12.7 河政発第105号河川局長通達）において、農業用水の転用の際、河川法に基づく直接譲渡を認めず、旧権利者への減量処分と新規権利者への増量処分を同時に行うことを指示しているが、この背景には、水利権につき「私権」（物権）と構成する旧農林省と、公権説をとる旧建設省との対立があるとの指摘がある[27]。たとえ水使用量に余裕があったとしても、農業水利団体が長年にわたり費用と労働を投下して守ってきた既得権としての水利権をむざむざ手放すはずはなく[28]、既存の水利権秩序の見直しによって供給余裕量を生み出すことができないことが、多目的ダム建設による新規水資源開発推進の一因となってきたといえる。そもそも、「権利の同一性」とは、権利としての本質が同一性を保持していることと解すべきであり、水利権の本質は、同一河川において一定の水量を排他的、継続的に使用し得る権利[29]と考えれば、たとえ目的の変更によって水の使用形態等に若干の影響が生じることがあるにしても、権利の同一性を損なうものとはいい難い。むしろ河川管理者としては、新規水利権の許可をする場合と同様の判断基準により[30]、取水目的、取水量、環境・生態系への影響等を個別具体的に審査し、不適切な場合には譲渡承認（講学上の「認可」）を与えないこととすれば、河川管理上の特段の支障は生じないはずである。したがって、水使用量の減少により生じた供給余裕分は異種用途間で水利権譲渡できることを河川法に明記すべきである。

　今後、少子高齢化による人口減少社会の到来を迎え、水使用量の減少により生じた余裕水量については、上水道だけでなく、生物多様性と地域アメニティーの形成などのための環境用水に振り向けることが適切である。また、環境水利権の自主管理を地域住民からなる組織が行えるような制度を設けることも、水への関心を呼び戻すことにつながるものと考えられる。

Ⅲ．健全な水循環のための法制度

1．地下水と法
(1) 地下水の法的性質
　地下水は良質の水資源として、上水や工業用水に用いられているほか、ミネラルウォーター製造業のようにそれ自体を採取することを目的とした産業も発展しており、都市生活者にとって重要な役割を果たしている。

　地下水に対する法的規制としては、建築物用地下水の採取の規制に関する法律（ビル用水法）と工業用水法が、地盤沈下等の防止を目的として、政令で指定された地域における井戸設置を許可制としているが、地下水自体を管理する一般法は存在しない。「地下ニ浸潤セル水ノ使用権ハ其土地所有権ニ附従シテ存在スルヲ以テ土地所有者ハ其所有権ノ行使上自由ニ其水ヲ使用スルヲ得ヘシ」（大判明治29年3月27日民録2号3巻111頁）とした大審院判決以来、わが国では、地下水は土地所有権に従属するものであり、権利の濫用にわたらない限り、土地所有者は自由に地下水を使用することができるものとされてきた（大判昭和13年6月28日新聞4301号12頁）。民法の多くの学説[31]も、地下水は土地の構成部分として所有権の内容となるものと解してきたが、このような私水説に対しては、地下水を河川の流水と同様、土地所有権から切り離し、国民全体のものと把握すべきとする公水説[32]の立場からの批判がある。また、地下水の利用については、水のコア部分には公共性があるが、水利用権限に基づく私的支配の領域に水が到達したときには、その公共性に水利用権限の私権性が覆い被さることにより排他的に利用できるようになる[33]とする民法研究者の立場からの見解も示されている。

　地下水の法的性質を明記した最高裁判決はまだないが、下級審においては、「地下水は一定の土地に固定的に専属するものではなく地下水脈を通じて流動するもの」で、「水脈を同じくする地下水をそれぞれ自己の所有地より採取し利用する者」は、「共同の資源たる地下水をそれぞれ独立して利用している関係」にあるとして、土地所有者の地下水利用権限も合理的制約を受けるとしたもの（松山地宇和島支判昭和41年6月

22日判時461号50頁）がある。また、東京高判平成26年1月30日判自387号11頁は、地下水の性質について、「民法207条は、『土地の所有権は、法令の制限内において、その土地の上下に及ぶ。』としているものの……地下水は一般に当該私有地に滞留しているものではなく広い範囲で流動するものであることから、その過剰な取水が、広範囲の土地に地盤沈下を生じさせたり、地下水の汚染を広範囲に影響を生じさせたりするため、一般的な私有財産に比べて、公共的公益の見地からの規制を受ける蓋然性が大きい性質を有する」旨説示している。

(2) 地下水管理法制のあり方

法学、河川工学などの研究者らで構成された地下水管理制度研究会（金沢良雄委員長）は、1974年11月に「地下水法基本要綱案」を公表していた。同要綱案では、都道府県知事を「地下水管理者」として、地下水採取の許可制（自家用については届出制）の導入、地下水採取を原則として禁止する地下水特別保全区域の指定、地下水採取料の納付義務について規定することなどが提言されていた[34]。これは地下水を公水として全国統一的に管理することを想定するものであったため、利水関係者や関係省庁の反発は強く、法案化には至らなかった。その後も、1998年7月に出された河川審議会総合政策委員会の水循環小委員会の中間報告は、「水循環の健全化を図るためには、地表水と地下水との一体的な管理が必要であり、地下水の公共性を確保する法制度についても検討していく必要がある」と提言している。

水循環基本法は、水が「国民共有の貴重な財産」であり、「公共性の高いもの」であることに鑑み、水の「適正な利用」が行われなければならないこと（3条2項）及び水の利用に当たっては、水循環に及ぼす影響の回避又は最小化による「健全な水循環」の維持への配慮（3条3項）を規定した。この趣旨を踏まえると、土地所有者は健全な水循環を維持しうる範囲において地下水を利用することができるという考え方が成り立つ[35]。同基本法にいう「共有」とは、持分権を前提とした民法上の共有とは異なり、有限な資源を共同で管理し、使用するというむしろ総有に近い概念と考えることが適切である。そもそも地下水は、地下水の入

れ物である地下水盆の中を緩やかに流れて水脈を形成し、再び湧水や河川表流水として流出する水循環の一環をなす[36]もので、水量や水質、生態系等の面で河川表流水と相互依存関係にある。したがって、人為的な区画にすぎない地表の土地の所有権によって個別化されるような性質のものではなく、土地所有権とは切り離し、採取するまでは無主の公共資源として管理対象とすることが、自然の摂理にかなうものといえる。地下水の保全管理体制については、行政機関だけでなく、地域社会の生活に密着した、共有資源に利害関係を有する者（ステークホルダー）が地域の自主的なルールの下に水管理の政策決定過程に関与しうるガバナンスの構築[37]が重要となる。すでに一部の県や市町村においては、それぞれの地域特性を踏まえ、条例により実質的に公水として管理がなされており、例えば熊本県は、熊本県地下水保全条例において、地下水を「地域共有の貴重な資源」である「公共水」と規定し、一定規模を超える揚水設備による地下水採取を許可制としている。また、神奈川県秦野市は、「公水」として、すべての井戸の設置を許可制としている。今後は、国においても地下水保全のための一般法を早期に制定することが求められる。このためには、市町村の区域を越えた流域単位で、地形、地質、土地利用、水利用の状態や時間の経過を加味した地下水および表流水の一体的解析により地下水脈の可視化を図ることが課題である。なお、水循環基本法13条に基づいて政府が作成する水循環基本計画（2015年7月10日閣議決定）では、持続可能な地下水の保全と利用を図るため、地域の実情に応じて地下水マネジメントを計画的に推進することが定められており、国は、①国、地方公共団体等が収集・整理するデータを相互に活用するための共通ルールの作成などの環境整備、②地下水収支や地下水（水量・水質）挙動の把握並びにそのための調査技術の開発等を推進すること、③都道府県及び市町村は、地域の実情に応じ、(i) 地下水のモニタリング、(ii) 地下水協議会での決定事項に基づく取組（条例の制定等を含む。）等を推進するよう努めることなどが定められている。

2．都市下水と水循環

　下水道は汚水又は雨水を排除するために設けられる排水施設とこれに接続する処理施設から成っており、主として市街地における下水を排除・処理するため市町村が設ける公共下水道、2以上の市町村の区域における下水を排除・処理するため都道府県が設ける流域下水道、主として市街地における下水を排除するために市町村が指定する都市下水路の区分がある（下水道法2条3号～5号）。2015年の下水道法改正により、下水道が対象とする「浸水被害」（下水道法2条9号）が定義されるとともに、都市機能が集積し、公共下水道の整備のみでは浸水被害の防止が困難な区域を公共下水道管理者が「浸水被害対策区域」（同25条の2）として指定し、条例で貯留・地下浸透に関する排水設備の基準を付加できること、雨水貯留施設に係る管理協定を締結できること（同25条の3）、などが規定された。これは、頻発する局地的な大雨等に対処するため官民連携による浸水対策を推進していくことを主眼とした改正であり、内水被害防止のための下水道管理者の責任範囲が大きく拡大された。一方、下水道については、以下のような問題点が指摘されている。

　①下水管が中小河川のバイパスとなり、河川の流量が減少して水循環に悪影響を及ぼす、②建設のための初期投資に多額の費用がかかり、下水道債（借金）の償還に長期間を要する（国庫補助金の負担割合は、管きょ等50パーセント〔％〕、終末処理場55％で、残りの地方負担分は大半が起債対象となる。平成28年度末における企業債現在高は44兆96億円で、下水道事業が25兆5,293億円〔全体の58.0％〕と最大となっている。）、③多くの自治体で下水道料金による独立採算制の運営が困難で、赤字補てんのための一般会計からの繰り入れが自治体財政を圧迫する、④施設供用開始まで長期間を要する一方、施設が供用開始されれば、合併処理浄化槽（し尿と生活雑排水全般を処理できる浄化槽）は撤去して下水道への接続が求められることとなるため（下水道法10条）、下水道計画区域内ではその設置が進まず、かえって生活排水による公共用水域の水質悪化をもたらす、⑤下水道への工場排水の受け入れにより、化学物質や重金属などの危険性の高い汚濁物質が混入するおそれがある[38]。また、下水道計画に

ついて環境アセスメントや地域住民の意見を反映する規定が置かれていないことも問題点として指摘されている[39]。

　これからの下水道については、汚水や雨水を終末処理して公共水域に放出するだけの施設ではなく、水循環の一環として水を再生し、再利用できるようにするための施設として位置づける必要がある。このためには、目的規定の改正[40]が必要と考えられる。下水道法は、下水道の整備を図ることにより「都市の健全な発達」、「公衆衛生の向上」及び「公共用水域の水質の保全」を目的としており、都市計画としての下水インフラ整備と環境衛生面に重点が置かれているが、今後は「健全な水循環の維持」と「循環型都市の構築」という観点を目的規定に追加することが適切である。次に、工場排水の流入については水質による制限を設け、排水に含まれる化学物質の量について下水道管理者への報告義務を課すとともに、一定量の化学物質を含む排水については事業者の責任で負荷低減策をとって自己処理することを義務づけるべきである。また、下水道計画についてローカルルールの導入を大幅に認め、下水道整備に10年以上の長期間を要する区域や人口減少によって過大投資となる可能性のある区域については、下水道の整備計画を中止し、市町村条例により、し尿のみの単独処理浄化槽の設置を禁止して合併処理浄化槽の設置を義務づけるとともに、単独処理浄化槽の撤去費用に公費補助制度を設けることが適切である。このような大胆な政策転換を困難としている要因は、浄化槽法を所管する環境省と下水道法を所管する国交省の権限争いと国庫補助を通じた自治体のコントロールにあると考えられる。さらに、高度経済成長期に全国的に整備された施設がほぼ50年を経過し、一斉に耐用年数を迎えようとしている昨今、下水道施設の「新設」から「維持管理」に施策の重点を転換し、老朽化した管路等について適切な維持管理と改築を計画的に実施するアセットマネジメントの強化が不可欠といえる。

3．森林管理法制と現代的コモンズ
(1) 森林管理法制の現状と課題
　河川上流域の森林は、降雨を一時貯溜して流出時間を長くし、河川流量の平準化に資する機能を有しており、森林と裸地とのハイドログラフ（流出量の時間変化）曲線を比較した場合、12時間経過後の10分間当たりの流出量では、森林約0.05ミリ（mm）に対して、裸地では約0.5mmと10倍に達し、降雨が直ちに流出してくる量（直接流出量）については、樹木伐採前に比べて1.5倍〜2倍に達する[41]。水源涵養、生物多様性保全、保健・レクリエーションなど多面的機能を有し、都市住民にもさまざまな恩恵をもたらしている森林は、保全管理を継続的に行うことが不可欠である。しかし、外国産材や代替材との競争による価格下落により生業としての林業が衰退したことが人工林（針葉樹林）の荒廃をもたらし、保水機能や土砂流出抑制機能などの低下につながっている。

　この点に関し、森林法の保安林制度は、流出抑制策として有用であり、保安林に指定されると立木の伐採や土地の形質変更等の一定の行為には知事の許可が必要となり（34条1項、2項）、保安林の立木を伐採した後は植栽義務がある（34条の4）。保安林の解除については、「指定の理由が消滅したとき」（26条1項、26条の2第1項）または「公益上の理由により必要が生じたとき」（26条2項、26条の2第2項）に行うことができるが、道路建設や大規模開発の場合にも安易に解除されることが少なくない。また、地域森林計画対象の民有林において開発行為（土石又は樹根の採掘、開墾その他の土地の形質を変更する行為で、その行為に係る土地の面積が1ヘクタールをこえるもの）をしようとする者は、都道府県知事の許可を受けなければならない（10条の2第1項）。許可申請があった場合、当該森林の周辺地域における土砂流出又は崩壊その他の災害を発生させるおそれ、水害発生のおそれなど所定の要件に該当しない限り許可しなければならない（10条の2第2項）。開発許可制度は、高度経済成長期にゴルフ場建設や大規模宅地開発が無秩序に行われ、土砂災害発生、水源枯渇などの問題が発生したことを背景に1974年の法改正により創設されたものであるが、「点」としての個々の開発行為の最小限の

規制にとどまっている。これは、森林所有者が森林の経済的価値を高めるために手入れをするのは林業経営上、当然であり、乱伐や乱開発を規制しておけば十分であるという前提に立って制度設計がされているからである。

なお、2004年の法改正により、指定の目的に即して機能していないと認められる保安林を農林水産大臣が特定保安林として指定し（39条の3第1項）、その区域内に地域森林計画の対象となっている民有林がある場合は、都道府県知事が要整備森林を選定して必要な施業勧告等をすることができることとされた（39条の4第1項、39条の5第1項、第2項）。

産業としての林業の存立が困難となった現在、市場財（木材の生産・流通）と同時に環境財の性質を併せもった森林の公益的機能の実現が重要課題である。さらに近年、外国資本による水源林買収が全国的に問題となっており[42]、2011年の森林法改正の際、地域森林計画の対象となっている民有林について新たに森林の土地所有者となった者の市町村長への届出義務（法10条の7の2第1項）が議員修正より追加されている。そもそも、森林が有する多面的機能の公共性に鑑みると、森林の所有権は宅地や農地に対する所有権に比して公共の福祉のための制約をより強く受けると考えるべきものであり、農地法の転用規制や売買規制（農地法3条〜5条）に類する規定が森林法にも必要である。そして、土地所有者は、適正な管理による森林の整備・保全義務[43]および管理が困難な状況になれば、第三者のアクセスと管理を受け入れるという所有権内在的な義務を有していることを明文化すべきである。

(2) 現代的コモンズによる森林管理

古来、自然資源の枯渇を防ぐための一定のルールの下に資源を総有の権利として利用する入会は、コモンズと呼ばれ、これが自然の再生産力を維持した資源管理を可能としてきた。しかし、1966年成立の入会林野等に係る権利関係の近代化の助長に関する法律（入会林野近代化法）は、近代的土地所有制度になじまないものとして入会を消滅させる政策をとり、地域社会と自然資源との関係は法制度上も分断されることとなった。しかし近年、入会を環境保全に資する仕組みとして再評価し、主に都市

住民が森林を利用しながら山村住民と交流するというかたちの「現代的コモンズ」を模索する取り組み[44]も行われるようになっている。これは生産を目的とした地縁主体のクローズドな入会とは異なり、上流域の農山村と下流域の都市の住民相互の交流を基本とするものである。産業としての林業の衰退に伴って発生している放置林問題対策のためには、農林業従事者、住民、NPO等が行政主体と協働して森林にアクセスし、地域の環境資源として管理することができるよう、私有財産である森林の「所有」と「管理」を分離し、地域の財産として共同管理するシステムを法制度設計すべきである。これは、「公」（公有財産）と「私」（私有財産）の二項対立を越えた「共」としての管理である。例えば、森林所有権をもたない都市住民やNPOなどの第三者にも里山の利用管理を認めるアクセス権を森林法において規定することが考えられる。現行森林法においては、森林の整備・保全を目的として設立された特定非営利活動法人等が市町村長の認可を受けて、当該法人の行う間伐、保育その他の森林施業の実施に関する措置を内容とする施業実施協定を締結できる旨の規定があるが（10条の11の9第2項）、森林施業の適正化の観点だけでなく、地域の里山などありふれた自然環境を守り、親しむ目的でのボランタリーなアクセス権を担保することが今後の課題といえる。

Ⅳ．住民参加による流域管理

1．流域管理体制の構築

　水量、水質、生態系の面から健全な水循環を構築するためには、①水循環過程（地表水、地下水）、②治水・利水・水環境の各行政分野、③流域の土地利用、のそれぞれの機能的な統合が必要となる。このためには本来「流域管理法」のような統一的管理法制が必要であるが、当面、水循環基本法の趣旨に沿って個別法の改正を図り、これに条例による規制・誘導を組み合わせていくことが適切である。また、自然的、社会的条件がそれぞれに異なる各河川の流域管理のためには、河川管理者その他の行政機関と住民、利水者など多様な主体が上下流で連携して情報を共有

することにより、地域特性に即した水管理政策を自主的に決定できる仕組みが必要である。このためには、国の権限と財源を流域単位で自治体に委譲し、流域圏域で自己決定できる制度が構築されなければならない。例えば、管理主体として、特定の河川の流域に存する市町村及びこれを包含する都道府県によって設置される「流域連合」（地方自治法284条1項の広域連合）を組織し、地域特性に適合した政策を、行政機関が住民、NPOなど多様な主体と情報を共有しつつ決定できるようにすることが考えられる。一方、国としては、ナショナル・ミニマムとしての河川管理施設の設計基準や洪水予測手法の開発、災害時の広域援助体制の整備といった全国的な視点で行うことが適切な施策を重点的に担うこととして、自治体との間で適切な役割分担を図ることが重要である。

2．新たな公共性概念の確立と住民参加

古来、自然の利用と管理は地域によって共同で行われてきたが、近代的所有権の概念の確立とともに公私の区分が明確化され、河川表流水は「官」が所有し管理を行うこととされた。かつては地域ごとに、破堤の過程を観察して有効な手段をとるなどの水防の知恵が存在していたが、河川管理者に管理を一元化した国家的な治水事業により地域住民の治水への関与が失われ、地域的な洪水対応の知恵が評価されなくなった結果、地域の水害危険性の認識力が衰退し、水防技術等の伝承も途絶している[45]。また、地域社会によって自主管理されていた「近い水」が、ダムによる水資源開発によって「遠い水」に変わり[46]、住民が水の消費者となったことで川や水への関心が薄れるとともに、水管理へのフィードバックがきかなくなったことが、河川環境の悪化につながってきたといえる。

これからの時代における実効的な流域管理のためには、市民を客体として捉え、市民参加を排除した官による独占的な管理にかえて、行政と市民が協働して、各流域の自然的、社会的特性を踏まえた地域的なルールを形成していく仕組みを実定法化すべきである。これは、いわば公物管理法制のコモンズ化[47]を意味しており、水循環基本法3条2項が水を国

民の「共有」の財産と規定したことにも適合する。また、治水、利水、環境などの多様な利害が輻輳する流域管理においては、計画策定段階からの早期の住民参加を通じて調整を図り、公費（＝税）負担のあり方も含めた熟議が行われることが不可欠である。したがって、とりわけ多段階構造の行政計画については、各段階に応じた住民参加が求められる。例えば、河川工事に係る河川整備計画については、公聴会の開催等住民意見を反映させるために必要な措置をとることとされたが（河川法16条の2第4項）、その手続きや人選等については河川管理者のパターナリスティックな裁量に委ねられているのが実情である。一例として、一級河川淀川において上記規定に基づいて設立された淀川水系流域委員会が、2003年1月、ダムは原則として建設しないと提言したことを受け、支川の大戸川ダムなど5つのダムの建設計画が凍結されたものの、国交省によって委員会は休止され、ダム計画を復活させた河川整備基本方針案と河川整備計画案が策定されることとなった[48]。一方、河川整備基本方針には住民参加規定はない。これは、「長期的な観点から、国土全体のバランスを考慮し、基本高水、計画高水流量配分等、抽象的な事項を科学的・客観的に定めるもの」[49]とされていることによる。しかし、基本高水は、実績流量とは異なる机上の算定数値であり、算定に用いる過去の洪水群の年数と精度、確率計算の方法などによって左右されるため、絶対に客観的基準とはいい切れない[50]。むしろ、河川周辺に居住している住民が、ダム建設の要否等を生活者としての立場から検証し、自分たちの家や土地の「地先の安全度」[51]を正確に知るためには、河川整備基本方針策定段階での基本高水や計画高水流量などの根拠数値や計算方法の公表と複数案の事前検証を制度化することが必要である。

　そもそも公共事業は、それ自体に抽象的公共性が備わっているわけではなく、特定の地点において当該事業を実施することについて、公共事業の実施主体と地域住民らとの間で合意形成がなされた結果、公共性という正当性が付与されると考えるべきものである。したがって、最終的な決定責任は行政機関が負うとしても、住民の行政計画策定過程への手続的参加の制度[52]を整備し、行政との協働主体としての位置づけが明確

にされなければならない。このためには、代替案ないし修正案の提出・選択あるいは事業中止が可能な段階での政策情報の早期公開と共有を前提に、地域住民が行政の意思決定過程に参加し、協議する場を法制度化すべきである。具体的には、ア．計画原案の住民への公表、イ．計画原案に対する住民意見書（反対提案を含む）の提出、ウ．事業中止も含めた代替案の再提示と評価、エ．質問権と反論権を保障した行政主宰の公開審議、オ．行政による最終案の選択・決定、という合意形成過程を行政手続法および各個別法に規定して、公共事業を始めとする行政計画の法的統制を図ることが考えられる。このような仕組みは、政策立案過程において、最終判断は行政に留保しつつも、行政による公益の発見・実現過程に国民が参加する現象[53]と捉えることができる。

健全な水循環系の保全・回復と統合的流域管理は、既存の法制度、組織や政策の枠組みのなかだけで実現することは難しく、さまざまな法システムの転換によって可能となるのである。

注

1) 朝日新聞2017年10月27日付朝刊39頁、東京本社版。
2) 朝日新聞2015年10月24日付朝刊17頁、東京本社版（今本博健「私の視点」）。
3) 高橋裕『川と国土の危機―水害と社会』（岩波新書、2012年）158頁。
4) 高橋裕『新版 河川工学』（東京大学出版会、2008年）135頁。
5) 流域管理の理論と制度については、櫻井敬子「水法の現代的課題」小早川光郎＝宇賀克也編『塩野宏先生古稀記念 行政法の発展と変革（下）』（有斐閣、2001年）719頁以下、三好規正「持続的な流域管理法制の考察―公物管理法制、土地利用規制および住民協働の視点から」高木光＝交告尚史＝占部裕典＝北村喜宣＝中川丈久編『阿部泰隆先生古稀記念 行政法学の未来に向けて』（有斐閣、2012年）443頁以下。
6) 堀智晴＝古川整治＝藤田暁＝稲津謙治＝池淵周一「氾濫原における安全度評価と減災対策を組み込んだ総合的治水対策システムの最適設計―基礎概念と方法論」土木学会論文集B 64巻1号（2008年）6頁。
7) 金沢良雄＝三本木健治『水法論』（共立出版、1979年）128頁、三本木健治「水害と土地利用規制」自治研究第51巻第8号（1975年）103頁以下、アンネッテ・グッケルベルガー（磯村篤範翻訳）「ドイツ水管理法における洪水抑制制度」島大法56巻3号（2013年）163頁以下。
8) 三好規正「新法解説 水循環基本法―健全な水循環のための水管理法制を考える」法学教室411号（2014年）64頁以下、同「水循環基本法の成立と水管理法制の課題(1)」自治研究90巻8号（2014年）85頁以下。
9) 木下剛＝芮京禄「レジリエントな地域社会の形成とグリーンインフラストラクチャーの意義」都市計画306号（2013年）39頁以下。
10) 朝日新聞2018年7月10日付朝刊2頁、東京本社版。
11) 村上暁信「ランドスケープ・リテラシーと都市デザイン」都市計画293号（2011年）76頁。
12) 都市計画法制研究会『コンパクトシティ実現のための都市計画制度―平成26年改正都市再生法・都市計画法の解説』（ぎょうせい、2014年）

13) 阿部泰隆「宅地造成等規制法・急傾斜地法の仕組みと問題点―山田幸男先生の業績を再評価して」日本土地法学会編『水害―その予防と訴訟（土地問題双書22号）』（有斐閣、1985年）45頁以下、宇賀克也「総合的土砂災害対策の充実へ向けて」高木＝交告ほか編・前掲（注5）287頁。
14) 中村八郎『地震・原発災害 新たな防災政策への転換』（新日本出版社、2012年）166頁、228頁以下。
15) 三好規正「都市法の構造転換に向けた課題と提言」山梨学院ロー・ジャーナル8号（2013年）122頁。
16) 加藤孝明「災害に備えるこれからのまちづくり」都市住宅学72号（2011年）58頁。
17) 小荒井衛「災害特性に基づく地理的地域特性区分と活用」都市計画306号（2013年）44頁以下。
18) 座談会「総合治水対策をめぐって」ジュリスト688号（1979年）47頁、安本典夫「総合治水対策と土地利用規制」『現代水問題の諸相 板橋郁夫教授還暦記念』（成文堂、1991年）95頁以下。
19) 社会資本整備審議会河川分科会 気候変動に適応した治水対策検討小委員会「水災害分野における気候変動適応策のあり方について―災害リスク情報と危機感を共有し、減災に取り組む社会へ〜中間とりまとめ」平成27年2月（http://www.mlit.go.jp/river/shinngikai_blog/shaseishin/kasenbunkakai/shouiinkai/kikouhendou/interim/pdf/s2.pdf）。
20) 阿部泰隆『国家補償法』（有斐閣、1988年）229頁。
21) 三好規正「河川管理法制の大転換を求めて―河川管理の地方分権、住民参加と治水及び河川環境保全のための土地利用規制手法のあり方」阿部泰隆＝根岸哲編『法政策学の試み―法政策研究（第4集）』（信山社、2001年）99頁以下。
22) 大熊孝「技術にも自治がある―治水技術の伝統と近代」宇沢弘文＝大熊孝編『社会的共通資本としての川』（東京大学出版会、2010年）138頁
23) 条例の内容を検討したものとして、山下淳「流域治水と建築制限―滋賀県流域治水条例を素材にして」宇賀克也＝交告尚史編『小早川光郎先生古稀記念 現代行政法の構造と展開』（有斐閣、2016年）633頁以下。
24) 角松生史「自治立法による土地利用規制の再検討―メニュー主義と「認知的・試行的先導性」」原田純孝編『日本の都市法Ⅱ 諸相と動態』（東京大学出版会、2001年）329頁。
25) 関良基＝まさのあつこ＝梶原健嗣『社会的共通資本としての水』（花伝社、2015年）41頁〔梶原健嗣執筆〕。
26) 河川法研究会編著『改訂版［逐条解説］河川法解説』（大成出版社、2006年）259頁。
27) 七戸克彦「現代の水利権をめぐる諸問題」季刊河川レビュー32巻3号（2003年）11頁以下。
28) 岡本雅美「渇水調整と水利権」ジュリスト1060号（1995年）59頁。
29) 宮崎淳「水利権の特質と権利の観念化―権利譲渡の法理論」創価法学45巻2号（2015年）137頁は、水利権を一定の水量を利用しうる権利として観念化することにより、譲渡が可能となるとする。
30) 金沢良雄『水資源制度論』（有斐閣、1982年）94頁。
31) 我妻栄『物権法（民法講義Ⅱ）』（岩波書店、1952年）183-184頁、遠藤浩「地中の鉱物・地下水(1)―ささやかな法的構成についての試論」法曹時報29巻2号（1976年）7-8頁。
32) 公水説の立場をとるものとして、阿部泰隆『行政の法システム（上）［新版］』（有斐閣、1997年）264頁、同「大深度地下利用の法律問題2」法律時報68巻10号（1996年）66頁、金沢・前掲（注30）151頁など。
33) 宮崎淳『水資源の保全と利用の法理―水法の基礎理論』（成文堂、2011年）361頁。
34) 佐藤毅三「地下水総合法制について」ジュリスト582号（1975年）60頁参照。
35) 宮崎淳「水循環基本法における地下水管理の法理論―地下水の法的性質をめぐって」地下水学会誌57巻1号（2015年）67頁は、水循環基本法の当該規定を「法令の制限」（民法207条）と考えるべきであるとする。
36) 高橋裕＝河田恵昭編『水循環と流域環境（岩波講座 地球環境学7）』（岩波書店、1998年）274頁。
37) 神野直彦「地方分権―川を住民が取り戻す時代」宇沢＝大熊編・前掲（注22）425頁。
38) 中西準子＝猪狩庸祐＝丸井英弘＝吉田健＝在間正史「下水道法制の総合的検討」法律時報52巻9号（1980年）76頁。

39) 畠山武道「下水道建設と行政手続のあり方(上)」ジュリスト798号(1983年)76頁以下、同「下水道建設と行政手続のあり方(下)」ジュリスト799号(1983年)86頁以下。
40) 小幡純子「下水道法の現状と課題」下水道協会誌584号(2011年)59頁。
41) 高橋＝河田編・前掲(注36)40頁。
42) 安田喜憲「日本の地下水と森をどう守るか」都市問題101巻6号(2010年)31頁以下。
43) 大澤正俊「森林の整備・保全義務に関する一考察」横浜市立大学論叢社会科学系列60巻2号・3号合併号(2009年)192頁、同「森林所有権の公共性と所有権制限」横浜市立大学論叢社会科学系列60巻1号(2009年)79頁・108頁。
44) 三井昭二「森林から見るコモンズと流域―その歴史と現代的展望」環境社会学研究44巻1号(1997年)42頁以下、加藤峰夫＝倉澤資成「環境保全的観点からの入会制度の評価と再構成」エコノミア46巻4号(1996年)20頁以下。
45) 高橋・前掲(注3)170頁。
46) 嘉田由紀子編『水をめぐる人と自然』(有斐閣、2003年)121頁以下〔嘉田由紀子執筆〕。
47) 吉田竜司「「公物」からコモンズへ―河川行政における流域主義の展開過程とその可能性」国際社会文化研究所紀要7号(2005年)97頁。
48) 宮本博司「淀川における河川行政の転換と独善」宇沢＝大熊編・前掲(注22)395頁以下、古谷桂信『どうしてもダムなんですか？』(岩波書店、2009年)12頁以下参照。
49) 河川法研究会編著・前掲(注26)83頁。
50) 高橋裕「自然としての川の社会性と歴史性」宇沢＝大熊編・前掲(注22)350-351頁。
51) 嘉田由紀子ほか「生活環境主義を基調とした治水政策論―環境社会学の政策的境位」環境社会学年報16号(2011年)41頁。
52) 亘理格「公私機能分担の変容と行政法理論」公法研究65号(2003年)190頁。
53) 芝池義一「行政法における公益・第三者利益」芝池義一＝小早川光郎＝宇賀克也編『行政法の争点(ジュリスト増刊 法律学の争点シリーズ9)〔第3版〕』(有斐閣、2004年)13頁。

第3章

都市行政と自治体環境行政

Ⅰ．自治体環境行政を語る現在の法環境

1．自治体行政実務家に意識してほしいこと

　「法律による行政」は、日本国憲法のもとで、変わることのない行政活動の基本原理である。国民の基本的人権の保障や福祉の向上を目的に国会が制定した法律の実施を担当する行政は、法律およびその委任を受けた政省令を踏まえて、立法者の意図を実現する責務を負っている。作業にあたる行政職員には、法令およびそれが作動する法環境を十分に理解した上での職務遂行が期待されているのである。

　現実はどうだろうか。多忙な行政現場にあっては、おそらくはそのような状況にはないのが通例であろう。依るべきは、法令ではなく前例になっている。個人としても組織としても、「前例による行政」が、「慣性」となって作用している。これまで行われてきたことを現在も行い、そして、将来も行うという認識が一般的ではないだろうか。

　ところで、これまで行われてきたことというのは、いつからのことだろうか。その頃と現在とでは、状況に変わりはないのだろうか。実際には、自治体を取り巻く状況には、相当の変化が生じている。しかし、自治体行政現場にいる職員の多くは、その変化を認識していないようにみえる。慣性に影響を与えるのは、外力である。それを発生させるためには、現状の的確な認識が必要になる。

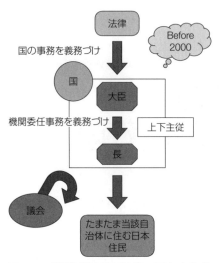

図3-1　機関委任事務時代の国と自治体の関係

2．分権改革前の国と自治体の関係

　2000年分権改革の前、この国には、機関委任事務制度という仕組みが法律に規定されていた。機関委任事務とは、国の事務の実施を国の行政機関としての自治体の長（都道府県知事、市町村長）に命じるものである。自治体の長は、住民の直接選挙により選出される当該自治体の代表者である。それにもかかわらず、機関委任事務制度のもとでは、いわば国のなかに強制連行されて大臣の下級行政機関として一方的に位置づけられ、国の事務の実施を命じられていた。担当するのは国の事務であるから、サービスの相手方は、「当該自治体に居住する日本国民」であった。国の事務の所管大臣からは、法的拘束力を持つ通達が発せられた。図3-1のように、大臣と長は、上下主従の関係にあったのである。

　サービスの対象は国民であるため、全国どこの自治体現場においても、等質のサービスが実現されなければならない。中央政府には、それを実現する責任があった。このため、法令および通達により、「国の出先」としての自治体行政がなすべき内容が、詳細に決定されていた。そのかぎりにおいて、自治体に「自治」はなかった。

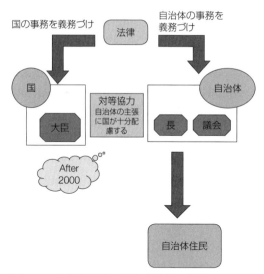

図3-2　分権改革後の国と自治体の関係

3．分権改革後の国と自治体の関係

　国家のあり方を規定する憲法は、第8章「地方自治」を設けている。そこでは、法律を制定して自治体に関する規定を置く場合には、「地方自治の本旨」にもとづくべきことが明記されている。国家のなかに自治体を設ける以上、自治体は国とは独立して自域を統治する、自治体意思が住民意思にもとづくといった内容が保障されるべきことを意味するとされる。

　上述の機関委任事務制度は、地方自治の本旨の観点からは、きわめて不適切なものであった。そこで、2000年の分権改革によってこれが全廃され、ほぼそのすべてが自治体の事務とされたのである。国の事務しか規定していなかった法律は、現在では、国の事務と自治体の事務を規定している。そして、大臣および自治体に対して、それぞれの事務の的確な実施を義務づけている。そのイメージは、図3-2のようである。国と自治体は、対等協力の関係とされた。

　法律において自治体の事務が規定される場合、国の行政が直接国民に対してアプローチをすることは少ない。住民に対してアプローチをする

のは、自治体行政であるのが通例である。その住民は、機関委任事務時代のように、当該自治体に居住する日本国民ではなく、当該自治体の住民となる。

　現在、法律における国と自治体の関係は、それぞれの役割を踏まえたものとされている。具体的規定をみてみよう。抽象的になるのは避けられないが、国は本来国が担当すべき事務を担当し、自治体は住民に身近な事務を担当すべきとされる。条文で確認すると、次のようになる（下線筆者）。

■地方自治法１条の２第２項
　国は、……全国的に統一して定めることが望ましい国民の諸活動……に関する事務又は全国的な規模で若しくは全国的な視点に立つて行わなければならない施策……の実施その他の<u>国が本来果たすべき役割</u>を重点的に担い、<u>住民に身近な行政はできる限り地方公共団体にゆだねること</u>を基本として、地方公共団体との間で適切に役割を分担するとともに、地方公共団体に関する制度の策定及び施策の実施に当たつて、<u>地方公共団体の自主性及び自立性</u>が十分に発揮されるようにしなければならない。

■地方自治法２条11項
　地方公共団体に関する法令の規定は、地方自治の本旨に基づき、かつ、国と地方公共団体との適切な役割分担を踏まえたものでなければならない。

■地方自治法２条12項
　地方公共団体に関する法令の規定は、地方自治の本旨に基づいて、かつ、国と地方公共団体との適切な役割分担を踏まえて、これを解釈し、及び運用するようにしなければならない。

■地方自治法２条13項
　法律又はこれに基づく政令により地方公共団体が処理することとされ

> る事務が自治事務である場合においては、国は、<u>地方公共団体が地域の特性に応じて当該事務を処理することができるよう特に配慮しなければ</u>ならない。

　国と自治体の関係においては、「決定」に注目したい。国の役割は、全国統一的に適用されるべき制度や内容の決定であり、自治体の役割は、地域特性を踏まえて適用される制度や内容の決定である。相対的ではあるが、法律でいえば、その根幹部分は国の決定となり、その末梢部分は自治体の決定となる。国の決定は、法律、政省令、基本方針・基本計画などで表現され、自治体の決定は、条例、規則、実施計画などで表現される。自主性や自立性は、決定権が伴って初めて可能になるのである。とりわけ地域特性に応じた対応が、法令が規定する市民・事業者の権利をさらに制約する結果になるならば、条例によりこれを行わなければならない。条例に関する地方自治法の規定を確認しよう。

> ■地方自治法14条1項
> 　普通地方公共団体は、法令に違反しない限りにおいて第2条第2項の事務に関し、条例を制定することができる。
>
> ■地方自治法14条2項
> 　普通地方公共団体は、義務を課し、又は権利を制限するには、法令に特別の定めがある場合を除くほか、条例によらなければならない。

4．変わったことと、変わっていないこと

　図3-1から図3-2への変化は、相当に大きなパラダイム転換である。ところが、自治体職員にそれが必ずしも十分に認識されていないのは、仕事の根拠となる法令が、分権改革前から基本的に変わらず維持されているのが大きな理由である。事務実施における慣性は、この時期から継続し、きわめて強い力となって現在に至っている。

分権改革前の法令には、どのような特徴があるのだろうか。「全国画一、詳細規定、決定独占」の3点を指摘しよう。機関委任事務という国の事務であるがゆえに、その内容は、基本的に全国同一である。霞が関の中央省庁から遠い自治体行政現場で事務を全国平等に実施させるため、その内容を事細かに規定しなければならない。そして、内容の決定は、国に独占されていた。

　国と自治体の関係は、分権改革によって、図3-1の状態から図3-2の状態に変化した。それにもかかわらず、行政の活動の根拠となっている法律には、基本的に変化はない。分権改革は、法令改革を実現していないのである。今回の分権改革には、地方財政改革の不徹底をはじめ、種々の未完成が指摘されるが、法令改革についてもそれは当てはまる。

5．自治体職員としての心構え

　国と自治体の関係に関するOSが、上下主従から対等協力に入れ替わったにもかかわらず、法令の構造や規定ぶりに変化はない。分権改革後に制定された法令についても、自治体の決定権を認める明示的規定が十分にあるわけではない。そうした状況にあって、分権時代に生き、住民福祉の向上を担う仕事をする自治体職員は、分権改革の成果を踏まえ、自治体の進むべき道を探ってゆかなければならない。現行法の規定ぶりを所与としてはならないのである。現在、自治体職員は、「法律による行政」について、これを「地方自治の本旨に即した法律による自治体の自主的・自立的な行政」と受け止めなければならない。

　あるべき方向性は、行政分野によって多様であろう。以下では、環境行政分野の法体系を整理したあと、都市の生活環境に関する行政課題、とりわけ、空き家問題と民泊問題を例にして、分権時代の可能性を検討しよう。

Ⅱ．環境基本条例のもとでの法体系

1．環境基本条例ブーム

　自治体環境行政において、法体系上、基幹的位置を占めるのは、環境基本条例であろう。多くの環境基本条例は、1995年の環境基本法成立を受けて制定された。

　環境基本法は、国の環境行政に関する基幹法である。分権改革以前の時期における制定であったため、環境基本法の国の事務に関する部分は、機関委任事務としての環境法を実施する自治体に対しても適用されたことになる。もっとも、同法は作用法ではなく、自治体の長に対する授権規定もないために、自治体環境行政に直接の法的影響はほとんどなかったといっていい。実際には、「地方公共団体は、……国の施策に準じた施策及びその他の地方公共団体の区域の自然的社会的条件に応じた環境の保全のために必要な施策を、これらの総合的かつ計画的な推進を図りつつ実施するものとする。」という36条の指示を踏まえて、多くの自治体が、環境基本条例を制定した。当時の状況は、まさにブームと評しうるほどのものであった。

2．分権時代の新しい環境基本条例の必要性

　分権改革前であったため、環境基本条例の適用対象からは、機関委任事務は当然に除外されていた。これが廃止されて国と自治体の対等協力関係が実現した現在、新たな法環境を踏まえて環境基本条例の改正がされるべきである。しかし、そうした動きはまったくみられない。

　図3-2にあるように、法律にもとづき担当する事務は、自治体自身の事務である。そうであるがゆえに、かつてあった通達は存在しない。自治体は、国とは独立して法律を解釈し、その法律を適用して地域を豊かにすることができるようになっている。基本法が濫立する国とは異なり、自治体には、基本条例はそれほどない。環境基本条例は、「基本」という名を冠する貴重な存在である。そうであるがゆえに、環境行政を推進するにあたっての基本的な考え方を、分権改革を踏まえて規定すること

が望まれる。その1つは、自治体の環境政策を個別法の適用を通じて実現してゆくという考え方であろう。その実現手段は、「地方公共団体は、……法律の範囲内で条例を制定することができる。」と規定する憲法94条が自治体に制定権能を保障した条例である。

環境基本法が都市環境を対象に含んでいないため、環境基本条例もそれにならっている。所管するのは「環境サイド」である。都市環境を所管する都市政策課や都市計画課は、法的には別世界に存在する。しかし、自治体の総合性に鑑みれば、中央政府の縦割り構造を再生産する必要はない。土地利用のあり方は、自治体環境に大きな影響を与える。従来の環境基本条例の内容に、都市部や田園部の土地利用を追加して再構成するのが望ましい。大規模自治体では現実的ではないだろうが、中小規模自治体では、ぜひとも取り組んでもらいたいものである。「新環境基本条例」を期待したい。

Ⅲ．新たな発想にもとづく新たな枠組み

1．法律を用いた自治体政策の実現

分権改革後の自治体の環境行政は、どのような法的枠組みのもとで展開されるべきだろうか。試論的なモデルとして、図3-3を用いて簡単に説明しよう。

基本的認識として、自治体は国の政策の出先機関ではなく、自治体独自の政策を自らの責任で実施する総合的な行政主体である点を確認したい。分権時代における自治体の役割は、以下の規定が示すとおりである。

> ■地方自治法1条の2第1項
> 地方公共団体は、住民の福祉の増進を図ることを基本として、地域における行政を自主的かつ総合的に実施する役割を広く担うものとする。

「地域における行政」の根拠としては、法律および条例がある。それ

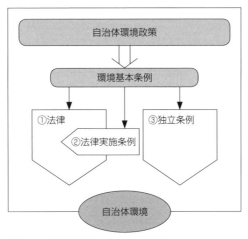
図3-3　環境行政の新たな枠組み

らはいずれも、自治体の環境政策を実現するためのものである。その根幹部分は、環境基本条例およびそれにもとづいて策定される環境基本計画に記されている。法律についていえば、自治体は、国会が当該法律を立法した趣旨を踏まえ、さらに、基本条例や基本計画を踏まえて、自治体政策の実現のためにそれを実施する（①法律の実施）。

　ここで、「総合性」についてコメントする。内閣の分担管理原則を踏まえて、法律については所管省庁が決められる。その結果、「縦割り」が発生する。国の事務を担当する行政庁は、例えば、環境大臣であり国土交通大臣である。これに対して、法律で自治体の事務が規定される場合、授権を受ける行政庁は、「都道府県知事」「市町村長」である。種々の自治体政策を踏まえて法律にもとづく権限行使ができる総合性を持っているのが自治体なのである。

2．2種類の条例

　地域特性への対応が必要で、それには条例制定を要する場合には、当該法律を実施するにあたっての条例（②法律実施条例）を制定する。これは、一律内容の法律を、当該自治体にカスタマイズするためのもので

ある。また、法律は制定されていないけれども、自治体として対応すべき課題があり、それには条例制定を要する場合にも、条例（③独立条例）を制定する。これに対しても、基本条例や基本計画は指針を提供する。法律との関係で、条例には、機能・役割を異にする2種類がある点に注意が必要である。①②③が相まって、良好な自治体環境が実現される。

②は、法律と融合して作用する法律リンク型条例である。それが可能なのは、法律にもとづく事務が自治体事務であり、条例の制定も自治体の事務であるためである。分権改革前の機関委任事務は、そもそも国の事務であったから、条例制定権の対象外であった。例外的に、条例の決定を国の事務のなかで考慮するのが適切とされる場合には、法律のなかにそれを認める明文規定が設けられた。それによって、条例は法律とリンクでき、法律実施条例として機能した。明文規定がないことは、法律実施条例の否定を意味したのである。

現在では、そうした整理はされない。法定自治体事務ゆえに、地域における行政に関する部分については、原則として、条例制定は可能である。現行法令を前提に考えてみよう。

3．法律実施条例の法理論
(1) 対応余地なくみえる法令

機関委任事務を規定する法律の特徴として、「全国画一、詳細規定、決定独占」を挙げた。国会が自治体の長に事務処理を義務づけるのであるが、法律、政省令、通達により、その内容は詳細に決定されている。その状況をイメージするならば、図3-4のベクトル①のようである。

そうした状態の法令が、構造や外形はほぼそのままに分権改革後も維持されている。そして、そのもとで、法律違反をしない行政が自治体に義務づけられている。このため、一見すれば、地域特性に応じた対応をする余地がみえてこない。

しかし、「規定されていることは行わなければならず、規定されていないことは行えない」と考えるならば、どこの自治体でも同じ行政をするほかない。分権改革前の機関委任事務制度のもとでは、それが当然の

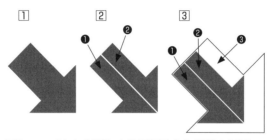

図3-4　ベクトル説による現行法令と条例の把握
（出所）北村喜宣『自治力の挑戦』（公職研、2018年）6頁より

状態であったが、自治体の事務とされた現在では、従前の通りであってよいはずはない。どのように考えればよいだろうか。

(2) 国の役割にもとづく最終決定部分と暫定決定部分

①あるべき法律状態と現行法の落差

　分権改革後の法律のあり方は、前出の地方自治法2条11項が規定している。すなわち、①地方自治の本旨にもとづくこと、②国・自治体の適切な役割分担を踏まえることである。これは、立法原則と称される。また、法律解釈にあたっても、そうした姿勢であるべきことが同条12項に規定される。これは、解釈原則と称される。これらの規定については、その文言が曖昧であるため、意味する内容が把握しにくいが、おおよそ次のようにいえるのではないだろうか。

　地方自治の本旨とは、国家のなかにあって、自治体が国からは独立しつつもこれと連携し、自治体に関係する決定を住民の意思にもとづきなしうる状態である。両者の適切な役割分担とは、法令に即していえば、全国統一的に決定すべき事項は国が責任をもって決定する一方で、住民に身近な内容は自治体の決定に留保されるような仕組みである。地方自治法1条の2第1項が、自治体はそうした役割を「広く担う」と規定している点に注目したい。これは、相対的にみれば、自治体に関する法律事項に関して、国の役割は控えめであるべきという含意をもつ。同法2条13項は、特別配慮を義務づけ、条例による対応の余地を認めていた。

　それにもかかわらず、現行法には、「全国画一、詳細規定、決定独占」

という機関委任事務時代の特徴が、改正されないままに残っている。明文の条例規定などないのが基本形であり、立法原則や特別配慮義務に照らせば、きわめて問題の多い状況なのである。そうであるとすれば、解釈原則を踏まえて、現行法を分権改革適合的に解釈するのが妥当である。あるべき法律状態と現行法の落差を解釈論で埋めることによって、分権時代の国民・住民の基本的人権の実現を考えるべきである。

②全国統一的に適用されるべき部分

自治体の事務を規定する法律の内容には、国が全国統一的に適用されるべきと考えて規定されている部分がある。この部分については、自治体の事務に関係するとしても、自治体がこれを変えることは許されない。国民の基本的人権の保障の観点から対応をする国の役割を侵害するからである。当該法律が規定する規制制度の根幹的部分がそれにあたる。法目的の修正、用語の定義の修正、許可制や届出制などの規制方法の変更は違法である。基準や要件については、法定のものが当該自治体との関係で過剰規制状態となっており、これを修正しても法目的の実現に影響がなく、かつ、他自治体への影響も生じないのでないかぎり、修正はできない。

③自治体による修正を予定する部分

しかし、法律や政省令によって決定されている部分のすべてを変えることができないというわけではない。憲法92条が規定する「地方自治の本旨」に関して、分権改革を契機としてこれを具体化した地方自治法の立法原則や特別配慮義務に鑑みれば、明文規定の欠如は条例の否定を意味しないのである。

全国統一的に適用されるべき部分以外に関する法令の決定は、自治体が特段の決定をしなくても法令の実施が可能なように、国の役割を踏まえてなされた暫定的なものと考えればよい。このかぎりでは、国が国民の基本的人権を保障すべく制度化したものである。しかし、国の直接執行ではなく自治体に実施を命ずる仕組みをつくる以上、自治体が自治体住民の基本的人権の保障をすべく、条例を通じて地域特性に応じて規制内容のカスタマイズをすることも、当該法律を通じて立法者が認めてい

ると解される。国の決定がベストフィットすると考える自治体は、それをそのまま実施すれば足りる。この整理を図3-4で示せば、ベクトル2のようになる。法令で決め切られているようにみえる部分でも、修正ができない❶とそれが可能な❷に分けて把握できるのである。

　暫定的決定部分の修正の内容は多様である。基準の上乗せは、典型的なものである。そのほかには、法令の文言を具体化したり詳細化したりする対応もある。また、法令の制度趣旨には含まれていると解される内容を顕在化する対応もある。これらは、当該法律に明文の条例規定がなくても可能である。根拠は憲法94条である。このような考え方は、憲法94条直接授権説と称されている。法定の事務は自治体の事務であり、条例の制定も自治体の事務である。融合は基本的に可能である。具体化・詳細化・顕在化については、機関委任事務時代においても、自治体行政庁の法令解釈として行うことも可能であったが、上乗せについてはそうではなかった。現在の法環境の下ではこれが可能になっている点が、従来とは大きく異なっている。

　もっとも、理論的には暫定的決定であったとしても、立法者の裁量により全国画一的内容とするという判断はありうる。その場合は、原則の修正なのであるから、「条例を制定できない」という明文規定を要する。明文規定なくしてできないのは、「条例の制定」ではなく「条例の否定」である。2000年の分権改革の直後ならまだしも、2018年の現在からみれば、国会にはこうした趣旨の法改正をする時間的余裕が十分にあった。それにもかかわらず、それをしていないのは、条例の制定可能性を否定しないという黙示的承認が立法者によりされているとみるべきである。

　③オープンスペース

　さらなる法律実施条例の可能性を含めた法令理解として、図3-4のベクトル3を提示しよう。これは、法令で決定されている内容❶および❷は、当該法令の制度趣旨の一部分であり、そのほかに、国決定や自治体決定に残されたオープンスペース❸があると考えるものである。

　例えば、法律第1条には目的が規定されるが、その実現のための内容を必要かつ十分に法令が決定しているわけではない。ある法律の規制対

象についてみれば、施行時と現在とでまったく変化がないという例は少ないだろう。社会状況に応じて、法令は進化するのである。

　とりわけ機関委任事務制度のもとでは、規制対象となる行為や項目の追加は、法令でされていた。国の事務である機関委任事務に関して、自治体の事務である条例を制定して独自対象を追加することはできなかったのである。先にみた上乗せ措置と同様、事務の性質が異なるのであり、法律がそれを明示的に認めないかぎり、融合できないのは当然であった。

　ところが、現在では、法定事務に関して、地域特性に応じた条例対応ができるようになっている。法令の場合、規制対象となる物質や施設の内容は、施行時から大きく変わっている。増加しているのが一般である。それは、同じ法目的のもとで政令改正によりなされている措置である。十分な立法事実や比例原則への適合は必要であるが、このような法令の進化に関する経験則を踏まえれば、それが地域的特色をもつものであるかぎり、自治体領域において必要な対応が、条例を通じてできるのは当然といえよう。

　具体的な措置内容としては、対象や手続の追加がある。横出しと整理される内容である法定事務の実施を命じられている自治体は、当該法令の制度趣旨を踏まえて、追加的対応の必要があると考える場合には、オープンスペースを利用してそれを実現できるのである。

　以上の総論的検討を踏まえて、以下では、良好な都市環境の保全にとって重要な問題となりつつある老朽不適正管理空き家対策と民泊対策における自治体の条例対応についてみることにしよう。これら対策に関しては、法律が制定されている。2000年分権改革以降のものであり、そこでは、自治体の事務が規定されている。両方を実施する自治体のなかには、興味深い条例対応をして、地域特性に適合する内容を整備するところが多くみられる。

Ⅳ．居住環境と空き家問題

1．先行した条例

　最近の自治体環境行政における顕著な条例対応は、老朽危険空き家に対するものである。老朽危険空き家が地域コミュニティに対してもたらす種々の問題の深刻化は、最近に始まったわけではない。かねてより市町村行政には、周辺住民からの苦情が多く寄せられていた。

　老朽化して倒壊などの危険な状態にある空き家は建築物である以上、建築基準法の対象となる。除却などを命じて最終的には代執行をする権限は、都道府県や建築主事設置市に設置される特定行政庁に与えられている。ところが、通常は建築指導課が所掌するこの権限は、ほとんどといってよいくらい発動されてこなかった。空き家に関しては、保安上の危険のほか、防犯や生活環境保全の問題もある。このため、寄せられる苦情は行政内部でたらいまわしの憂き目にあい、周辺住民は受忍を強いられていたのである。

　所沢市も、同様の状況にあった。そうしたなかで、窓口の一本化が強く意識され、必要な権限を行政に与えるべく、2010年7月に、「所沢市空き家等の適正管理に関する条例」が制定された。「管理不全な状態にある空き家等」の所有者等を対象に、必要な措置を指導、勧告、命令できると規定したのである。建築基準法と対象は重複するけれども、同法とはリンクしない独立条例である。

　所沢市条例のインパクトは、きわめて大きかった。同条例の制定後、まさに「燎原の火のごとく」、全国の市町村区（以下「市町村」という）が、同種の空き家条例を制定した。

2．空家法の制定

(1) 議員提案

　空き家条例の増加現象のなかから、「これだけ条例があるのだから法律を制定すべき」という声もあがってきた。その声は、建築行政や住宅行政を所管する国土交通省に寄せられた。ところが、同省は、「建築基

準法により対応できるから新法は不要」という立場であった。権限を持つ特定行政庁がきわめて後ろ向きであった点は、先にみた通りである。しかし、それはそのようであるのが不適切なのであり、的確に権限行使をすれば問題はないというのは、タテマエ論としてはなるほどそうである。

　自治体の法律待望論に応じたのは、ほかならぬ立法府であった。2013年3月、自由民主党内に「空き家対策推進議員連盟」が結成され、議員立法を目指して活動を開始したのである。紆余曲折はあったが、その努力は、2014年11月の「空家等対策の推進に関する特別措置法」（空家法）として結実する。同法は、翌年5月に施行された。

(2) **空家法の概要**

　空家法の概要は、以下の通りである。対象となる「空家等」については、「建築物又はこれに附属する工作物であって居住その他の使用がなされていないことが常態であるもの及びその敷地（立木その他の土地に定着する物を含む。）をいう。ただし、国又は地方公共団体が所有し、又は管理するものを除く。」（2条1項）と定義される。具体的措置の対象となるのは「特定空家等」であるが、これは、「そのまま放置すれば倒壊等著しく保安上危険となるおそれのある状態又は著しく衛生上有害となるおそれのある状態、適切な管理が行われていないことにより著しく景観を損なっている状態その他周辺の生活環境の保全を図るために放置することが不適切である状態にあると認められる空家等をいう。」（2条2項）と定義される。空家等対策推進計画（6条）の作成および協議会（7条）の設置は任意となっているが、それ以外の事務は、市町村の義務的自治事務とされている。

　除却に至るケースにおいて想定される事務の流れは、次の通りである。市町村長は、立入調査等（9条）、関係情報の活用等（10条）を通じて、特定空家等の所有者等を把握する。所有者等に対しては、「除却、修繕、立木竹の伐採その他周辺の生活環境の保全を図るために必要な措置」を講ずるよう助言・指導し（14条1項）、改善が見られないときには勧告し（同条2項）、勧告が奏功しないときには命令する（同条3項）。命令

が履行されないときには、代執行によりその内容を実現する（同条9項）。命ずべき相手方を過失なく確知できないときには、略式代執行により必要な措置を実現する（同条10項）。

3．空家法施行後の空き家条例の諸相
(1) 条例規定のない空家法

本章の問題関心の観点から空家法の実施をみた場合に注目されるのは、同法には条例規定がないにもかかわらず、市町村が、その老朽危険空き家対策にあたって同法のみを用いるのではなく、同法とリンクする法律実施条例を制定したり、同法の対象外の家屋に関する独立条例を制定したりする傾向である。空家法以前の条例は、所沢市条例をモデルにしたものが多かったが、それ以降の条例の内容や構造は、きわめて多様である。図3-4でいえば、③で示した❷や❸の部分に関する条例対応がされている。独立条例は、法令を意味するベクトルの外側に位置する。自治体政策の観点からこれを示せば、図3-3の③部分である。

具体例をいくつか挙げよう。なお、以下で言及する「条例」とは、「条例全体」のことではなく、そのなかの「仕組み」のことである。1つの条例全体のなかに、機能を異にする条例の仕組みが規定される。それが法律実施条例として機能したり独立条例として機能したりするのである。

(2) 法律実施条例

法律実施条例の例として、任意とされている空家等対策計画作成や協議会設置について、「定める」「設置する」と規定するものがある（例：「岡山市空家等の適切な管理の促進に関する条例」6条・16条）。まさに、自治体としての決定である。特定空家等と認定するに先立って、所有者等に通知をして自主的な対応を期待することを規定するものもある（例：「日野市空き住宅等の適切な管理及び活用に関する条例」12条2項）。解決のためにはコミュニケーションを重ねるのが重要という自治体の知恵の制度化である。勧告がされると敷地に関して適用されている固定資産税等の住宅用地特例が廃止されるため、勧告が不利益処分と解される可能性がある。そうであれば、弁明機会の付与が必要となるところ、それを条例

で規定するものがある（例：「明石市空家等の適正な管理に関する条例」8条）。特定空家等に対する対応について、空家法は「助言・指導→勧告→命令」という順序を求めている。しかし、状態が急変した特定空家等に対して、このような硬直的対応を強いる合理性はない。そこで、特定空家等の要件の1つである「著しく保安上危険」の状態が「著しい」場合（著しい×著しい）には、条例にもとづきいきなり命令ができる旨を規定するものがある（例：「京都市空き家の活用、適正管理等に関する条例」17条）。空家法の対応は特定空家等に対するものであり、「空家等以上・特定空家等未満」に対する措置は規定されていない。しかし、何もしなくてよいというわけではないため、そうした状態の対象を「準特定空家等」と定義して、行政指導ができる旨を規定するものがある（例：「飯田市空家等の適正な管理及び活用に関する条例」2条3号・7条）。

(3) 独立条例

独立条例の典型例は、空家法が空家等に含めないと解される「長屋の住戸部分」に対して、空家法と同様の措置を規定するものである。独自の条文を規定したり、空家法の関係規定を準用したりする条例がある（例：京都市条例2条1号・16条）。空家等の定義規定にある「常態」とはおおむね通念にわたってとされているところ、敷地内に物品の搬入が年数回されているが家屋は保安上著しく危険な状態あるという事例では、そもそも空家等の定義に該当しないために特定空家等と変わらない状態の家屋に対しては、空家法のもとでは、対応ができない。そこで、「空家等に準ずる空き家等」というようなカテゴリーを設けて、独自の対応を規定するものがある（例：京都市条例2条1号・16条）。

V．居住環境と民泊問題

1．旅館業法違反の横行

居住環境の悪化は、地域における紛争を惹起する。その原因は、高層マンション、パチンコ店、墓地、場外馬券売り場など多様である。一般には、それなりの規模の施設の立地により、多くの人や自動車の集来が

騒音やゴミ捨てなどの問題を引き起こすことが懸念されるためである。

　この点で、最近の民泊問題は、やや様相を異にする。施設それ自体は、独立家屋や集合住宅の1室にすぎないが、利用客がもたらす喧噪やマナーの悪い振舞いが地域社会に迷惑をかける事案が、規模は小さいながらも数多く認識されるようになってきた。そして、法的にみてより問題なのは、こうした施設が、「宿泊料を受けて、人を宿泊させる営業」を許可制とする旅館業法違反の無許可で設置されているという点である。2016年10～12月に「民泊仲介サイト」掲載の物件に関する厚生労働省調査によれば、調査対象約1万5000件のうち、営業許可を受けていたのは約2500件（16.5％）にとどまる。少なくとも約4600件（30.6％）が無許可営業をしていたのである。

2．住泊法の制定
(1) 違法を合法に
　2017年に制定された住宅宿泊事業法（住泊法）は、このような現実を正面から受け止め、「排除」ではなく「野放し状態の解消」を企図した。違法営業ではあるが、そこには需要がある。そして、それはインターネット時代に適合した新たな宿泊サービス形態であるため、旅館業法違反イコール違法とだけするのではなく、それを合法化する法的枠組みを新設すべきという立法判断がある。2020年の東京オリンピック開催を控えて、インバウンド客の増加に対応する受け入れ体制整備の必要性が強く意識されたのはいうまでもない。

(2) 住泊法の概要
　法目的は、「我が国における観光旅客の宿泊をめぐる状況に鑑み、住宅宿泊事業を営む者に係る届出制度並びに住宅宿泊管理業を営む者及び住宅宿泊仲介業を営む者に係る登録制度を設ける等の措置を講ずることにより、これらの事業を営む者の業務の適正な運営を確保しつつ、国内外からの観光旅客の宿泊に対する需要に的確に対応してこれらの者の来訪及び滞在を促進し、もって国民生活の安定向上及び国民経済の発展に寄与すること」（1条）である。定義規定のうち、重要なのは「住宅宿

泊事業」（2条3項）である。これは、「旅館業法………第3条の2第1項に規定する営業者以外の者が宿泊料を受けて住宅に人を宿泊させる事業（筆者注：そのかぎりで、旅館業法の「旅館・ホテル営業」に含まれる）であって、人を宿泊させる日数として国土交通省令・厚生労働省令で定めるところにより算定した日数が1年間で180日を超えないものをいう。」と定義される。「住宅宿泊事業を営む旨」が届け出られた住宅が、「届出住宅」（2条5項）となる。

　宿泊事業を営む際には、都道府県知事への届出が必要である（3条1項）。届出に対しては、届出番号が交付され、これを標識に記入してはじめて適法に営業ができる。この手続の効果として、整理としては旅館・ホテル営業ではあるが旅館業法の適用が除外され、同法のもとでの無許可営業にはならなくなる。保健所設置市および特別区の長は、都道府県知事との協議を経て、この権限の移譲を受けることができる（68条）。これらに対して最初から権限を与えている旅館業法と大きく異なる点である。

　住宅宿泊事業者には、宿泊者に関する衛生確保義務（5条）、安全確保義務（6条）、名簿備付義務（8条）、生活環境への悪影響防止のための説明義務（9条）、周辺住民からの苦情対応義務（10条）などが課されている。

　住宅宿泊事業者に対する監督処分として、都道府県知事には、業務改善命令（15条）、業務停止命令（16条）の権限がある。都道府県は、生活環境悪化防止の観点から、住宅宿泊事業に関して、条例により、区域と期間が制限できる（18条）。

　居室が一定数を超える届出住宅、住宅宿泊事業者が同居しない届出住宅については、住宅宿泊管理業者への委託が強制される（11条）。管理業者は、国土交通大臣の登録を受けなければならない（22条）。同大臣は、業務改善・停止命令や登録取消しができる（41～42条）。管理業者に対しては、知事も業務改善・停止命令ができる（4条2項）。住宅宿泊仲介業は、観光庁長官の登録を受ける（46条）。同長官は、業務停止命令や登録取消しなどができる（61～62条）。

　法律施行日以前においても、住宅宿泊事業の届出、住宅宿泊管理業・

住宅宿泊仲介業の登録申請は、「準備行為」として可能である（附則2条）。

3．住泊法施行条例の諸相
(1) 条例規定を持つ住泊法

空家法とは異なり、住泊法には条例規定がある。前出の18条「都道府県……は、住宅宿泊事業に起因する騒音の発生その他の事象による生活環境の悪化を防止するため必要があるときは、合理的に必要と認められる限度において、政令で定める基準に従い条例で定めるところにより、区域を定めて、住宅宿泊事業を実施する期間を制限することができる。」である。知事協議により権限移譲を受けた保健所設置市にも制定権限がある。

空家法と同様、住泊法についても、都道府県は、法律のみを実施することにより、住泊法のもとでの住宅宿泊事業である民泊の規制ができる。実際、そのようにしているところも多い。これに対して、法18条条例を制定する都道府県はそれ以上に多い。同条例の内容は一様ではなく、多くの工夫がみられる。さらに、同条例とは別に、住宅宿泊事業に対して独自の規制をする法律実施条例もある。図3-4の③で示せば、法18条条例は❷の部分に相当する。それ以外に、❸の部分を活用した条例も見られる。なお、住宅宿泊事業以外の宿泊事業は旅館業法の規制対象となる（許可なくすれば違法である）ため、ベクトルの枠を超えたところには、条例の余地はない。

(2) 法18条条例

住宅宿泊事業の定義にあるように、宿泊施設は、あくまで「住宅」であり、ホテルや旅館ではない。このため、ホテル・旅館営業であれば、建築基準法上立地ができない住宅専用地域（第1種・第2種低層住居専用地域、第1種・第2種中高層住居専用地域）（住専4地域）であっても営業が可能である。しかし、住宅であることから通念にわたって営業可能とするのは不適当という（意味不明の）理由から、上限が180日（1泊を1日と計算）とされた。この区域と期間に関して地域特性に応じた上乗せ規制をするのが、法18条条例である。

法18条条例を制定する都道府県のなかには、法律の指示をそのままに受け止め、区域と期間の規制のみをするものが多い（例：「神奈川県住宅宿泊事業法第18条の規定による住宅宿泊事業の実施の制限に関する条例」）。それに加えて、家主居住の有無によって規制内容を異にする条例もある。住専4地域を制限区域とするが、家主居住型の場合は認めるのである（例：「京都市住宅宿泊事業の適正な運営を確保する措置に関する条例」11条1項）。

　家主非居住の状態で届出が出された場合に届出番号を交付するかどうかは、都道府県により異なる。交付はするが業務改善命令を出すというところと、番号交付をしないというところがある。いずれにしても、法18条では明記されていない「家主居住」という要件を、横出し的に追加しているのである。

(3) 法18条条例以外の条例

　地元コミュニティに対する事前説明を義務づける条例もある。これは、届出の前に求めるのであり、そもそも住泊法の枠内に入っていない。しかし、説明会開催の記録を届出の添付書類として求め、それがない届出には届出番号を交付しないという運用をするところがある。時間的な横出し（前出し）部分を、住泊法とリンクさせているのである。同旨の例として、消防法令適合証明を届出の添付書類として求め、それを欠く届出には届出番号を交付しないとするものもある（例：「中野区住宅宿泊事業の適正な運営の確保に関する条例」8条）。

(4) 最適化義務

　住泊法の全面施行は2018年6月15日であったが、準備行為は3月15日から可能であった。条例の施行をそれに間に合わせようと、都道府県においては、相当に無理のある日程での条例制定となったように思われる。

　このため、十分に立法事実を精査したうえでの制定であったか、疑わしい条例もある。都道府県に十分な検討の時間を与えず施行をした国の不合理に対応をするためにはやむをえない措置であった。やや厳しい目の内容にした条例においては、状況をみながらの再改正などを検討すべきであろう。規制内容を絶えず地域最適化する義務が、自治体にはある。

VI. 自治体が先導する分権条例

　前述のように、分権時代の現在、自治体職員にとって、「法律による行政」とは、「地方自治の本旨に即した法律による自治体の自主的・自立的な行政」を意味する。空き家条例や民泊条例の展開をみていると、そうした認識を踏まえた対応がされている。個別法に条例を認める個別規定がないかぎり、少なくとも当該法律とリンクする法律実施条例は違法であるという考え方は、中央省庁にも学界にも根強くある。ところが、そうした認識をまるで時代遅れとみるような果敢な条例対応がされているのである。まさに、分権条例を先駆的な自治体が牽引している。

　本章では、総論として分権時代の条例論を解説し、各論として空家法および住泊法に関する法律実施条例と独立条例を説明した。そこでは、住民福祉の向上のために、自治体政策を法律と条例を使って推進しようとする実例を確認できた。両法は2000年分権改革後の制定であるが、そうであっても、自治体は積極的に取り組んでいる。空家法には条例規定はなく、住泊法にある条例規定は法律の制約が強い。そうしたなかで、法定の自治体事務を地域最適化する取り組みがされている。同様の状態にある分権改革前に制定された旧態依然の法律への対応の必要性は高い。

　2つの領域だけではあったが、自治体の対応状況をみるにつけ、自治力の地熱が自治体行政現場に確実に高まっているのを実感する。筆者自身の条例論には、まだ理論的詰めが甘い部分が多い。多様な展開をみせる条例に学び、それをサポートできるよう、さらに思索を重ねたい。

　本章は、筆者の以下の著作を踏まえたものである。併せてご参照いただければ幸いである。

参考文献
北村喜宣『自治体環境行政法［第8版］』（第一法規、2018年）
北村喜宣『空き家問題解決のための政策法務―法施行後の現状と対策』（第一法規、2018年）
北村喜宣『リーガルマインドが身につく行政法入門』（ぎょうせい、2018年）
北村喜宣『分権政策法務の実践』（有斐閣、2018年）
北村喜宣「住宅宿泊事業法に関する条例の制定動向」自治総研478号（2018年）

第4章

都市行政と国土安全保障

Ⅰ．国土の安全保障と災害

　地震、豪雨などの自然災害が大規模化する近年、国土の安全確保は喫緊の課題となっている。広大な国土を擁するアメリカは、従来から連邦所有地に関する充実した法制度をもつところ、2002年の国土安全保障省（DHS）の新設は、安全保障という観点から国土に関する法制度を再整備する契機になった。アメリカにおいて国土安全保障（homeland security）とは端的に、人災および自然災害に対して準備し対応する技術を意味する。自国の自然や人による危険からの保護は連邦政府の中心的機能であることから、建国時から現在までアメリカは、災害に対して効果的な連邦準備・対応を進歩させ維持しようと一貫して努めてきた。災害が自然に起因するのか、テロ行為あるいは他の人為的行為によって引き起こされたのかにかかわらず、どの災害環境にも見られる、非常事態の民間人管理についての共通要素がある。①食糧、水、避難所、衣類、医療の提供、②効果的なコミュニケーション（通信、情報、交通）の確立、③非常物資・設備の輸送確保、④連邦、州、地方、部族の政府努力の調整、の必要性である。災害のタイプにかかわらず、災害に対する連邦対応の進化は、基本的にこれらの要素を一貫して含んできた[1]。

　本章では、アメリカの国土安全保障を支える国家安全保障法（National Security Law）分野について、災害（自然災害、人災）に特に着眼して概観する。近年、アメリカでは災害に特化した災害法（Disaster Law）分野も活発に論じられているが[2]、本章では扱わない。アメリカにおいて

国土安全保障が国家安全保障の問題でもある[3)]ことを前提に、国土の安全保障に主眼を置きつつ、日本への示唆を探ることにしたい。

II．災害や非常事態に対する準備の歴史的概要

1．連邦災害救助の萌芽――税金・関税の免除から一般救助へ

　アメリカ合衆国初代大統領ワシントン（George Washington, 1732-1799）政権（1789～1797年）[4)]の下、連邦政府の誕生期である1789年から連邦議会は、災害にあった個々の市民たちの救助要請を個別法律案によって受け入れてきた。1794年初めの「ウィスキー税反乱（Whiskey Rebellion）」を契機に連邦議会は、個別法律案による対応から、個人の階級に応じた、よりカテゴリカルな救助へと移行し始めた。1789年から1801年までの間、販売前に台なしにされるか被害を受けた輸入品に支払われた税金や関税の払戻しを連邦議会が聞き入れた例は少なくとも16件あったが、連邦議会は徐々に、個々の受益者が指名される個別法律案システムを、適格かつ権利を侵害された個人が属する階級の利益のためにより大きな金額を割り当てる、一般救助法案に置き換えていった。税金免除は直接的な連邦救助、損失補償、食糧配給に取って代わられ、1825年にはカテゴリカルな救助が特定個人の災害救助要請を上回った。

　カテゴリカルな救助へ移行するにつれて連邦議会は、連邦議会や大統領によって任命される委員に幅広い行政権限を委任するようになり、委員は救助申込者を調査して連邦援助を割り当てることを委ねられた。連邦災害救助のこれら初期の例は、現代の災害救助立法にも通じる5つの特徴的な懸念を提起していた。すなわち、

①災害救助についての合衆国憲法上の根拠、

②災害対応についての地方・州政府の第一次的責任、

③あるタイプの救助を与えることが、将来の災害救助についての先例あるいは権利を与えることになるかどうか、

④連邦議会の資金提供と監督、

⑤連邦援助の運営、調査、割当てのための行政府への権限委任、

である[5]。アメリカにおいて災害救助が、連邦議会による資金提供や軍への援助要請などを中心に行われる一方で、短期間かつ即時対応が求められる災害救助はまず、地方のコミュニティや州に任されるのは（後の連邦介入はいつでも可能）、主に②や④に由来する。また、連邦災害・非常事態対応について、連邦政府の規制権限（police power）の制限がしばしば論じられる[6]のは①と関係する。

2．災害・非常事態準備の発現
——国防会議の設立から国家安全保障法の制定まで

第28代大統領ウィルソン（Woodrow Wilson, 1856-1924）政権（1913〜1921年）下の1916年8月29日、災害・非常事態準備のための近代的アプローチを試みる最初の委員会として「国防会議（Council of National Defense）」が設立された。国防会議は陸軍長官、海軍長官、内務長官、農務長官、商務長官、労働長官を含む大統領顧問会議で、大統領によって任命される「顧問委員会（Advisory Committee）」に補佐された。国防会議の責務には、「国防のために財源と産業を協調させること」や「民間人の士気を鼓舞すること」が含まれていた[7]。1789年以来、連邦議会は、洪水、竜巻、火災、伝染病、人災に関する多くの個別法律を通過させてきたが、連邦議会が活動するのはたいてい、災害発生のかなり後になってからであり、早期対応は準備されなかった。このように、連邦議会の災害対応がその場限りの措置だった[8]当時の状況において、国防会議の設立は新たな一歩だった。

第32代大統領ルーズベルト（Franklin Roosevelt, 1882-1945）は、大統領に就任した1933年に、大統領、閣僚、ほぼすべての主な連邦行政機関や委員会などの長から構成される「国家非常事態会議（National Emergency Council: NEC）」を設立した。NECの任務は、本来優先されるべき民間防衛（civil defense）[9]に無関係なプログラムも含んでいたが、国家的準備（national preparedness）に関係するすべての行政機関の間で非常事態プログラムの調整を行うことこそが最大の任務だった[10]。この頃から、連邦、州、地方の政府間で、権限と財源について緊張が生じ始

めた。1.②ですでに懸念が指摘されていたように、連邦資金提供が攻撃に対する準備のために主に取って置かれる一方で、非攻撃型の災害対応はほぼ完全に州の責任のままなのに、州政府には民間防衛任務を遂行するための十分な権限が与えられておらず、地方政府も州政府から都市圏（urban area. 人口5万人以上の地域）への適切な配慮と財源を受け取っていなかったからである。ルーズベルト大統領はまた、1941年に「民間防衛局（Office of Civilian Defense: OCD）」を設立し、連邦レベルの国防会議に相当する地方レベルの防衛会議をOCDが設立した。防空演習、灯火管制、土嚢積みといった具体的な民間防衛計画が展開され始めると共に、当時は一般に男性が担った「防御サービス（protective services）」と女性が担った「社会福祉サービス（social welfare services）」のどちらを重要視すべきかが論じられるようになった[11]。

　1945年にルーズベルト大統領が4期目の任期中に急死すると、副大統領のトルーマン（Harry S. Truman, 1884-1972）が第33代大統領（1945〜1953年）になった。第二次世界大戦終結直後のアメリカの世論において、戦争の差し迫ったおそれは弱まり、民間防衛はもはや優先事項でないとされたため、トルーマン大統領は就任後すぐにOCDを廃止した。トルーマン政権下の1947年には「国家安全保障法（National Security Act）」が制定され、同法によって「中央情報局（Central Intelligence Agency: CIA）」、「国家安全保障財源委員会（National Security Resources Board: NSRB）」、「国家安全保障会議（National Security Council: NSC）」などが設立された。このうちNSRBが、非常事態の民間人動員と軍による援助に責任がある、民間人担当行政機関と位置づけられた。トルーマン大統領もNSRBに民間防衛計画の任務を割り当てたが、NSRBが財源や権限の多くを受け取っていない[12]のは従来と変わらなかった。1947年から1948年にかけて連邦議会は、その場限りの災害救助から一般的な災害救助立法へと移行し始めるが[13]、その契機になったのは1947年の国家安全保障法の制定だった。アメリカとソビエトの関係が徐々に緊張していく冷戦の出現、1950年の朝鮮戦争の勃発により、連邦議会は民間人の非常事態に対する計画、準備、対応の必要性を認識するよ

うになった。同時期に連邦政府は「民間防衛計画局（Office of Civil Defense Planning: OCDP）」を設立し、さらに大統領や国防長官に直属の恒久的な民間防衛行政機関の創設を勧告したが、連邦議会や国民のなかには軍事国家化を懸念する者もいた。情勢が劇的に変わったのは、1949年8月にソビエトが核兵器実験に成功し、アメリカが核兵器の独占を失った時だった。攻撃を受けた場合に何をするのかについて、地方政府は明確な概要を求めるようになった[14]。

3．3つの非常事態管理法の制定と行政府への権限付与
　——民間防衛の原型

　非常事態における民間人管理の法整備、立法府から行政府への民間防衛の移行など、1950年には災害・非常事態準備のための大きな動きがあった。連邦議会が、1950年の「連邦民間防衛法（Federal Civil Defense Act）」、1950年の「国防生産法（Defense Production Act: DPA）」、そして現在の災害救助立法の先駆けで、災害救助権限を付与する最初の基本法である1950年の「災害救助法（Disaster Relief Act）」という3つの重要な非常事態管理法を制定し、災害に対して準備し対応する継続的な権限を行政府に与えたのである。災害救助法の下、次の4つの内容が初めて定められた。すなわち、

①大統領は、「自身が指名してよい連邦行政機関を通じて」規定を遂行する権限を付与され、

②連邦歳出予算は、「州・地方政府の努力や利用可能な財源を補う……」し、

③大統領は、「合衆国のどの部分においてのどのような洪水、干ばつ、火災、ハリケーン、地震、嵐、あるいは他の大災害についても、連邦政府による災害援助を許すのに十分な重大さと大きさであるか、あるいはそのおそれがあるか…」を認定しなければならないし、

④「そのような大災害が起こるかも知れない」州の知事は、「災害援助の必要性を認定しなければならない……」。

　災害救助法は現在の災害救助基金の先駆けである「大統領のための非

常事態基金（Emergency Fund for the President）」を設立し、同法によって、民間人の非常事態に対する準備と対応についての連邦責任は、連邦議会による主権的コントロールから大統領へと移行した[15]。また、連邦民間防衛法は、民間防衛の多くを州の任務としたままで州の努力を導く国家政策を策定するために、「連邦民間防衛局（Federal Civil Defense Administration: FCDA）」を設立した。FCDAのプログラムは、連邦と州の協調を向上させ、攻撃警報システムを確立し、必需品を備蓄することを求めたほか、主に民間防衛訓練や全米の教室で上映されたアニメ映画『ダックアンドカバー（Duck and Cover）』を通じて「準備」について学童たちに教えることを目指した国民教育キャンペーンも開始した[16]。

　国防生産法（DPA）は数十年以上にわたって、軍および民間人の非常事態準備について、民間財源のタイムリーな利用可能性を保証する一次的法源となっている。DPAに基づく大統領権限の多くは後に、1994年の大統領令（Executive Order）12919号によって、連邦緊急事態管理庁（Federal Emergency Management Agency: FEMA）を含むいくつかの行政機関の長たちに委任されることになる[17]。制定当初は国防のための軍利用にのみ適用されたDPAだが、「国防（national defense）」の定義のなかに「非常事態準備（emergency preparedness）」を含めるために、連邦議会は1994年に同法を改正した。非常事態準備という文言の定義は幅広く、危険に備えての準備、災害への対応と復旧を含むが、こうした定義は後に廃止された1950年の連邦民間防衛法における「民間防衛（civil defense）」の定義に由来する。つまり、少なくともDPA改正後において民間防衛とは、端的に非常事態準備を意味することになったのである。現在のアメリカでは、国防総省（Department of Defense: DOD）、エネルギー省（Department of Energy: DOE）、FEMAが、国防つまり非常事態準備を促すのに必要あるいは適切なプログラムを支えるためにのみDPAに基づく権限が行使されるよう判断する責任を、大統領令12919号の下で負っている[18]。

　1950年制定の3つの非常事態管理法は、連邦政府について一般的な授権枠組みを定め、行政府は個人や被災地域の需要を満たすために迅速

に行動できるようになった。このことは、将来の災害についても、非常事態救助のための一般的な政府政策を確立した。災害に対する準備や対応を一般的かつ標準化されたメカニズムにすることによって、従来のその場限りの災害立法に対して、能率性と経済性を促すことを、連邦議会は望んだのである[19]。

第34代大統領アイゼンハワー（Dwight Eisenhower, 1890-1969）政権（1953～1961年）も、集団避難、民間防衛職員のための適切な訓練、通常の国民訓練など、核兵器攻撃に対する準備を重要視するトルーマン政権下の民間防衛を踏襲した[20]。アイゼンハワー政権下では、主要都市をつなぎ、避難手段を与える過程で、大規模な「連邦州間幹線道路プログラム（federal interstate highway program）」が発達した。また、FCDAが「全米シェルター政策（National Shelter Policy）」を打ち出し、シェルター所有家族に対して租税インセンティブあるいは特別抵当利率といった「連邦に助成された自助」を提案した。1957年には政府報告書が、アメリカはソビエトからの奇襲を防衛できないと結論づけた上で弾道弾迎撃ミサイル（ABM）防衛システムの資金提供とFCDAシェルター提案の採択を勧告し、他方でアイゼンハワー大統領は、ウェストバージニア州の地下に掩蔽壕の建設を密かに命じた[21]。

第35代大統領ケネディ（John F. Kennedy, 1917-1963）政権（1961～1963年）では、合衆国史上最も民間防衛が優先され、「民間防衛・動員局（Office of Civil Defense and Mobilization）」は2つの新たな組織に分割された。1つは「非常事態計画局（Office of Emergency Planning: OEP）」で、大統領の執行部の一部として、民間防衛を含むすべての非軍事的な非常事態対応について政策を決定する際に、大統領に助言し手伝うこととされた。もう1つは「民間防衛局（Office of Civil Defense: OCD）」[22]で、国防長官オフィスの一部として、国の民間防衛と前政権の置土産であるシェルタープログラムを監視することとされた。1961年のベルリン危機によって、アメリカの民間防衛とりわけシェルタープログラムを改善することが、新たな緊急要請とされた。OCDは、少なくとも50人を収容し放射能からの保護をある程度用意する施設を探しながら、既存建物の

活用による、より費用効果の高い保護を求めて、既存シェルターの全米調査を開始した。また、国防備蓄庁（Defense Supply Agency）は、地方政府の備蓄シェルターに必需品を備え付けた。ケネディ政権下の1963年までには、1億400万の個人シェルター空間が確認された。他方で、国防長官ロバート・マクナマラ（Robert McNamara, 1916-2009）がこの頃から、「相互確証破壊（mutual assured destruction: MAD）」という概念を用い始めた[23]。MADは核戦略構想の一種で、確証破壊能力をアメリカとソビエトが互いに保有することにより、核戦争を抑止しようとする考え方だった[24]。MAD戦略が公表されると、民間防衛が大規模な核兵器攻撃から民間人をそもそも十分に保護できるのかどうかを疑い始める国民が増えていった。こうした状況のなか、1963年11月のケネディ大統領暗殺は、国の民間防衛プログラムについて、資金提供面での徹底的な削減開始の契機となった[25]。

4．大規模自然災害と民間防衛の変遷

　1960年代から1970年代初期は大規模自然災害が多発し、大がかりな連邦対応や復旧作業が求められた。1962年のハリケーン・カーラ、1964年3月のアラスカ地震と同年9〜10月のハリケーン・ヒルダ、1965年のハリケーン・ベッツィ、1969年のハリケーン・カミール、1971年のサンフェルナンド地震（南カリフォルニア）、1972年のハリケーン・アグネスなど大規模自然災害の頻発は、自然災害問題への国民の注意を引き付け、立法増加をもたらした[26]。なかでも、第36代大統領ジョンソン（Lyndon B. Johnson, 1908-1973）政権（1963〜1969年）下のアメリカは、国を揺るがすような一連の大規模自然災害に見舞われ、民間防衛への注目は徐々に衰えていった。1965年のシュロの聖日（Palm Sunday）の竜巻によって死者が出たインディアナ州では、上院議員バーチ・バイ（Birch Bayh, 1928- ）が被災者たちのために非常事態連邦貸付援助を認める法案を提出し、続く数年間にわたって連邦議会で、国民に一層の災害援助を提供するように力説した。核兵器攻撃に対する民間人の準備を犠牲にして、すべての被害援助を、という提言は、国民の支持

を集めていった[27]。その背景には、ベトナム戦争の長期化と深刻化が、ジョンソン政権自体に加えて、従来の民間防衛概念にダメージを与え続けたという当時の状況があった。

　1969年にニクソン（Richard M. Nixon, 1913-1994）が第37代大統領（1969～1974年）に就任するまでに、民間防衛への国民と連邦政府の関心は急落していた。さらに、ニクソン大統領の就任初期における一連の自然災害が、自然災害に対する準備と対応を含むために、民間防衛概念を拡大するという圧力を強めた。災害救助のための統一システムが何もないなか、同年8月にハリケーン・カミールは大湾岸沿岸地域に大破壊をもたらした。そこで連邦議会は、1969年の「災害救助法（Disaster Relief Act）」を通過させ、大統領によって任命される個人で、特定の災害地域において現場の連邦災害援助を管理する「連邦調整職員（Federal Coordinating Officer: FCO）」を同法に含めた。ニクソン政権下では、2つの重要な政策変更が行われた。民間準備連邦プログラムについて「両用アプローチ（dual-use approach）」を確立すると共に、民間防衛局（OCD）を「民間防衛準備庁（Defense Civil Preparedness Agency: DCPA）」に交替させたのである。このうち両用アプローチは、軍事攻撃に対する準備という目的に限って割り当てられる連邦資金提供を、自然災害準備のために州・地方政府と共有することを許すもので、限られた財源の、より効果的な利用を可能にした。国土を攻撃するのが自然災害でも敵軍でも、避難、コミュニケーション、生存という戦略は共通するというのが、両用アプローチの考え方だった[28]。自然災害に対する準備をますます重要視するというニクソン大統領の決定は、ソビエトとのMAD交渉を危うくしたくないという思惑と密接に結びついていたが、州・地方政府にとっても魅力的な内容で、国民の支持を得た[29]。

　ウォーターゲート事件によって1974年に辞任したニクソン大統領に続き、第38代大統領フォード（Gerald R. Ford, 1913-2006）政権（1974～1977年）も当初、両用アプローチを支持していたが、すぐに民間防衛は核兵器攻撃に対する準備を重要視するトルーマンやアイゼンハワーの原型に戻された。「行政管理予算局（Office of Management and Budget:

OMB)」が、自然災害の軽減や準備のために民間防衛資金提供を用いる国防総省（DOD）の能力を制限し、国防長官ドナルド・ラムズフェルド（1932-　）は、連邦政府は攻撃準備のみ扱うべきであって平時の災害は州や地方の責任であるとして、両用アプローチに強く反対した[30]。

5．放射能非常事態準備と民間防衛
——連邦緊急事態管理庁（FEMA）の設立と限界

　第39代大統領カーター（James E. "Jimmy" Carter, Jr., 1924-　）は就任後すぐに、民間防衛官僚たちについて独自の審査を始めた。カーター政権（1977～1981年）下の1979年3月28日に、ペンシルバニア州ハリスバーグ近郊のスリーマイル島にある原子力発電所の事故が明らかになった。対応の遅さと、地方・連邦間の調整が不十分であることが劇的に証明されたため、1979年7月20日にカーター大統領は、連邦災害救助努力を調整するための指導的行政機関として「連邦緊急事態管理庁（Federal Emergency Management Agency: FEMA）」を設立した。FEMAは、「連邦保険庁（Federal Insurance Administration）」、「消防庁（National Fire Prevention and Control Administration）」、「全米気候サービスコミュニティ準備プログラム（National Weather Service Community Preparedness Program）」、「共通役務庁（General Services Administration）」の「連邦有事準備局(Federal Preparedness Agency)」、「連邦住宅・都市開発省(Housing and Urban Development: HUD)」の「連邦災害援助庁（Federal Disaster Assistance Administration）」を吸収し、合衆国史上最大となる民間防衛努力の統合が行われた[31]。設立初期においてFEMAは、ラブカナル（Love Canal）汚染事件、キューバ外交、スリーマイル島事故などの災害や非常事態において、まさに指導的連邦行政機関だった[32]。1979年12月にカーター大統領は、スリーマイル島事故に関するケメニー委員会（Kemeny Commission）の勧告を採択し、商業的な原子力発電所周辺で、敷地外のすべての計画や対応において、FEMAが責任の先頭に立つよう命じた。「合衆国原子力規制委員会（U.S. Nuclear Regulatory Commission: NRC）」とFEMAの間の覚書（MOU）に基づき、FEMAは放射能非常事態の

敷地外の影響について、すべての連邦計画を調整する[33]。しかし、組織の再編成にもかかわらず、民間防衛計画が大きく変わることはなかった。民間防衛資金提供は低いままだったし、ほとんどの国民はもはや、民間防衛計画が核戦争の影響を軽減できるとは信じていなかった[34]。

　レーガン政権（1981～1989年）下の国家安全保障会議（NSC）は合衆国史上最も非効率的なものであることが指摘されるが[35]、第40代大統領レーガン（Ronald Wilson Reagan, 1911-2004）は前任者たちによって築かれた民間防衛の土台を強固にするという意志をもって就任した。レーガン大統領は両用アプローチを支持したが、彼の民間防衛戦略は大部分がカーター政権の継続で、戦争の抑止を促し、自然災害準備を進め、敵の軍事力による威圧の可能性を弱めるように意図されていた。レーガン政権において民間防衛との関連で最も注目すべき出来事は、1988年11月23日のいわゆる「スタッフォード法（Robert T. Stafford Disaster Relief and Emergency Assistant Act)」の誕生である。1974年の「災害救助法（Disaster Relief Act)」を改正するかたちで生まれたスタッフォード法は、災害宣言の手順を定義し、災害最中の連邦援助について制定法上の権限を規定した[36]。同法が、27以上の連邦部門や行政機関と1つの非政府組織（NGO）の努力を調整するための立法基礎を提供し、大災害や非常事態の影響へのFEMAの対応や復旧のための基本的な法的枠組みを定めた。災害への初期対応は地方政府非常事態サービスの任務で、近くの地方自治体、影響を受けた州、関連ボランティア機関が援助する。州知事の要請で大統領が大災害あるいは非常事態を宣言すれば、FEMAは捜索・救助、電力、食糧、水、避難所、他にも人間の必需品のために連邦財源を調整する。具体的には、FEMAが管理する「大統領災害救助基金（President's Disaster Relief Fund)」や、他の参加連邦行政機関の災害援助プログラムから資金提供を得ることになる。スタッフォード法は、災害援助について大きく2つの区分を定める。すなわち、

①住宅や仕事への損害、あるいは個人的財産損失について、個人や世帯に対する連邦援助（Federal Assistance）。個人の援助は一般に、次のように分類される。

(a) 住宅援助、例えば、(1) 仮設住宅、(2) 家の修繕援助、(3) 取替え、(4) 常設住宅建築。
　(b) 保険や他の援助プログラムでカバーされない、他の深刻な災害関連需要や必要費用の支払いを、災害交付金が援助する。これらは、個人財産、輸送、医療、歯科医療、葬儀の費用の補充を含んでもよい。
　(c) 他の災害援助プログラムとして、危機カウンセリング、災害関連失業援助、法律扶助 (legal aid) や所得税での援助、社会保障、退役軍人年金が含まれる。他の州・地方の援助も、役立てられる。
②インフラ、公的施設の修繕、がれき除去のための公的援助 (Public Assistance)。コミュニティにある損害を受けたインフラの再建費用の一部を支払うために、公的援助が州・地方の政府を助けることとされる。一般的に、公的援助プログラムは認可事業費用の75％を支払う。公的援助は、がれき除去、非常事態保護措置や公的サービス、損害を受けた公的財産の修繕、不可欠な政府機能のためにコミュニティが必要とする貸付金、公立学校の奨学金を含んでもよい。

　以上のような内容をもつスタッフォード法に基づいて、FEMAは被災者および公的法主体に、将来の災害の生命・財産リスクを回避するように促す。実例には、慢性的な洪水被害住宅を洪水危険区域から離して高くするあるいは移転する、地震や強風に耐えうるように建物を改造するほか、地方、州、連邦の政府による適切な法や基準の採択も含まれる[37]。

　第41代大統領ブッシュ (George H.W. Bush, 1924-2018) の政権 (1989～1993年) 初年度には3つの大規模自然災害が続き、国のすべての危険準備が喚起された。まず、1989年3月24日にエクソンバルディーズ号原油流出事故が発生した。1100万ガロンの原油がアラスカ湾のプリンスウィリアム湾に漏出した同事故は、合衆国史上最大の原油漏出タンカー事故となった。ブッシュ大統領はFEMAに対応を調整させることなく、「連邦水質汚染防止法 (Federal Water Pollution Control Act)」[38]に基づいて「環境保護庁 (Environmental Protection Agency: EPA)」と「合

衆国沿岸警備隊（U.S. Coast Guard: USCG）」を発動させたが、ブッシュ政権の環境危機管理への準備不足と不十分な対応が広く批判された。次に、同年9月13日にはハリケーン・ヒューゴがバージニア諸島、プエルトリコ、サウスカロライナ州を襲った。ブッシュ大統領は、今度はFEMAを参加させたが、適切な訓練やコミュニケーション・プログラムが不足し、調整能力にも欠けるFEMAは苦戦した。最後に、ハリケーン・ヒューゴ発生から間もない同年10月17日に、ロマプリエタ地震が北カリフォルニアを襲い、推定60億ドルの損害をもたらした。FEMAの対応は、職員数と調整プログラムのせいでやはり不十分だった。FEMAに対する不満は、1990年11月にFEMA自らが「連邦対応計画（Federal Response Plan: FRP）」を展開し始めることにつながった。FRPは「事故指揮システム（Incident Command System）」と「事故管理システム（Incident Management System）」という2つの枠組みを設け、27の異なる連邦行政機関と「アメリカ赤十字社（American Red Cross）」が、災害に苦しむ州・地方政府の需要にどのように対応すべきかを定めた。もっとも、1992年8月のハリケーン・アンドリューが南フロリダと中央ルイジアナ沿岸を襲った際に、FRPの存在にも関わらず対応が不十分だったFEMAは、再び強く批判された[39]。

他方、1989年11月9日のベルリンの壁崩壊によって、ソビエトとの冷戦が急に予想外の終焉を迎えてしまったアメリカでは、核兵器攻撃準備を想定した従来の民間防衛はもはや優先事項ではなかった。そこでFEMAの非常事態立案者たちは、記憶に新しい自然災害および人災を念頭に、「すべての危険に対する災害準備アプローチ（all-hazards approach to disaster preparedness）」という考えを採択するようになった。1992年3月にブッシュ大統領は「国家安全保障指令（National Security Directive）」に署名し、同指令によってFEMAは、民間防衛を自然災害・人災準備と結びつけながら、非常事態管理のためのさまざまな危険アプローチを展開するよう指示された[40]。国防生産法（DPA）の1994年改正によって、民間防衛が端的に非常事態準備を意味することになったことは先述したが[41]、1992年の時点ですでに、民間防衛概念が大きく転

換しつつあったといえるだろう。

6．テロリスト攻撃、重要インフラ保護、国土安全保障省（DHS）設立

　第42代大統領クリントン（Bill Clinton, 1946- ）は、就任後すぐにFEMAのてこ入れを図った。FEMA長官職が閣僚級の地位に引き上げられ、新長官ジェームズ・リー・ウィット（James Lee Witt, 1944- ）はFEMAを再編成すると共に、非常事態管理のために機能的な重役会を創設した。クリントン政権（1993〜2001年）初年度の1993年に世界貿易センターが爆破され、テロリスト攻撃の脅威が新たに認識されるようになった。連邦議会は「国防授権法（National Defense Authorization Act）」のなかに、自然災害、化学物質あるいは広範囲に及ぶ災害発生を含む非常事態と同様に、テロリストが使用する可能性のある化学的、生物的なスパイや兵器の早期発見、警告、対応のための能力を発展させるようFEMAに求める規定を含めることで、国民の声に答えた。1994年には1950年の連邦民間防衛法が廃止され、すべての民間防衛権限規定はスタッフォード法第7編に移された。民間防衛の段階的変革は最終的に、すべての危険に対する災害準備アプローチとなった。FEMAは今や、あらゆるタイプの災害を扱う非常事態準備のための統一システムを調整する、制定法上の責任を負っていた。1995年から1996年にかけての国内および海外での一連の主なテロリスト攻撃（東京の地下鉄サリン事件、オクラホマシティの連邦政府ビル爆破事件、ダーランのコバールタワー爆破事件など）がさらに、合衆国準備政策に影響を与えた。「大量破壊兵器（weapon of mass destruction: WMD）」に対する準備も精力的に進められたが、WMD準備が国防総省（DOD）から司法省（Department of Justice: DOJ）内の「国内準備局（Office of Domestic Preparedness: ODP）」に移管された結果、責任の新たな分裂状態が生まれた[42]。

　1998年5月にクリントン大統領が署名した大統領決定指令（Presidential Decision Directive: PDD）62号「テロとの戦い指令62（Combating Terrorism Directive 62）」は、大統領行政府の中に「安全保障・インフラ保護・テロ行為対策のための国家責任者局（Office of the National

Coordinator for Security, Infrastructure Protection, and Counter-Terrorism)」を創設した。また、同日に公布された大統領決定指令 63 号（PDD63）は、「重要インフラ保護に関する大統領委員会（President's Commission on Critical Infrastructure Protection: PCCIP）」による 1997 年 10 月 13 日勧告が公共部門と民間部門の提携の必要性を初めて認めたことに対応するもので、PPD62 に沿って「テロ行為対策、重要インフラ保護、大量破壊兵器に対する準備や影響管理を含めて、幅広いさまざまな関連政策やプログラムを監視する」ために、「安全保障・インフラ保護・テロ行為対策のための国家責任者（National Coordinator for Security, Infrastructure Protection and Counter-Terrorism）」を設置した[43]。PDD63 はまた、経済を混乱させ得る情報科学技術や供給チェーンへの小規模なテロリスト攻撃の脅威に対して、国を保護するための原則を確立する、国家インフラ保証計画の創設を求めた[44]。具体的には、「連邦政府の事件への対応、攻撃の緩和、脅威の調査、復元努力の監視を促し調整する主な方法を提供する」ために、連邦捜査局（Federal Bureau of Investigation: FBI）内に「国家インフラ保護センター（National Infrastructure Protection Center: NIPC）」を設置した。PDD63 はさらに、産業だけでなく、「国家計画を展開する際に、政府機関や民間部門と協働する」ために、商務省（Department of Commerce: DOC）のなかに「重要インフラ保証局（Critical Infrastructure Assurance Office）」を設立した。国家インフラ保護センターと重要インフラ保証局はいずれも後に、国土安全保障省（DHS）に移されることになる。PDD63 は最後に、民間部門と州・地方職員から構成される「国家インフラ保証会議（National Infrastructure Assurance Council）」の設立を求めると共に、政府と協力して「情報共有・分析センター（Information Sharing and Analysis Center）」を設置するように民間部門に促した[45]。ここで改めて、重要インフラとは「現実であろうと仮想であろうと合衆国にとってきわめて重要なシステムや資産で、そのようなシステムや資産の無力化あるいは破壊が、安全保障、国の経済安全保障、国の公衆衛生あるいは安全対策、これらを組み合わせたものを衰弱させる影響があるかもしれない」

(U.S.C. 第42巻5195c(e)条)ものと定義され、連邦と州の両方の財産、さらに民間と公共の両方の財産を包含する。つまり、アメリカの重要インフラを十分に保護するためには、連邦政府、州政府、民間の利害関係者たちの協働が必要となる。このことは、先述のPCCIPの1997年10月13日勧告が「インフラは主に民間の所有かつ運営なので、われわれは重要インフラ保証が公共部門と民間部門の共同責任であると結論づけた。」という部分からも明らかになった。同報告はまた、重要インフラが「われわれの社会を下から柱で支える不可欠なサービス……エネルギー、銀行・融資業務、輸送、人命救助業務、遠距離通信」であるとし、国の重要インフラに対する現実とサイバーの両方の脅威を指摘していた[46]。

第43代大統領ブッシュ(George W. Bush, 1946-)政権(2001～2009年)は最初の数か月間に、国家安全保障・国土安全保障政策がどのように生み出されるかに影響を与えることになる組織変更を行った。より公式の組織を創設するという目的で、その場限りの政府省庁間の作業部会を廃止し、代りに国家安全保障会議(NSC)内部に政策調整委員会を置いたのである。具体的には、「テロ行為対策・国家的準備政策調整委員会(Counterterrorism and National Preparedness Policy Coordinating Committee)」が設立され、連邦運営の継続性、テロ行為対策・安全保障、準備・大量破壊兵器(WMD)、情報インフラの保護・保証、という4つの作業部会から構成された。2001年9月11日のテロリスト攻撃の結果、国土安全保障の再評価、資金提供の増額、行政の再編成を必要とするという、ほぼ全世界的な同意が存在した。同年10月に大統領令によって「ホワイトハウス国土安全保障局(White House Office of Homeland Security)」が設立され、翌2002年3月には別の大統領令によって「国土安全保障諮問会議(Homeland Security Advisory Council)」が創設された。ブッシュ大統領は、自らの「2002年一般教書(2002 State of the Union Address)」のなかで「合衆国自由団(USA Freedom Corps)」の設立を公表した後、自由団イニシアティブの下でFEMA内部に「市民団(Citizen Corps)」を設立し、コミュニティ非常事態対応チーム、消防団、自警見回り、医療予備隊、警察業務ボランティアのようなプログラムに

国民を巻き込んだほか、脅威に基づき色で符号化された、「国土安全保障諮問システム（Homeland Security Advisory System: HSAS）」を創設するなど、国家安全保障戦略、国土安全保障戦略を精力的に打ち出した。こうしたなか、2002年の「国土安全保障法（Homeland Security Act: HSA）」が、1940年代後半の国防総省（DOD）創設以来、合衆国史上最大の連邦政府組織の再編成となる「国土安全保障省（Department of Homeland Security: DHS）」創設を、初年度予算370億ドルかつ22の連邦行政機関から約20万人を引き継ぐかたちで認めたのである[47]。同法は、アメリカにおける自然災害やテロリスト攻撃に対して保護する巨大な政府組織であるDHSを創設し、そのような事件に対応するための広範囲にわたる計画策定をDHSに命じた。DHSは、まったくの地方から広範囲にまで、そして相対的に小規模なものから壊滅的なものにまで及ぶ、非常事態に対応するための入念な計画を展開してきた。これらの計画は一般的に、できるだけ下位の政府での活動を求め、詳細はさまざまであり、政府機関の間の調整の重要性を強調する[48]。DHSの当初の任務は専ら国内のテロ行為対策に集中したが、すべての危険準備がすぐに最優先事項に加わった。2003年12月に公布された「国土安全保障大統領指令8号：国家的準備（HSPD-8）」は準備について、「おそれがあるか実際のテロリスト攻撃、大災害、他の非常事態」を含むと定義した。HSPD-8はDHSに、連邦、州、地方、民間部門の努力を調整する「国家準備目標（National Preparedness Goal）」の作成を主導することを課し、同目標は2005年3月に公表されたが、同年8月29日にミシシッピ州とルイジアナ州の沿岸を襲ったハリケーン・カトリーナという大規模自然災害には十分に対応することができなかった[49]。1800人以上の死者を出したハリケーン・カトリーナ後、「2006年のカトリーナ後の非常事態管理改正法（Post-Katrina Emergency Management Reform Act of 2006: PKEMRA）」が、非常事態対応規定を大規模に改訂するために2002年の国土安全保障法（HSA）を改正した一方で、DHS内部に連邦緊急事態管理庁（FEMA）を維持した[50]。連邦のリーダーシップと調整の重要性を認めつつDHSは、州、部族、地方の政府が災害や攻撃に対する最

初の防衛線にならなければならないと強調し続けた[51]。もっとも、PKEMRA は DHS 内部の FEMA の責任および権限を高め、DHS のかつての準備局長（Preparedness Directorate）がもつ多くの職務を FEMA に移した。FEMA が、準備、保護、対応、復旧、緩和についての包括的な非常事態管理システムのなかで、国を導き支えることになった[52]。2006 年 6 月に公表された「国家インフラ保護計画（National Infrastructure Protection Plan）」では、初期の連邦対応計画（FRP）に代わる新たな「国家対応計画（National Response Plan: NRP）」、新たに導入された「国家事件管理システム（National Incident Management System: NIMS）」、「重要インフラ・重要資産の実際の保護のための国家戦略（National Strategy for Physical Protection of Critical Infrastructures and Key Assets）」など、政府と民間部門の間の協力の必要性を公式に認めつつ、多様な協力構造が詳述された[53]。

他方、重要インフラ保護については、2001 年 9 月 11 日の攻撃後にブッシュ大統領が大統領令 13231 号を公布し、関連する行政部門、行政機関、職員たちから構成される「大統領の重要インフラ保護委員会（President's Critical Infrastructure Protection Board）」と、民間部門、有識者、州・地方政府からメンバーが選ばれる「国家インフラ顧問会議（National Infrastructure Advisory Council: NIAC）」が設置された。これら 2 つの新組織は初期のものに比べると、重要インフラについての情報システムの保護に、より綿密に焦点を合わせるものだった。2002 年の DHS 創設と共に大統領の重要インフラ保護委員会は消え、NIAC は DHS の下に移された。2002 年の国土安全保障法（HSA）が「インフラ保護局（Office of Infrastructure Protection: IP）」を創設し、サイバーセキュリティ任務もかつての大統領顧問から DHS に移されるなど、重要インフラの情報管理は DHS が牽引しているといえる[54]。なお、先述の 2006 年の PKEMRA が「サイバーや通信の資産を含めて、重要インフラ・重要財源の保護、安全保障、回復、災害後の復興の促進と計画」を FEMA の任務と明記するかたちで HSA を改正したため[55]、DHS 内部では FEMA が大きな役割を果たしていると考えられる。

第44代大統領オバマ（Barack Obama, 1961- ）政権（2009 〜 2017年）下の2010年4月20日には、爆発と原油噴出を伴うメキシコ湾原油流出事故が発生し、アメリカで初めて「国家的重大流出事故（Spill of National Significance: SONS）」が宣言された。メキシコ湾原油流出事故は、1989年のエクソンバルディーズ号原油流出事故をはるかに凌ぐ規模で、水面の1マイル下から3か月間近く、原油が海洋に噴出し続けた。DHSを構成する合衆国沿岸警備隊（USCG）が、この非常事態対応を手伝った。USCG内部規則はすべての大規模原油流出事故について、USCGの準備・対応手順の徹底的な調査・検討を指揮するために「事故特別準備審査（Incident Specific Preparedness Review: ISPR）」を求めている。つまりISPRが、USCGによって実施される手順・手続の評価を指揮し、将来の対応を向上させるための勧告を作成するのである。また、2012年にはハリケーン・サンディが合衆国東海岸を襲い、200人以上の死者と数十億ドルの損害をもたらした。2013年1月29日にオバマ大統領によって署名された「サンディ復旧改善法（Sandy Recovery Improvement Act: SRIA）」は多くの点で、1988年のスタッフォード法の制定以来、連邦緊急事態管理庁（FEMA）の実質的権限に対する最大の変更を表明した。SRIAはFEMAが連邦災害援助を生存者に届けることができるように、従来の方法に対するいくつかの大きな変更を認めた。具体的には、公的援助・定職確保の代替手続、がれき除去プログラムの代替手続、公的輸送インフラに関する連邦通行行政とFEMAの間の調整、未消費のサンディ交付の非義務化、災害救助資金報告、将来の災害に関する費用を削減するための国家戦略、コミュニティ災害貸付、貸付・修繕プログラム、「危険緩和交付プログラム（Hazard Mitigation Grant Program: HMGP）」に対する変更ほか、全部で17項目の変更が着手された[56]。

　第45代大統領トランプ（Donald John Trump, 1946- ）の2017年就任以来、アメリカの国土安全保障に関する動向が、世界的に大きく注目されている。特に移民に関する法政策について、国土安全保障省（DHS）の構成組織である「合衆国移民・税関執行局（U.S. Immigration and Customs Enforcement: ICE）」や「合衆国市民権・移民業務局（U.S.

Citizenship and Immigration Services: USCIS)」と共に、DHS 自体の権限と存在感が急速に増していることは、新たな傾向といえるだろう。

Ⅲ. 大規模災害への対応と展望

　アメリカの国土安全保障の歴史を振り返ると、災害とりわけ自然災害への対応について、連邦援助の範囲を拡大すると共に援助額の限度を定める法政策の多くが、1950 年代から 1970 年代に整備されたことがわかる。現代の日本にも通じる自然災害として、洪水、火災、地震に着目すると、まず洪水については、アメリカでは「洪水保険プログラム（National Flood Insurance Program: NEIP)」が長く議論の中心だった。1936 年の「洪水制御法（Flood Control Act)」が、洪水危険管理への連邦政府の国家的参加を初めて示し、ダム、堤防、護岸、他の洪水制御工作物への連邦資金提供の基準を定めた。その後、1950 年代半ばまで洪水災害への国家対応は、工作物による洪水制御作業や、非常事態住宅供給と余った連邦日用品の配布というかたちの災害援助を通じてのものだった。壊滅的な洪水災害による支払い不能を恐れた民間保険会社たちが洪水保険に消極的だったので、1956 年の「連邦洪水保険法（Federal Flood Insurance Act)」の制定、さらに「全米洪水保険プログラム（National Flood Insurance Program: NFIP)」を認める 1968 年の「全米洪水保険法（National Flood Insurance Act: NFIA)」など、実施可能な洪水保険プログラムをかたちにする連邦努力が続いた。1972 年のハリケーン・アグネスによってペンシルバニア州および中部大西洋諸州で引き起こされた洪水は、NFIA の適用範囲を拡大する方向での改正を促し、連邦議会が 1973 年の「洪水災害保護法（Flood Disaster Protection Act)」の下で、洪水保険の強制加入要件を定めた。その後も 1990 年代まで、洪水保険の試行錯誤の整備が続けられた[57]。他方、1970 年代にはダムの安全対策が大きな問題となった。1972 年にウェストバージニア州で発生したバッファロー・クリーク洪水により、125 人の死者と 3000 人のホームレスを出すことになった私有ダムの損壊事故を受けて、連邦議会は「全米ダム調

査法（National Dam Inspection Act）」を制定し、「合衆国陸軍工兵隊（U.S. Army Corps of Engineers）」にすべての非連邦つまり私有ダムの目録作成・調査権限を与えた。1976年にはアイダホ州のティートンダム（Teton Dam）、1977年にはジョージア州のケリー・バーンズダム（Kelly Barnes Dam）でそれぞれ損壊事故が発生し、カーター大統領は1979年7月の大統領令12148号によって連邦緊急事態管理庁（FEMA）長官に、連邦政府内でダムの安全対策の促進努力を調整する責任を与えた。その後、1989年以降はFEMAが、陸軍工兵隊による「全米ダム目録（National Inventory of Dams）」の維持と更新を監督し、67以上の州、準州、連邦行政機関が、更新作業に参加している。さらに、連邦議会が制定した1996年の「全米ダム安全対策プログラム法（National Dam Safety Program Act）」に基づく「全米ダム安全対策プログラム（National Dam Safety Program）」が、ダムの建設、維持、修繕のための安全対策基準を展開するなど、多方面の活動によってダムの安全対策を支えている[58]。

次に火災については、「火災予防・制御に関する全米委員会（National Commission on Fire Prevention and Control）」の1973年報告書「アメリカ大火災（America Burning）」が指摘した、火災による生命や財産の大きな損失を認識した連邦議会が、1974年の「連邦火災予防・制御法（Federal Fire Prevention and Control Act）」を制定した。同法は商務省（DOC）内に「全米火災予防・制御庁（National Fire Prevention Control Administration）」を設立すると共に、州・地方管轄の火災業務のための専門訓練プログラムを支援するために、「国立消防アカデミー（national fire academy）」を設立した。連邦議会は他にも、放火予防・制御プログラム、消防安全ホテル・モーテル（自動車旅行者用ホテル）の全米主要リストの編集、職員の非常事態対応のための危険物質特定・対応・事故データの展開を含むために、同法を改正してきた。1979年には、商務長官、全米火災予防・制御庁の行政官や行政官代理に与えられた職務と権限の大部分が、FEMA長官に移された。2002年にFEMAは、合衆国消防局長（U.S. Fire Administrator）の指示の下、「全米都市調査・救助対応システム（National Urban Search and Rescue Response System）」

と「第一通報者交付金プログラム（First Responder Grants program）」を導入した[59]。

最後に地震については、1977年の時点で連邦議会が、全米50州すべてが地震に弱く、少なくとも39州は大規模あるいは中規模の地震リスクが高いと認めた。1977年の「地震危険削減法（Earthquake Hazards Reduction Act）」はFEMAを、「地震危険削減プログラム（Earthquake Hazards Reduction Program）」を計画し調整する指導的行政機関とした。同法の下でFEMAは、「合衆国地質調査所（U.S. Geological Survey）」、「米国科学財団（National Science Foundation）」、「国立科学技術研究所（National Institute of Science and Technology）」と協力しながら、地震に関する調査を指示・促進し、国民教育プログラムを指導し、建築基準法規や耐震の新建築、既存建物の改造に関する情報を普及させる[60]。

このように、1970年代をピークに整備された自然災害に関する一連の法政策は、1980年代に始まる「環境の時代」のプロローグとも考えられる。もっとも、半世紀を経た今、こうした法政策が現代にそのまま当てはまるとはいいがたい。自然災害の極端な大規模化と人災としてのテロリスト攻撃の脅威という、従来とは異なる2つのタイプの災害が国土の安全確保を最も難しくしているのが、世界の都市に共通する現状だからである。アメリカの国土安全保障の歴史ではそれほど注目されてこなかった公衆衛生や伝染病隔離・治療などが、テロ行為対策との関連で近年は大きく扱われるようになった。

アメリカでは公衆衛生権限のほぼすべてが個々の州法に由来するが、これらの法の多くがポリオ（小児麻痺）克服を想定して1920年代に制定されたものである。また、主に州レベルにあるとされる重大な公衆衛生に密接に関係するテロリスト攻撃に対応する法的権限と、連邦レベルのみに見られることが多いテロリスト攻撃への対応に必要な財源および科学技術は、分離している。もし連邦権限と州権限が対立するならば、最高法規条項（Supremacy Clause）によって州活動が専占されることに加えて[61]、連邦レベルではいくつかの制定法、規則、大統領令が公衆衛生非常事態に対応するための幅広い法的枠組みを提供する。例えば、2002

年の国土安全保障法（HSA）と 1988 年のスタッフォード法はそれぞれ、国家非常事態に対応するために、連邦、州、地方、部族の政府について一般権限を規定する[62]。したがって、州の要請なしでの連邦援助、つまり連邦干渉がしばしば認められることになる[63]。2000 年代に入ると個々の州が公衆衛生に関連する法の調査と改正を考慮するようになり、コロラド州やデンバー州が最初の対応に踏み切った。デンバー州は 2000 年当時、さまざまなタイプの壊滅的なテロリスト攻撃に対応できるように設計された「トップオフ（TOP OFF）」と呼ばれる多数都市訓練の一部として、生物テロ攻撃をシミュレーションする連邦政府の訓練場を擁するという事情があった。コロラド州は、既存の権限を修正あるいは拡大するのではなく、州の実施を指揮するための新たな仕組みを提供することを選んだ結果、自然あるいは人造の起源の伝染病非常事態を宣言し対処する際に州知事に助言する、伝染病非常事態対応専門家委員会を設置する制定法を採択した。また、伝染病隔離に関しては従来、州隔離権限の妥当性や合憲性、連邦隔離権限の範囲などが論じられてきたが、伝染病を含むテロリスト攻撃の観点から近年は、「遮蔽（Shielding）」と呼ばれる概念が重要視されつつある。これは伝染病攻撃の周期を壊し、治療の拡充を容易にし、広範囲の隔離の必要性を軽減するというもので、具体的には、逃げたり公共の場所に集まるよりもむしろ、家にいて自己隔離するという個人や家族による自発的な判断を促すよう、連邦援助によって支えられるコミュニティベースの努力を意味する。自発的なものなので特別な制定法上の権限を要しないし、憲法上の厳しい要件を満たす必要がないし、隔離基準に達する前の危機の早期に実施できるという利点が指摘されている。さらに伝染病治療との関連では、テロリスト攻撃に伴う大混乱に先立って、伝染病の予防接種、抗生物質の供給や治療を受けるべき高リスクのグループ間の優先順位について、規制や制定法の中で判断しておくことが提言されている[64]。なお、特に国家安全保障が関係しているならば、公衆衛生を保護する政府の利益は、伝染病を理由とする隔離、検疫、強制的予防接種が当該個人の合衆国憲法（Constitution of the United States）第 4 修正（不合理な捜索、押収、抑留の禁止）あるい

は第 5 修正（大陪審の保障、二重の危険、デュー・プロセスおよび財産権の保障）権利[65]を侵害する、という主張に勝つことが一般的に認められてきたという経緯がある[66]。

　都市行政における官民連携（PPP/ PFI）の必要性が、世界的に指摘されるようになって久しい。自然災害、人災にかかわらず、災害自体の大規模化が避けられない現状において、官に頼るだけでなく民もまた、災害対応を自発的に考えることが不可欠な段階にあるのは、日本も同じである。換言すれば、国土安全保障における官民連携こそが、喫緊の要請と考えられる。具体的にはまず、自然災害と人災（テロリスト攻撃を含む）を包括する適切な非常事態対応組織を、アメリカの連邦・州・地方・部族の政府努力を参考に、国レベルからコミュニティレベルまでつなぐかたちで設置する必要があるだろう。次に、重要インフラおよび情報を十分に保護するために、民間部門との協働を積極的に進めなければならない。公共部門と民間部門の間で正確な情報をタイムリーに共有すること、インフラ同士の相互依存状態を含めて重要インフラの脆弱性を評価すること[67]、病気の兆候を示す患者についてのリアルタイムの情報伝達が生物テロ攻撃の発見と緩和に効果的であることは[68]、アメリカで特に議論されてきた。今日において非常事態準備を端的に意味する、民間防衛概念の応用可能性もまた、国土安全保障における官民連携を実現する上で求められていくことになるだろう。最後に、長期的には法的枠組みの再構築が待たれる。都市行政という観点からは、アメリカの州レベルの議論が特に参考になるだろう。

＊本章は、2017 年度大阪市立大学在外研究員（アメリカ合衆国）の研究成果であると共に、情報法制学会第 2 回研究大会報告「災害時の国土安全保障法制と情報—アメリカ法からの示唆—」（2018 年 12 月 16 日、東京大学）の一部に加筆したものである。

注

1) John Norton Moore, Guy B. Roberts and Robert F. Turner (Edited by), National Security Law & Policy, Third Edition, Carolina Academic Press (2015) p.1417; Geoffrey Corn, Jimmy Gurulé, Eric Jensen and Peter Margulies, National Security Law: Principles and Policy, Wolters Kluwer (2015) p.451, p.457.
2) フランスでも近年、環境法研究者たちを中心に災害法が論じられている。例えば、Jean-Marc Lavieille, Julien Bétaille et Michel Prieur, Les catastrophes écologiques et le droit: échecs du droit, appels au droit, Bruylant (2012).
3) Moore and two others, supra n.1 p.1418.
4) 各大統領の政権期間については、National Portrait Gallery, America's Presidents, Smithsonian (2018) に依拠している。
5) Moore and two others, supra n.1 pp.1418-1419.
6) Corn and three others, supra n.1 p.452.
7) Matt C. Pinsker and R. James Orr Ⅲ, Homeland and National Security Law and Policy: Cases and Materials, Carolina Academic Press (2017) p.343.
8) Moore and two others, supra n.1 p.1419.
9) 英米法上の用語としては、「戦時、平時を問わず、敵の攻撃があった場合に、生命財産を守り、あるいは被害を少なくすることを目的とした民間人による防衛組織」(田中英雄編集代表『英米法辞典』東京大学出版会、1991年)、「敵襲・災害などから民間人を護り、万が一被害を受けた場合にはその緊急援助活動を行うこと、あるいはそのための対策・組織」(小山貞夫編著『英米法律語辞典』研究社、2011年) などと説明されている。なお、スイスの民間防衛についての文献として、スイス政府編著『民間防衛』(原書房、2015年) がある。
10) Pinsker and Orr Ⅲ, supra n.7 p.343.
11) Id. pp.343-344.
12) Id. p.344.
13) Moore and two others, supra n.1 p.1419.
14) Pinsker and Orr Ⅲ, supra n.7 p.344-345; Id. p.1419.
15) Moore and two others, supra n.1 pp.1419-1420.
16) Pinsker and Orr Ⅲ, supra n.7 p.345. 主要キャラクターの亀のバートが、原子爆弾の光線を見たら何をするのかを子どもたちに教える、という内容のアニメ映画。日本国内では、沖縄県立博物館・美術館の博物館常設展示などで鑑賞可能である。
17) Moore and two others, supra n.1 p.1426.
18) Id. p.1427.
19) Id. p.1420.
20) アメリカでは、トルーマンやアイゼンハワーの核兵器攻撃準備を重要視する型が、民間防衛の原型と位置づけられている。Pinsker and Orr Ⅲ, supra n.7 p.347.
21) Id. p.345.
22) ルーズベルト大統領が1941年に設立した民間防衛局 (Office of Civilian Defense: OCD) とは異なる。
23) Pinsker and Orr Ⅲ, supra n.7 pp.345-346.
24) 厳密な定義づけは行われていない点に、留意が必要である。
25) Pinsker and Orr Ⅲ, supra n.7 p.346.
26) Moore and two others, supra n.1 p.1424.
27) Pinsker and Orr Ⅲ, supra n.7 p.346.
28) Id. p.346.
29) Id. p.347.
30) Id. p.347.
31) Id. p.347.
32) Moore and two others, supra n.1 1425.
33) Id. p.1422.
34) Pinsker and Orr Ⅲ, supra n.7 p.347-348.
35) NSC補佐官が結果的に、8年間で6人を数えることになった。村田晃嗣『レーガン――いかにして「アメリカの偶像」となったか』中公新書2140 (2011年) 188頁。
36) Pinsker and Orr Ⅲ, supra n.7 p.348.
37) Moore and two others, supra n.1 p.1425-1426.
38) 1972年の改正後は、「水質浄化法 (Clean Water Act)」とも呼ばれている。
39) Pinsker and Orr Ⅲ, supra n.7 pp.348-349.
40) Id. p.349.
41) 本章Ⅱ.3参照。
42) Pinsker and Orr Ⅲ, supra n.7 pp.349-350.
43) Moore and two others, supra n.1 pp.1451-1452; Id. p.350.
44) Pinsker and Orr Ⅲ, supra n.7 p.350.
45) Moore and two others, supra n.1 p.1452.
46) Id. p.1451.
47) Pinsker and Orr Ⅲ, supra n.7 p.351.
48) Stephen Dycus, Arthur L. Berney, William C.

Banks, Peter Raven-Hansen and Stephen I. Vladeck, National Security Law, Sixth Edition, Wolters Kluwer (2016) p.1227.
49) Pinsker and Orr Ⅲ, supra n.7 pp.351-352.
50) Moore and two others, supra n.1 pp.1440-1441.
51) Pinsker and Orr Ⅲ, supra n.7 352.
52) Moore and two others, supra n.1 p.1441.
53) Pinsker and Orr Ⅲ, supra n.7 352.
54) Moore and two others, supra n.1 pp.1452-1453.
55) Id. p.1441.
56) Id. pp.1441-1442.
57) Id. pp.1420-1421.
58) Id. pp.1423-1424.
59) Id. pp.1421-1422.
60) Id. p.1422.
61) Dycus and four others, supra n.48 p.1228.
62) Id. pp.1442-1443.
63) Dycus and four others, supra n.48 p.1227.
64) Id. pp.1443-1445.
65) 田中英夫編集代表『BASIC 英米法辞典』(東京大学出版会、1993 年) 230-231 頁。なお、第 4 修正と第 5 修正はいずれも、権利章典 (Bill of Rights) に含まれる。
66) Dycus and four others, supra n.48 p.1228.
67) Moore and two others, supra n.1 p.1453.
68) Id. p.1445.

第5章

都市行政と情報法

I. はじめに
——情報通信技術を中心とする先端技術によって変革する都市行政と法

　都市は、人が行き交う場所であり、さまざまな情報が集まる場所である。そして行政は、都市に集う——そして都市に居住する——人々の多種多様な利害の調整を図ってきた。実際に、都市計画等においては行政と住民の利害調整は非常に重要であったし、今後も重要であり続ける[1]。また、さまざまなサービスの提供や、サービスの利用に当たっての住民のニーズへの対応なども含めて、行政が今後も重要な役割を果たしていくことが必要とされているということもいえよう[2]。

　このようななか、情報通信技術をはじめとする先端技術の発展が、都市行政のあり方、都市のあり方そのものに、変革を迫ろうとしている。例えば、わが国においては人口減少社会が到来するといわれており[3]、現在、国会において議論が検討されている入国管理法の改正案も、人口減少社会を見据え、労働人口の減少によって今後必要となる介護等における人材供給を1つの目標としているが[4]、このような人口減少社会への対応も、情報通信技術（特に人工知能〔AI、以下 AI という〕の活用などを含めた技術）を活用した都市の変革によって、何らかの対応が可能であるということが考えられる。

　都市は常に発展していく。同時に、衰退もしていく。特に、人口減少社会といわれ、今後、発展した都市が縮小する可能性もあるなか、これ

からの都市のあり方には何が必要なのか、ということも常に変わっていくものであるが、特に今後は、情報通信技術の発達と利用によって、柔軟にそれらのニーズに——例えば、医療基盤整備に関するデータ送受信（5Gの活用）や、ドローン宅配の活用などによって——対応していくことが考えられる。

このように考えると、人口減少社会は本当に人口減少社会として問題となるのだろうか、ということが問題となる。例えば、インターネットの存在は、都市にいようと、都市以外に居住していようと、人々を社会につなげる役目を果たすことがある。たとえ過疎地であってもインターネットにつながり、物品の購入が可能であり、医療等の提供も受けられる等の状況が整っていれば、都市的な機能は（その他の面は別としても）あるといえるのかもしれない。生活に必要な、そういったインフラストラクチャーが整えられているということは、すでに都市機能があるということである[5]。また、情報通信技術の発展によって、人が集中して居住している都市でなくとも、情報の発信などが活発に行われる時代となっている。もちろん、都市が、人が実際に直接に「集まる」場所であることは確かではあるが、都市機能は、技術の活用によって多くの事柄が代替されるようになっている、ともいえる。

実際、現代社会は大きな変革期を迎えている。AIをより活用した社会となることが将来現実のこととなると、例えば、AIによって判断される司法、AIによって判断される行政、AIによって提案される立法というかたちも考えられ、そうなると、既存の統治構造の前提が変わり、社会構造そのものが変革する可能性が高い。そのことは同時にAIの活用も含めて、都市機能を支えるさまざまな技術革新が現実のものとなろうとしていることを意味している。特に、「都市（シティ）」機能は先端技術によってカバーされうる可能性が高いなか、先端技術の発展によってスマートシティ化の進展する将来社会においては、都市（シティ）を支える人口はさほど重要ではなく、快適に暮らすために必要となるものは技術の可能性が高いことが考えられるため、シティ（都市）の設計が重要であるということを指摘することができる。

もっとも、これらの先端技術のもたらす技術革新は、私たちの生活を便利にすると同時に、便利さと引き換えにさまざまなデータも活用していることが特徴である。このような状況をどのように考えたらよいのかも含め、今後の都市行政と情報と法のあり方にはまだまだ検討すべき事柄も多い[6]。

　そこで、本章においては、都市を支える情報化社会とその法的枠組みについて検討を行うために、特にわが国における都市機能のあり方と、それを支え、変える可能性もある情報通信技術を含めた先端技術と法制度について、検討を進めることとしたい。具体的には、現状における人口減少社会と都市の現状とともに、現在計画が進行している、都市行政と情報通信技術がもたらす現在と将来の都市を支える情報通信と法のあり方をみるために、以下、情報通信技術の発展と都市機能の結合の1つの結実であるスマートシティと将来社会の話──AI をめぐる検討の現状──をみることとしたい（Ⅱ）。そして AI も活用した都市におけるドローンや自動走行の検討を踏まえて（Ⅲ）、さいごに、都市行政と情報と法をめぐる将来課題と展望について検討を行うこととしたい（Ⅳ）。

Ⅱ．情報通信技術の発展と変革期を迎える都市行政
──スマートシティの構造と問題

　都市とは[7]、「多くの人口集団をもち、家屋その他の建造物が密集、住民の生産がおもに第2次、第3次産業に依存して発達した集落。村落に対する地域社会をさす。都市を規定するのに、人口の多少をもって基礎とすることは古くから行われているが、国によって必ずしも決っていない。日本では、だいたい人口3万以上で、中心街を形成し、人口の密集している地域をもって行政上の市制の施行地域の基準としている。都市は政治、経済、文化、交通などの中心となるところが多く、歴史の古いものも多い」と解説されている[8]。

　そして、スマートシティとは、「都市の抱える諸問題に対して、ICT 等の新技術を活用しつつ、マネジメント（計画、整備、管理・運営等）が

行われ、全体最適化が図られる持続可能な都市または地区」と定義されている[9]。

1．スマートシティに至るまでの模索
　　──コンパクトシティ・エリアマネジメント

　人口減少社会を見据えた都市のあり方はさまざまなかたちで模索されているところ、都市の運営については、近年、街区単位の計画の進展なども実際に取り入れられているなど、多様かつ実験的な取り組みも行われている[10]。人口減少時代における取組のひとつとして、都市施設の維持に費用がかかることから、現在多くの地域で行われている分散的な居住形態を続けるのではなく、特に過疎地域などを含めた人口の過小地域においては、居住地を集約するコンパクトシティ構想が考えられている。かかるコンパクトシティ構想[11]とは、人口減少と高齢化が特に進む地方都市において[12]、地域の活力を維持し、医療や福祉、商業といった生活の基本を確保した上で、高齢化の進む街においてもそれぞれの住民が安心して暮らせるように、コンパクトなまちづくりを地域の交通とも連携したうえで進める、コンパクト・プラス・ネットワークのことである。

　そして、具体的なコンパクトシティの実現のため、2014年8月に都市再生特別措置法が一部改正され、さらに、同年11月には、地域公共交通活性化再生法の一部改正法が施行された[13]。その内容には、人工密度の維持という観点から、居住地域を集約するために、立地生活拠点などに福祉関係や医療関係の施設や住宅をできるかぎり誘導し、集約していくような立地適正化計画について、地方公共団体がまちづくりを主導して基本方針や居住誘導空域や都市機能誘導区域について公共交通ネットワークを再構築するための取り組みとともに設定を行うことが含まれている。住宅や医療関係、福祉関係の施設と商業施設などをそれぞれ近隣地域に誘導して、連携した交通ネットワーク構築を再編することで、コンパクトに都市生活ニーズを満たすような都市の実現が必要とされていたのである[14]。なお、都市機能誘導区域のなかの都市機能増進施設は、特に民間企業によって投資がなされて設置されることが考えられており、

民間事業者が投資しやすいような都市の将来像を示すことも計画目的に含められた[15]。また、実際の具体的な実現手法については、都市計画法上の市街化調整区域のように住宅開発について法律上制約を加えるものではなく、補助金の公布や区域内に立地を行う勧告やあっせんといった直接規制ではない、誘導的な、ソフトな規制手法が用いられていることに特徴がみられる[16]。都市計画とは別の枠組みとして、かかる立地適正化は制度化されたものであるが、5年ごとに評価がなされることとされ、実際に仕組みとしての上記の誘導的なソフトな規制手法の効果がみられた場合には、都市計画法上の用途地域の見直しなどにもつなげることも可能とされている[17]。

さらに、行政主体ではない地域公共団体、例えば地権者や商業施設などの経営者などで構成される協議会組織などが、建築協定や地区計画など住宅地に関する活動や、公共施設の維持管理など商業地に関する地域において地域コミュニティを単位として空間管理や施設の管理を行う「エリアマネジメント」も、「人口減少時代において都市空間の質を向上させる重要な役割を果たすものである」といった分析がなされている[18]。エリアマネジメントについては、地域によっては活動促進条例を制定しており[19]、地域における自治のあり方として、基礎的自治体を維持することが困難となるかもしれない人口減少時代における多様な自治のあり方が模索されている[20]。

このように、コンパクトシティ構想や、エリアマネジメントといった街区単位の都市における自治のあり方[21]も今後の人口減少社会における地域自治の活性化のために重要と考えられるが、それ以上に、現在検討されているスマートシティ構想は、これらに加えて、すでに述べたようなさまざまな変革を都市構造にもたらすことが想定されている[22]。

そこで、以下、スマートシティに関する検討状況をみることとし、そのトで、スマートシティの実現に向けた課題について検討を行う。

2. スマートシティの嚆矢とこれまでの具体的な取り組み

スマートシティとは、ICTなどの技術を活用しながら都市が抱える

諸問題を解決しようとし、また、都市の計画や整備、管理、運営等を行おうとする都市のことであり、2010年ころからすでにわが国においてもスマートシティに関する議論がはじまっていた[23]。

すでにエネルギーに特化した事例としては、「次世代エネルギー・社会システム実証事業」として経済産業省によって選定もされた都市として、京都府相楽郡における「けいはんなエコシティ」、福岡県北九州市の「北九州スマートコミュニティ」、神奈川県横浜市の「横浜スマートシティプロジェクト（YSCP）、沖縄県宮古島市の「島嶼型スマートコミュニティ」などがあり、実証実験等を行っている[24]。また、ICTやデータを活用したスマートシティプロジェクトとして、千葉県柏市において「柏の葉キャンパスシティ」プロジェクト、神奈川県藤沢市における「Fujisawa SST」プロジェクト、愛媛県松山市の「スマイル松山プロジェクト」や熊本県熊本市において行われている「スマートひかりタウン熊本」などが存在している[25]。

3．スマートシティに関する検討と取り組み

スマートシティに関する取り組みは、総務省における「データ利活用型スマートシティ推進事業」のほか[26]、経済産業省における「次世代エネルギー・社会システム実証事業」における実証実験や、「スマートコミュニティ構想普及支援事業」などが行われてきた[27]。また、環境省において、「地域の再生可能エネルギー等を活用した自立分散型地域づくりモデル事業」が行われているほか、内閣府において、「戦略的イノベーション創造プログラム（SIP）」[28]が採択されて実施されている。

また、国土交通省において、スマートシティとも連動する自動運転の実装に関する検討のほか、データ利活用を促進する空間の整備や、道路や鉄道などのモビリティに関する事業などが行われている[29]。その他、各省庁において、新エネルギー・産業技術総合開発機構（NEDO）が関係して、諸外国と連携して行うスマートコミュニティ実証実験事業などが行われている[30]。

スマートシティはさまざまな課題を解決する可能性が指摘されている。

例えば、買物などの日常生活についても、AI技術や自動運転技術、カメラ画像などを活用し、買物ができない高齢者の代わりにデータなどを活用して見守りサービスを活用したりすると同時に、移動の足としての自動走行車の提供などが考えられている[31]。また、都市の各種施設、特に公園などの場所について、AI技術や自動運転技術やドローンなどを活用し、管理を省力化することや、利用者属性を把握して来訪者に応じたサービスの提供などの検討がなされている[32]。

4．今後の海外展開を見据えた民間主導のスマートシティ

　人口減少社会も見据えて、今後のスマートシティ構想は、以下のようなかたちで進められる予定となっている。

　スマートシティの実現する社会は、先端技術の進展を活用し、さまざまな情報の収集と活用が予定されている社会である。現在も一部で実現しているテレビ会議や、買い物などのEコマースによる代替、自動運転による運転の代替などの進展によって、これまで時間のかかっていた作業をさまざまな他のことに振り分けられる余裕ができる社会でもあると考えられている[33]。

　そして、かかるスマートシティに関連する各検討は、民間企業の有する先端技術を活用することが想定されているところ、特に、現在も拡大が続くアジアの新興国都市などと連携して、スマートシティのモデルとなる都市開発を共同して行い、各国のスマートシティの実現に寄与するために、日本での経験も含めてスマートシティ関連都市開発の海外展開を目指すことが考えられている[34]。

5．スマートシティの課題——5G時代の都市と生活

　現在検討されているスマートシティは、まだまだ部分的な先端技術による便利化の都市への導入であり、人口減少時代における都市機能の抜本的な「スマートシティ」化とはまだいえないものである[35]。また、そもそも、状況によっては人の移住なども伴うコンパクトシティ政策自体の必要性も含めた検討も含めて、今後、どのようなかたちでのまちづく

りが必要となるのかについて、深い検討が必要である。

　また、スマートシティの前提ともなっている、インターネットの存在は、都市機能を支える非常に重要な一部となることがますます明らかになろうとしている。

　さらに、高速インターネットの存在によって支えられる遠隔医療（現在はまだ実現されていないが、今後実現され得る）や自動運転などは、今後のインフラの一部となるといっても過言ではない（画像データなどが瞬時に送られる伝送路があることが遠隔医療を支えることとなる）。

　そのようななか、インターネットサービスの提供のあり方や、電波の配分のあり方はもちろん、それらの活用が問題となる。特に、近年、モノとモノがそれぞれインターネットとつながり、さまざまなモノがそれぞれ通信を行う IoT（Internet of Things）機器も飛躍的に増加し、それに伴って通信量が増大していることや、これからも増加することにも注意を払う必要がある。スマートシティにおいてはそういったデータの活用が全面的に行われる予定になっているため、それらから生み出される大量のデータの処理の方法に関する法整備のあり方や規制のあり方もスマートシティの前提としてしっかりと整理しておく必要があると考えられる。

　なお、小型無人機（ドローン）も多くの場所において報道その他のための撮影やインフラ点検などに利用されるようになってきている模様であるが、ドローンについてもさまざまな通信が行われることは前提となっているため、やはり、ドローンが取得する可能性のあるカメラ画像などについての取扱いについては、統一的なガイドライン等が必要であろうと考えられる。

　加えて、Society 5.0 などを見据えたスマートシティなどの政策においてますます電波が必要になるなか[36]、インターネット等に利用される電波をどのように有効に配分するかということも問題となり得る[37]。本稿においては、具体的な電波等の活用の方策としてのスマートシティの構築やそれを支えるドローンや自動走行車を取り上げているため、電波監理については検討を行わないが、特に、電波監理のあり方については、

透明性を向上させるべきであるという指摘もなされているところ、電波の利用のあり方も含めてどのように爆発的に増加するインターネット関連機器を活用したスマートシティを構築していくのかについては検討が進められるべきであろう[38]。

III. ドローン活用と自動運転をめぐる都市行政上の諸問題と課題

　以下、本節においては、具体的に先端技術の発達と情報化によって都市の居住のあり方を変える可能性があり、具体的に活用が進められている、ドローンと自動走行車の、わが国における検討状況について、みることとしたい。

1. ドローンに関する検討
(1) ドローンに関する規制の整備

　ドローンについて、わが国は2015年の航空法改正までは、その飛行に関する一般的な規制が整備されていなかった。[39]しかし、2015年4月22日に首相官邸屋上において放射性物質を付けたドローンが発見されたという、首相官邸ドローン事件がおこり[40]、この事件をきっかけにドローンを無人航空機として定義し、航空法を改正してドローンに関する基本的な法整備がなされることとなった。

　首相官邸ドローン事件の後、まさに急速にドローンに関する法整備の検討が進められた結果、ドローンに関して、2015年9月4日に、無人航空機「ドローン」の飛行を規制する航空法が成立、同年12月10日に施行された。また、2016年3月には原子力発電所などの重要施設周辺のドローンの飛行を禁止する議員立法である「国会議事堂、内閣総理大臣官邸その他の国の重要な施設等、外国公館等及び原子力事業所の周辺地域の上空における小型無人機等の飛行の禁止に関する法律」も公布されている[41]。

(2) 2015年航空法改正の内容

　2015年の航空法の改正は、無人航空機（ドローン）の急速な普及に伴い、

安全面の懸念が高まりつつあることから、緊急的な措置として、基本的な飛行法則を定めることが必要との認識の下、①無人航空機の飛行に当たって許可を必要とする空域、②無人航空機の飛行方法、③事故や災害救助等の場合の適用除外と罰則（罰金）を定めたものである[42]。

(3) ドローン活用の検討

　ドローン宅配の可能性は、わが国においても、すでにいくつかの都市において模索されている。また、ドローンの民間利用・活用は現在、世界中で、さまざまな分野において広がっている。特に、災害時の状況把握や空撮（報道機関等や行政機関による利用）のほか、農業や、そして何よりも宅配への利用の期待が高まっている。この、宅配に対する利用は、離島や遠隔地、そして、買い物へ行くことが不便な地域に住む人はもとより、そもそも買い物に行くことが困難となるような人たちを助ける手法として注目がなされている[43]。

　実際、ドローンは先端的技術の発達によってより手頃な価格となり、技術の発達に伴って機械の小型化もより進んだことや、自動制御の技術が使用されて操作が容易となっていることから、一般利用の普及が進んでおり、例えば、ドイツだけでも現在40万台のドローンが空を飛んでいるという[44]。同時に、空港におけるドローンとのニアミスや、ドローンを利用したテロ行為[45]、ドローンの落下事故なども増加している[46]。

　ドローンの利用に関する法的規制は各国において整備されはじめており、米国などにおいても、現在はドローン宅配も視野に入れたさまざまな規制の整備が検討されている[47]。

　すでにみたように、わが国においてもドローンに関する規制法が航空法を中心に整備されており、適宜の改正が行われている。特に、ドローンの宅配に関しては、省令レベルによる規制緩和の方向性の柔軟な対応も報道されており、今後、ドローンの利活用がますます進むものと考えらえる。

　もちろん、ドローンの利活用は、現在、さまざまな産業分野において進められている。そのなかでも、特に、ドローンの活用による物品の配送は、過疎地への物資の輸送や、災害時における輸送の手段としての活

用が期待されている。

(4) 日本におけるドローン規制と商業利用のための緩和の方向性（その1）――特区における規制緩和[48]

国家戦略特区制度[49]は、2013年から、地方創生戦略の一環としても、また大幅な規制緩和特区として日本の規制改革を行うきっかけとなる地区としても各地で進められているところ、ドローンの（商業）利用に関し、特区制度の活用が試みられている[50]。特区制度においてドローンの活用を目指す自治体としては、千葉市、仙台市、東京都多摩地区（あきるの市）、徳島県、グローバル創業・雇用創出特区としての福岡市（後2自治体は離島等へのドローン配送を想定している）などがある[51]。

(5) 日本におけるドローン規制と商業利用のための緩和の方向性（その2）――規制のサンドボックス制度とドローンの活用

また、ドローンの活用に向けた実証実験については、2018年6月6日に施行された生産性向上特別措置法（平成30年法律第25号）を利用することも考えられている。生産性向上特別措置法とは、近年のIoTやビッグデータ、人工知能など、ICT分野における急速な技術革新の進展に対応するための生産性革命の実現にあり、短期間に生産性を向上させる方策として、法改正を前提とせず、企業ごとに申請し、事業所管大臣、規制所管大臣認定の下で参加者を限定して実証を行うことができる（プロジェクト型）規制のサンドボックス制度などを創設するものである[52]。

このプロジェクト型規制のサンドボックス制度が、ドローンの利用も含めたAIやIoTなどの新たな技術に基づくビジネスの実用化の可能性を検証し、実証の結果を規制の見直しにつなげる制度とされている[53]。

もっとも、わが国においてこのように、実証実験等のためとはいえ――法規制は変更せず、地域や対象を限定し、さらに関係省庁との調整や整合性も図るとのことであるが――、規制を一部撤廃するようなかたちでの技術発展に対応する運用を認めていく、かかる法の仕組みは、ある意味においては大きな規制緩和ともいうべき状況であり、法が本来予定している以上の「例外」を認めてしまう可能性がある。今後、どのよ

うなかたちでかかるサンドボックス制度が運用されていくのかについては、注視していく必要があろう。

また、ドローンの（都市部での活用を含めた）利用の規制については、規制のサンドボックス制度や特区制度を利用しない場合の一般規制が厳しすぎるといった批判がなされている[54]。一般的な利用規制について、より活用しやすくするために法改正等をどのように行っていくべきなのかも含めて今後も検討が進められるべきであろう。

２．自動走行のわが国における検討

(1) 自動運転（走行）に関する各種検討会

自動走行[55]については、自動走行ビジネスをいかに実現するかという観点から、以下にみるように、細かな検討が進められている[56]。

自動運転技術の進展の方向を示し、自動運転技術の検討のわが国における基礎となっていたのが、高度情報通信ネットワーク社会推進戦略本部・官民データ活用推進戦略会議による「官民ITS構想・ロードマップ」(2014年6月）であり、さらに2017年に改訂された「官民ITS構想・ロードマップ2017」(2017年5月31日）である[57]。これによれば、2020年の東京オリンピック・パラリンピック開催の機会を戦略的に活用した上で、2030年に向けて自動運転システムの普及を行うこととされている。具体的には、まず、これまでの政府における審議会等の検討としては、特に2016年ころから活発に検討が行われているが、警察庁、国土交通省、経済産業省・高度交通省、内閣府などにおいて検討が行われている[58]。産学官オールジャパンによる必要な取組の確認なども含めて、省庁横断的な取組が認識され、経済産業省製造産業局長と国土交通省自動車局長の検討会として、わが国が自動走行において競争力を確保し、世界の交通事故の削減をはじめとする社会課題の解決に積極的に貢献するために、現状の課題を分析して必要な取組を検討することを目的として2015年2月から「自動走行ビジネス検討会」が設置されており、そこにおいては、1）一般車両の自動走行（レベル2、3、4）などの将来像の明確化や、2）協調領域の特定、3）国際的なルール（基準、標準）づくりに戦略的

表5-1　自動走行レベルの定義

レベル	概要	安全運転に係る監視対応主体
運転者がすべてあるいは一部の運転タスクを実施		
レベル0 運転自動化なし	運転者がすべての運転タスクを実施	運転者
レベル1 運転支援	システムが前後・左右のいずれかの車両制御に係る運転佑のサブタスクを実施	運転者
SAE　レベル2 部分運転自動化	システムが前後・左右の両方の車両制御に係る運転佑のサブタスクを実施	運転者
自動走行システムがすべての運転タスクを実施		
レベル3 条件付運転自動化	・システムがすべての運転タスクを実施(限定領域内) ・作動継続が困難な場合の運転者は、システムの介入要求等に対して、適切に応答することが期待される	システム(作業継続が困難な場合は運転者)
レベル4 高度運転自動化	・システムがすべての運転佑を実施(限定領域内) ・作動継続が困難な場合、利用者が応答することは期待されない	システム
レベル5 完全運転自動化	・システムがすべての運転タスクを実施(限定領域内ではない) ・作動継続が困難な場合、利用者が応答することは期待されない	システム

に対応する体制の整備、4) 産学連携の促進に向けた議論などが行われている[59]。

また、上記ロードマップ以外にも、未来投資戦略2017 (2017年6月9日) においても自動走行プロジェクト実現への言及の議論がなされており、ロードマップとあわせて、「無人移動自動走行による移動サービス (ラストマイル自動走行)」の具体的な工程表とともに、検討が進められている。

また、2018年の「官民ITS構想・ロードマップ2018」においても、自動運転システムの社会的インパクトとともに、自動走行プロジェクトの実現に向けた議論が進められている[60]。

そこにおいて、自動走行のレベルの定義は以下のようになされている[61] (表5-1)。

(2) 自動走行の将来像

自動走行は、まず、一般車両については、高速道路において、レベル2を2020年までに実現し、2020年以降にレベル3を含めた高度な自動走行の実現が目指されている。また、一般道路については、主要幹線道路について2020年ころまでにレベル2を実現させ、2025年ころに、レベル2の対象環境を拡大し、さらに主要幹線道路について、レベル3の実現が目指されている。また、物流については、特にニーズの高い地域において、まずは低速走行の移動サービスや、無人宅配などのレベル4を一部地域において可能とすることが目指されており、順次、地域のエリアや数を拡大することが想定されている[62]。

(3) ラストマイル自動走行

高齢化などが進む過疎地域をはじめ、まさに移動手段などとして、自動走行は期待されている。そして、経済産業省・国土交通省の委託事業として、国立研究開発法人産業技術総合研究所を代表とした企業の連合体が実施した、「高度な自動走行システムの社会実装に向けた研究開発・実証事業：専用空間における自動走行等を活用した端末交通システムの社会実装に向けた実証」事業が2016年9月から開始されている。この実証実験は「スマートモビリティシステム研究開発・実証事業：専用空間における自動走行等を活用した端末交通システムの社会実装に向けた実証」事業として2016年は実施されており、歩行者や一般車両とレベル4、5の自動走行車が混在する可能性の実現可能性の検討とともに、専用空間での自動走行や一般道路における低速の自動走行などを現実のニーズに合わせて検討している。

具体的には自動走行のモデル地域において、いくつかの実証評価に向けた事業が進められている。それらは、コミュニティバスモデルを進める茨城県日立市、市街地モデルを進める石川県輪島市、過疎地モデルを進める福井県永平寺町、観光地モデルを進める沖縄県北谷町である[63]。

各地で行っているのは、地域で求められる移動サービスはそれぞれ異なることや、自動走行等に対する社会的受容性も異なっているためであり、それぞれ、現地で実際に事業を行うことを支援することが期待され

る事業者が体験乗車等を行うなど、実際の実用に向けた検討の基礎となるようなかたちで実証事件がなされている[64]。

3．国、自治体、行政のあり方と情報化社会

これまでにみてきた、これらのさまざまな事業に共通することは、民間の活力を活用しようとする点である。スマートシティについても、ドローンについても、また、自動走行についても同様のことがいえる。

しかし、本来的には、AIなどを活用する自動走行や、ドローンの利活用の現状において、誰がどのように何を決定するのか、問題が生じた場合に誰が責任を負うのか、また、適切な規制はどのように構築されるのかといったことがらを調整する問題が残る。

ドローンについては、ドローンハイウェイを整備すべきであるのか（事故等を避けるために）、ハイウェイを整備するとして、すでに提案されているように、東京電力とゼンリンによって付設されるようにするのか、国土交通省が道路のように整備すべきであるのか（なお、いまのところそのような計画はなされていない）、さまざまな検討課題が残っている[65]。

Ⅳ．おわりに――都市行政と情報と法をめぐる将来課題と展望

以上みてきたように、人口減少時代を見据えてスマートシティの進展や、現実の都市においても実証実験が行われているドローン宅配や自動走行の進展を踏まえて、人々の都市における生活は先端技術の発展に支えられる未来が考えられる。

しかし、同時に、そのような未来は、データの徹底的な活用と、一定程度の公的活動のAIへの代替とともにしかやってこないため、データの利活用の問題や、本来これまで行政が担ってきた役割をどこまでAIに代替させるべきか、といった根本的な問題を包含する[66]。

情報ネットワーク社会には、良い面ばかりではなく、マイナスの面もあるのである[67]。

すなわち、急速に進んでいるIoTの利用の進展に伴って、製品ごと

にさまざまなセンサー等がつけられ、それらのセンサーやチップ等によって、これまでは収集できなかったような高精度の情報が大量に集められることが可能となっている状況はますます進んでおり、これらの情報がビッグデータとして、分析や調査の対象となることが期待されているのである[68]。

しかし、そのようなデータが、どのように利用されるのかという点について、不透明な部分が多くなることが懸念されている。そのため、スマートシティの発展等に不可欠なデータの利活用等が行われるとしても、それらの利用について、法の規定にも即した適切な活用が厳に求められる。さらに、ビッグデータ化されることが予定されていない情報等に関する漏洩のリスクへの対処もなされる必要があろう[69]。

また、例えば自動走行車の導入やドローンによる宅配の導入等についても、事故の場合の責任をどうするのか、安全性の検証はどういった機関がどのように行うのか、といった制度面の入念な事前の検討が不可欠である[70]。自動走行車の利用を含め、先端技術の発展によってさまざまな問題が解決されるかもしれないなか、既存の法制度によっては対応が不可能な問題も出てくることが、指摘されている[71]。

新たなシステムを便利だという想定のもとに検証不十分なまま導入し、取り返しのつかない事故等を引き起こしてしまうといった事態は必ず避けなければならない。

もっとも、データの蓄積と利用がサービスを享受する者たちにとっても納得のいくかたちで行われ、スマートシティが実現していく将来においては、高速インターネットにも支えられ、人口減少に伴う運転者の不足といった問題などが例えば自動走行車によって代替されることや、交通機関がないことがドローン（もしくは自動走行車）によって解決されることなどを含め、さまざまな問題が技術によって解消できる可能性がある。また、人々の交流もバーチャルなものとリアルなものとの境目がなくなる可能性もあり、都市の人口集中などを問題としなくてもよい将来がくる可能性がある。このように、都市機能の維持と革新という観点からも、情報とそれに関する法制度は都市の機能に深く関わっている。

注

1) 大橋洋一「道路建設と史跡保護―協議会の機能に関する一考察」行政法研究 16 号（2017 年 1 月）1-46 頁。
2) 宇賀克也『地方自治法概説［第 6 版］』（有斐閣、2015 年）。また、大橋洋一「行政法の一般原則」『小早川光郎先生古稀記念　現代行政法の構造と展開』（有斐閣、2016 年）37-57（56）頁。
3) 日本においては 2005 年に人口減少社会に転じたとされている。人口減少社会とは、出生率の低下などを背景に、人口が減少し続けている社会のことをいう。日本は世界に類を見ない人口減少時代に突入しており、人口減少社会という用語は、人口減が将来の日本にもたらす、経済・租税・福祉・教育など、さまざまな分野への社会的影響を含めて語られている。知恵蔵（株）朝日新聞出版発行「知恵蔵」、具体的には、2060 年には日本の人口は 8800 万人になるといわれている。国立社会保障・人口問題研究所編『日本の将来推計人口（平成 24 年 1 月推計）』（2012 年）65 頁。重要な役割を果たすものである」といった分析がなされている。原田大樹「人口減少時代における政策実現手法の展開」レファレンス 782 号（2016 年）3-16（3）頁。
4) 2018 年 11 月 2 日、特定技能の創設を盛り込んだ出入国管理法の改正案が閣議決定されたのち、衆議院に提出された。法務省入国管理局「新たな外国人材の受入れに関する在留資格「特定技能」の創設について」（2018 年 10 月 12 日）（https://www.kantei.go.jp/jp/singi/gaikokujinzai/kaigi/dai2/siryou2.pdf）。
5) 「国土のグランドデザイン 2050 〜対流促進型国土の形成〜」において、2013 年（平成 25 年）秋から検討がすすめられてきた「国土のグラウンドデザイン」について、具体的に「国土のグランドデザイン 2050 〜対流促進型国土の形成〜」としてとりまとめられたことが書かれている。それによれば、「国土のグランドデザイン 2050」は、急速に進む人口減少や巨大災害の切迫等、国土形成計画（平成 20 年〔2008 年〕閣議決定）策定後の国土をめぐる大きな状況の変化や危機感を共有しながら、2050 年を見据えた、国土づくりの理念や考え方を示すものであるとされている（http://www.mlit.go.jp/kokudoseisaku/kokudoseisaku_tk3_000043.html）。もっとも、高速インターネット網の全国レベルでの普及や、今後予測され得る地域間格差の解消のためには、今後ともさまざまな検討と試みが必要である。総務省「ネットワーク中立性に関する検討会」（平成 30 年 12 月 11 日）資料等参照。
6) 情報法は、単純に情報に関連する法を集めたものではなく、情報を関連する法を横断的に考察し、独自の法領域として成立している。参照、曽我部真裕「『情報法』の成立可能性」」長谷部恭男ほか編『法の生成 / 創設』（岩波講座　現代法の動態 I）（岩波書店、2014 年）123-144（141）頁。
7) 都市化が進んだ現代社会は、農村型と比較し、不断に変化し、また、変化自体が制度化した社会である、との指摘につき、西尾隆「行政の将来と行政学の展望」同編『現代行政学』（放送大学教育振興会、2012 年）234 頁。
8) ブリタニカ国際百科事典参照。
9) 国土交通省都市局「スマートシティの実現に向けて【中間とりまとめ】」（2018 年 8 月）3 頁（http://www.mlit.go.jp/common/001249774.pdf）。
10) 基礎的自治体である市町村よりも狭い区域を単位とする、商業活性化区域（Business Improvement District: BID）やコミュニティ活性化地域（Community Improvement District: CID）や勧告活性化地域（Tourism Improvement District:TID）などの活動が広がりをみせていることに関する詳細な検討と地域自治の法制度設計に関する将来展望につき、原田大樹「地域自治の法制度設計」地方自治 848 号（2018 年）2-32 頁。また、同・前掲（注 3）3-16 頁参照。
11) 国土交通省都市局都市計画課「コンパクト・プラス・ネットワーク」（http://www.mlit.go.jp/toshi/toshi_ccpn_000016.html）。
12) 「国土のグランドデザイン 2050 〜対流促進型国土の形成〜」前掲（注 5）。
13) 高山泰「都市再生特別措置法の改正―コンパクトシティ政策の推進」ジュリスト 1481 号（2015 年）49 頁。
14) 国土交通省都市局都市計画課「コンパクト・プラス・ネットワーク」（http://www.mlit.go.jp/toshi/toshi_ccpn_000016.html）。
15) 都市計画法制研究会編『コンパクトシティ実現のための都市計画制度　平成 26 年改正都市再生法・都市計画法の解説』（ぎょうせい、2014 年）17 頁。
16) 都市計画法上の市街化調整区域については都市

17) 都市計画法84条、85条。米倉大悟「都市再生特別措置法当の一部を改正する法律」法令解説資料総覧397号（2015年）27頁、野口知希「コンパクトなまちづくりを目指す市町村の取組を支援―立地適正化計画制度の創設」時の法令1969号（2015年）40頁。
18) 原田・前掲（注3）3-16頁。
19) 大阪市において、エリアマネジメント活動促進条例が制定されており、大阪市における都市再生推進法人と都市利便増進協定に基づく活動に関する補助金を交付し、分担金の徴収などが民間の法人によって行われるようになっている。大阪市都市計画局計画部都市計画課「大阪市エリアマネジメント活動促進条例」小林重敬編著『最新エリアマネジメント―街を運営する民間組織と活動財源』（学芸出版社、2015年）163-168頁。また、嘉名光市「都市再生の手法としてのエリアマネジメント―BIDの導入による都市計画再構築への展望」建築と社会95巻1102号（2014年）8-11頁、原田大樹「地方自治の法制度設計」地方自治7月号（2018年）2-32頁。
20) 原田・前掲（注19）26-27頁。
21) 同上、2-10頁。
22) コンパクトシティ構想は、スマートシティ構想と両立し、連動するものであるとの指摘がなされている。すなわち、コンパクトシティ政策を進めるうえで、スマートシティの取組みがその推進力になるものと考えられている。国土交通省都市局「スマートシティの実現に向けて（中間取りまとめ）」（2018年8月）27頁。
23) 国土交通省都市局・前掲（注22）5頁。
24) スマートシティ類似のプロジェクトは、中国天津の天津エコシティ（中国政府とシンガポール政府が共同で開発）、アメリカ・レイクノナ市のLake Nona Medical City（シスコ社と共同して市民の健康管理を管理する取り組み）などが行われていた。
25) 国土交通省都市局・前掲（注22）5頁。
26) 総務省「データ利活用型スマートシティ推進事業の概要」(http://www.soumu.go.jp/main_content/000537347.pdf)。その他、通信環境の整備、データの利活用、IoT活用の推進の検討がなされている。
27) 水素エネルギー、再生可能エネルギー事業が進められてきた。
28) 内閣府「戦略的イノベーション創造プログラム（SIP）」(http://www8.cao.go.jp/cstp/gaiyo/sip/)。
29) 国土交通省都市局・前掲（注22）7頁。
30) 同上、8頁。
31) 同上、31-33頁。
32) 同上、34頁。
33) 同上、17頁。スマートシティで余剰時間が増えると分析されている。
34) 同上、35頁。
35) 同上、35頁。主に民間主導であるという点も含めて、どのような形で民間企業の投資がスマートシティに関してなされるのかに関する、何らかの規制の要否についても検討が進められるべきであろう。
36) 2018年6月15日閣議決定「未来投資戦略2018―『Society 5.0』『データ駆動社会』への変革」において、まちづくりと公共交通、ICT活用等の連携によるスマートシティ、として、先端技術の実装によって都市の課題解決を図る検討を進めるべきであるとされた。
37) 新たな電波利用システムの導入に向けた対応として、スピード感のある周波数の確保や制度整備が求められている、と指摘されていた。総務省「電波有効利用の促進に関する検討会」報告書（http://www.soumu.go.jp/main_content/000193002.pdf）。
38) 新たな電波利用システムの導入に向けた対応として、スピード感のある周波数の確保や制度整備が求められている、と指摘されていた。総務省・前掲（注37）。
39) 日本においては、ドローンの一種である産業用無人ヘリコプター使用の歴史は長く、これまで使用されてきた実績がある。また、2015年に改正されるまでの日本の航空法においては、ドローンは模型航空機の一種とされ、原則として航空機の運航に危険を及ぼす可能性のある空域である、上空250メートル以上の飛行のみが禁止されており、ドローンは飛ばし放題であった。
40) 「ドローンから放射線 官邸屋上 搭載容器に液体」朝日新聞朝刊東京本社版2015年4月23日、1面。
41) 寺田麻佑「航空法の改正―無人航空機（ドローン）に関する規制の整備」法学教室426号（2016年3月）47-53頁。
42) 同上、49頁。
43) 寺田麻佑「ドローンハイウェイに関する法的考

察」情報ネットワークローレビュー 16 巻（2018 年 3 月）31-49 頁。
44）また、DFS（Deutsche Flugsicherung）による 2015 年の予測においてすでに、2020 年までに現在の 3 倍の 1.2 億台になるとされていた。（https://www.drohnen-journal.de/marktforschung-von-wegen-400-000-drohnen-in-der-luft-1001）
45）2018 年 8 月 5 日の報道によれば、南米ベネズエラの首都カラカスで 8 月 4 日、マドゥロ大統領の演説中に爆発音があり、ベネズエラ政府によってドローン（小型無人機）による攻撃を受けたとの発表がなされたという。「ベネズエラ大統領、演説中に爆発音　ドローンでテロか」日本経済新聞 2018 年 8 月 5 日付記事。
46）日本における事故としては、改正航空法前は例えば（ドローン官邸落下事件の前も）2014 年 11 月には神奈川県で行われた湘南国際マラソンのスタート地点において、空撮用ドローンが落下して関係者が負傷する事故が起きるなどしていた。「第 9 回湘南国際マラソン事務局からのお知らせ（2014.11.21）空撮用マルチコプター墜落事故について」(http://www.shonan-kokusai.jp/9th/information/index.html)。改正航空法違反に基づくドローン事故の当事者に厳重注意が（はじめて）なされた例としては、岐阜県大垣市において 2017 年 11 月 4 日に起きた事故がある。この事故は、同年 11 月 4 日午後 2 時 5 分ごろ、岐阜県大垣市郭町 2 の大垣公園で開かれていたイベント「ロボフェスおおがき 2017」において、上空から来場者に菓子をまいていた小型無人機「ドローン」（直径約 85 センチ、高さ約 55 センチ、重さ約 4 キロ）が約 10 メートルの高さから落下し、5〜48 歳の男女 6 人が額や肩を擦りむくなどの軽傷を負ったというものであった（当時の風速は秒速 2.8 メートルで特に強い風がふいていたわけではなかったという）。国土交通省大阪航空局はその後 11 月 6 日に飛行許可を得たものとは別の機体を飛ばしたとして、操縦した同県各務原市の「空創技研プロペラ」を厳重注意し、再発防止策を報告するように求めた。「ドローン落下、6 人軽傷　岐阜・大垣公園」日本経済新聞 2017 年 11 月 4 日付記事。
47）米国アマゾンは、米国においても、日本においてもドローン宅配を提案している（しかし、米国連邦航空局（FAA）の規制が厳しく、まだ実

現していない）。なお、日本においては、アマゾンのほか、楽天やドコモなども提案している。
48）特区とは、1 つの国家の領域内における特定の地域において、他の地域では享受することのできないような税制上の優遇措置や規制緩和等を享受させることにより、例えば、その地域に企業を集中的に誘致すること等を図るような仕組のことである。わが国においては、1972（昭和 47 年）に施行された沖縄振興開発特別措置法（沖縄の本土復帰以前から存在していた自由貿易地域が盛り込まれ、制度化された）が嚆矢であり、特区は、これまでに、大要、沖縄における特区、構造改革特区、総合特区、復興特区等を経て、今日の国家戦略特区に至っている。なお、憲法上の法の下の平等との関連においては、地域によって特性が異なるため、異なる規制を用いても違憲にはならないとの論理で説明されている。すなわち、地域特性があるので特区においておこなうにもかかわらず、弊害が生じなければ全国展開することとなった、と説明されている。
49）平成 26 年 2 月 26 日閣議決定資料「国家戦略特別区域基本方針」1 頁。
50）今回の国家戦略特区の特徴は、これまでの、地域発意に基づくボトムアップ型の特区に比べて、民間の有識者の知見も活用しながら、国が自ら主導し、国と地域の双方が有機的な連携を図り、国・地方・民間が一体となるプロジェクトが推進される点にあると説明され、そのために、大胆な規制・制度改革の突破口となることが目指されているものである。国家戦略特別区域基本方針　平成 26 年 2 月 25 日閣議決定　平成 26 年 10 月 7 日一部変更　平成 27 年 9 月 18 日一部変更　平成 29 年 7 月 7 日一部変更」2 頁（http://www.kantei.go.jp/jp/singi/tiiki/kokusentoc/pdf/290707_kihonhoushin.pdf）。
51）千葉市は、そのなかでもとくにドローンの商業宅配に力を入れており、実際に、ドローン宅配を進めるための実証実験を何度も行い、物流や保険などの観点からも、具体的なドローン宅配が検討されている。例えば、千葉市においては、飛行禁止区域である人口集中地区が多い為、陸上のドローン飛行ではなく、現在は、海上から海浜地区のマンションにドローン宅配を行うことをまずは想定して実験を行っている。しかし、海上飛行についても、海上飛行に関しても存在する、第三者の上空飛行に関する船との調整な

ど、さまざまな調整問題があり、難航している模様である。
52) そのほか、グレーゾーン解消制度——企業が、現行の規制の適用範囲が不明確な分野においてあらかじめ、規制の適用の有無を確認できる制度、新事業特例制度——企業自らが、規制が求める安全性等を確保する措置を講ずることを前提に、企業単位で規制の特例措置を適用する制度が生産性向上特別措置法の柱となっている。
53) 経済産業省プレスリリース「「生産性向上特別措置法案」及び「産業競争力強化法等の一部を改正する法律案」が閣議決定されました。」(http://www.meti.go.jp/press/2017/02/20180209001/20180209001.html)。
54) Hiroko Nakamura, Yuya Kajikawa, *Regulation and innovation: How should small unmanned aerial vehicles be regulated?*, Technological Forecasting & Social Change, Elsevier, June 2017.
55) オートノマスカー・コネクテッドカー(Connected Car)等と説明されることもある。平成27年度版総務省情報通信白書「第2部ICTが拓く未来社会第1節 ICT端末の新形態(2)オートノマスカー(自動走行車)(http://www.soumu.go.jp/johotsusintokei/whitepaper/ja/h27/html/nc241220.html)。(3)コネクテッドカー・オートノマスカーの普及が暮らしに与える影響 (http://www.soumu.go.jp/johotsusintokei/whitepaper/ja/h27/html/nc241230.html)。
56) 自動走行ビジネス検討会「自動走行の実現に向けた取組方針」Version2.0 (2018年3月30日) (http://www.mlit.go.jp/common/001229364.pdf)。
57) 首相官邸 日本経済再生本部「未来投資戦略2017(全体版)——Society 5.0の実現に向けた改革」(https://www.kantei.go.jp/jp/singi/keizaisaisei/pdf/miraitousi2017_t.pdf)。また、高度情報通信ネットワーク社会推進戦略本部・官民データ活用推進戦略会議「自動運転に係る制度整備大綱」(平成30年4月17日)(https://www.kantei.go.jp/jp/singi/it2/kettei/pdf/20180413/auto_drive.pdf) も出されている。
58) 池田裕輔「自動運転にかかる法制度の検討の状況」藤田友敬編『自動運転と法』(有斐閣、2018年)19頁。

59) 2017年3月「自動走行の実現に向けた取組方針」(http://www.meti.go.jp/report/whitepaper/data/20180330002.html)。
60) 高度情報通信ネットワーク社会推進戦略本部・官民データ活用推進戦略会議「官民ITS構想・ロードマップ2018」(2018年6月15日)(https://www.kantei.go.jp/jp/singi/it2/kettei/pdf/20180615/siryou9.pdf)。さらに、国土交通省自動運転等先進技術に係る制度整備小委員会「交通政策審議会陸上交通分科会自動車部会自動運転等先進技術に係る制度整備小委員会報告書〜自動運転等先進技術に対応した自動車の安全確保に係る制度のあり方〜(案)」(平成30年12月)(http://www.mlit.go.jp/common/001263901.pdf) も参照。
61) 「官民ITS構想・ロードマップ2017」において採用され、自動車技術会において発行された、JASO TP-18004(2018年2月1日発行)の6段階(L0-5)までの定義。
62) 自動走行ビジネス検討会・前掲(注56)6-7頁。
63) 同上。
64) 実験結果を受けて、センサーやアルゴリズムなど、車両システムの改善も図ることが想定されている。
65) 寺田・前掲(注41)。
66) この点については、本書第6章・松尾剛行「都市行政とAI・ロボット活用」も参照のこと。
67) 山口厚「情報ネットワーク社会と刑法」情報ネットワークローレビュー7巻(2008年)125頁。
68) 板倉陽一郎・寺田麻佑「官民データ活用推進基本法の制定と個人情報保護法制への影響」2017-EIP-75 (18) 1-7頁。
69) 寺田麻佑・板倉陽一郎「IoT(Internet of Things:モノのインターネット)と情報保護の在り方—EUにおける取り組みを参考に」EIP No.71-1 (2016年) 1-6頁。
70) 寺田・前掲(注41)。
71) テスラ社の自動走行車の事故は記憶に新しい。テスラチーム「先週の事故に関する現状報」(2018年3月27日)(https://www.tesla.com/jp/blog/what-we-know-about-last-weeks-accident)。

第6章

都市行政と
AI・ロボット活用

Ⅰ．はじめに

1．都市行政においても注目される AI・ロボット

　政府は AI・ロボット技術の活用に力を入れている。官民データ活用推進基本法（平成 28 年法律第 103 号）第 16 条は、「国は、（略）人工知能関連技術（略）その他の先端的な技術に関する研究開発及び実証の推進並びにその成果の普及を図るために必要な措置を講ずるものとする。」と規定する[1]。

　都市法は「都市空間の形成・整備・保全・管理を公共的・計画的に進め、コントロールする法システムの総体」[2]等と称されるところ、都市空間の各部分は私人の所有権の対象となるものの、これらの私的空間が切り離し難く結びつき相互に影響し合うことから、これらの共同空間として都市空間のあり方を考える必要があり、私的所有権絶対という近代法原理に対して再検討を迫っているとされる[3]。このような私権との関係が深く、多様な利害関係の調整が重要となる都市法に基づき、行政は、都市計画策定、開発許可等々の狭義の都市行政を実施している。また、都市においては、都市生活を実現するための、例えば都市交通、防犯・治安維持活動、都市住民へのサービス等の行政活動が必要であり、これらは、広い意味での都市に関連する行政活動を構成する。

　そして、これらの都市行政にも、AI・ロボットは関係してくる。AI・ロボットの活用によって都市行政のあり方が大きく変わることが期待されている。例えば、AI ネットワーク社会推進会議の「報告書 2017」[4]

は、「まちづくりに関するユースケース」（同 40 頁以下）においては、具体的な都市行政における AI・ロボットの利用形態として、以下のようなシナリオを提示している。

①各種インフラに設置されたセンサや衛星写真等から異常検知、故障予測を行い、メンテナンスロボットが即応して補修等を行う。
②リアルタイムで把握できる交通量・流に基づいて信号を制御し円滑な交通を実現するとともに、道路状況に即応して渋滞予測やその回避ルートの自動調整を行う。
③カメラの映像から、迷子や困っている人を捜し、即時に対話型ロボットが対応して、困りごとを解決するとともに、不審者を見つけて警備を強化する。
④各インフラの経年や劣化状況に応じたメンテナンスを含む都市計画（例えば、災害に強いまちづくり）を策定する。また、スマートメーターによる在・不在状況に即応した自動パトロールや見守りサービスを実施する。
⑤街頭や施設に設置されたカメラの映像から、人の移動や混雑を把握・予測し、年齢や性別などの属性を踏まえ、混雑緩和に向けた情報提供、効果的な広告・宣伝、販売方針の提案等をリアルタイムで行う。また、商業圏やテーマパーク等の周辺において、道路や駐車場の混雑状況に応じて、自動走行車の入出場やライドシェアバス等の運行（増発等）をリアルタイムでコントロールする。

同様に、AI ネットワーク社会推進会議の「報告書 2018」別紙「AI ネットワーク化が社会・経済にもたらす影響～分野別評価～」[5]は、行政に関するユースケースを取り上げており、とりわけ、「行政＋スマートシティ＋居住」として生活情報（電力や水道の使用状況等）を活用して、年金や児童手当など各種手当金に関する受給資格の確認（生存確認等）を行うとともに、スマートメーターによる在・不在状況に即応した自動パトロールや見守りサービスを実施することで、不正受給防止、治安の

よいまちづくり、安心して安全に居住・生活できるというメリットがあると指摘する。

　AI・ロボットは、効率化・省力化等の面で大きな便益をもたらす可能性があり、近未来において幅広く都市行政を含む行政において活用されることが期待されている[6]。

2．都市行政における活用可能性

　上記の「まちづくりに関するユースケース」や、「行政＋スマートシティ＋居住」に関するユースケース以外にも、都市行政におけるAIとロボットの活用については、さまざまな議論がされており、すでに試行例も存在する。以下、試行例を中心に紹介する。

(1) インフラのメンテナンスとAI

　近時、インフラの老朽化が重要な課題と認識され、インフラ老朽化対策の推進に関する関係省庁連絡会議「インフラ長寿命化基本計画」[7]等で対策が検討されているところ、インフラのメンテナンスにAIの利用を行う試みがすでに始まっている[8]。車のダッシュボードにスマートフォンを設置して、カメラ機能を用いて道路路面を撮影すると、深層学習で学習させたモデルによって道路路面の損傷を検出することができ、損傷発見時のみ外部サーバーに損傷箇所の画像と位置情報を送信するというシステムが試行されている。学習をくり返した結果、目黒区駒場付近におけるある試行例では、55か所の損傷箇所のうち49か所（89％）を検出し、損傷していないものを損傷したとする誤検出も192枚中8枚のみ（4％）であったとされている[9]。

　道路以外にも水道管の維持管理において試行されている[10]。

(2) 都市交通（モビリティ）とAI

　都市交通については、これまでITS[11]や自動運転[12]について議論がされてきた（ドローンと自動運転については第5章参照）が、官民ITS構想2018[13]では、車内外のAIが協調してスムーズな交通システムの稼働を目指す方向性が打ち出されている。すでに、2018年度（平成30年度）中の実証実験が京都や鎌倉で行われることが決まっている[14)15]。

(3) 警備・防犯とAI

京都府警は予測型犯罪防御システムを導入した。窃盗事件の発生が見込まれる可能性が高いと表示された駐車場をパトロールしていた警察官が、バイクを盗んだ男を見つけ窃盗容疑で現行犯逮捕したという[16]。

(4) 計画策定とAI

シミュレーションの分野ではAIの利用が先行しており、洪水のシミュレーション[17]等が行われている。都市行政の文脈においても、都市計画、(都市の)防災計画を含む計画策定時のシミュレーションにAIが用いられることが想定され、人間よりも正確かつ多様な条件で、迅速にシミュレーションを行うことが期待されている。

(5) 都市生活とAI

保育園の入所選考および割り当てにおいては、本人の希望順位や、兄弟をできるだけ一緒にする等、さまざまな考慮すべき事項があるところ、入所希望者数が多い場合には、その処理を人手で行うと、大変な時間と労力が必要とされる。さいたま市が、複雑な入所選考のマッチングのため、「ゲーム理論」を利用したAIシステムを利用したところ、20〜30名の職員が1週間以上かけて行う8000人の入所希望者に関する入所選考をわずか数秒で行い、その結果も人手で行うのとほぼ100％合致するようになったという[18]。なお、報道によると特定のルールに基づき処理するようプログラミングされたソフトであり、機械学習は利用していないとのことである[19]。

また、Line等のチャットツール上で行政に関する問い合わせに応答するチャットボット等も積極的に試行されている[20]。

(6) 関連情報収集・提示

行政における業務においては複雑な法令・先例等を正確に適用しなければならないところ、業務に必要な情報を抽出・整理して提示するAIシステムの試行が行われている。

大阪市は、比較的複雑で熟練まで比較的長期間が必要な戸籍業務において、関係する法令や過去の先例について、担当職員が自然言語で情報提供するシステムを2018年3月に2区で試行導入した[21]。また、経済

産業省においても、国会答弁の準備のため、過去の類似答弁や答弁のポイントを表示するシステムを試行した[22]。

都市行政においても参考情報を提示するAIの活用が想定される。

(7) その他

2013年（平成25年）6月には「ICT街づくり推進会議 報告書」[23]が、2018年（平成30年）8月には「スマートシティの実現に向けて」[24]が公表された。

一般社団法人不動産協会「AI・IoT等、新技術の活用とまちづくりのあり方 調査報告」[25]は、新技術によりまちづくりについては、AIを含む新技術の進展によりa．移動・都市空間（自動運転、カーシェア・ライドシェア、移動支援、宅配ロボット）、b．しごと・オフィス空間（遠隔会議、テレワーク、シェアオフィス、多言語案内・自動翻訳）、c．住まい・生活空間（スマートハウス、スマートホーム、スマートな防犯・防災、省エネ、創エネ、遠隔での見守り・モニタリング サービス）等が大きく変わるとする。

その他の行政全般での活用例は「平成27年度 人工知能技術の行政における活用に関する調査研究 報告書」[26]等を参照のこと。

3．本章の内容

上記2．で見てきたような都市行政におけるロボット・AIの活用には、さまざまな段階が存在するものと想定される。

まず、広い意味でAIといわれるもののなかには、RPA（Robotic Processing Automation）等の、事前に設定したルールに基づく、いわゆるルールベースのシステムが含まれる[27]。例えば、ふるさと納税におけるRPAの活用事例[28]では、特定のデータがきたら、これを特定のサーバーにアップロードし、処理後のデータをダウンロードするといった機械的な役割を果たすだけに留まっている。これは、いわば「これまでそろばんで計算していたところ、電卓を導入する」というのと実質において大きな相違は存在しないのであって、必ずしも都市行政を規律する法と政策に新たな挑戦を投げかけるものではない。

次に、将来的には、AI・ロボットが人格をもち、いわば「ロボット

公務員」として、人の代わりに仕事をする場合[29]も想定される。しかし、はたして本当にこの段階にまで至るのかは現段階では疑問が残るし、仮にこの段階に至るとしても、それはかなり先のことと想定されるので、本章では、いわゆるロボット公務員に関する問題は取り扱わない。

そこで、本章の考察対象は、この2つの中間段階における都市行政におけるAI・ロボットの活用となる[30]。

確かに、都市行政におけるAI・ロボットの活用は、利便性・住民サービスの向上等のメリットをもたらす可能性があるものの、同時にさまざまなリスクをもたらす可能性もある。そこで、そのようなリスクが顕在化した場合の責任の問題、すなわち、誰がどのような要件の下どのような責任を負うのか、そのような責任を回避するにはどのように対応しなければならないのか等について検討することが、喫緊の課題である。以下では、AI・ロボットの特徴を概観した上で、都市行政を念頭に、行政がAI・ロボットを利用した場合にどのような責任の問題が生じるのか、および現在の行政法においてどのようなAIの導入・運用が許容されているのかを論じる。

Ⅱ．AI・ロボットの特徴

1．導入後にその出力やプログラムが変化し得ること

上記でいう中間段階のAI・ロボットの特徴としては、導入後にその出力やプログラムが変化し得ることを挙げることができるだろう。

AIネットワーク社会推進会議はその「報告書2018」で、AIソフトを「データ・情報・知識の学習等により、利活用の過程を通じて自らの出力やプログラムを変化させる機能を有するソフトウェアをいう。例えば、機械学習ソフトウェアはこれに含まれる」と定義している[31]。

機械学習（ディープラーニングを含む）等の技術が導入されることで、設計時においては、AIが学習後にどのように変化するかを予測することが容易ではなく、また、出荷ないし導入をした後に引き続き学習すれば、そのAIは出荷ないし導入時の出力とはまったく異なる出力となる

可能性がある。例えば、ある犯罪予測 AI を運用開始した後、当地における実際の犯罪発生データに基づいてさらに学習を続けるとしよう。例えば、最初はまったく同じ出力をする 2 台の犯罪予測 AI を、住宅街と、ショッピングモールエリアにそれぞれ投入した場合、しばらく稼働させて学習させるうちに、犯罪が発生しやすい時間帯等についてまったく異なる出力を出す可能性がある。これは、与えられた状況により適応して、より正確な判断をするようになるという意味で歓迎すべき変化ではある。

しかし、これは、設計者や導入を決定する公務員が予測できない出力を AI が行うということであり、単に特定の要件を満たす AI を導入すれば後は放置してもよいということではなく、導入後にも継続的に監視・監督をしていく必要があることを示唆する。

2．ブラックボックス性

AI・ロボット、とりわけ機械学習をベースにしているものは、その判断プロセスについて人間が理解できるかたちで検証することが困難である。

例えば、ディープラーニングであれば、大量のデータを元に AI が特徴を識別し、出力をしていくことになるが、その出力の理由の説明としては、多くの場合、その判断の際に重視されたパラメーター等に留まるだろう。川崎市の試行結果においては、ディープラーニングによって蓄積された経験値などは、複雑なアルゴリズムであればあるほどブラックボックス化する懸念があると認識された[32]。

（特に機械学習ベースのものを念頭に）AI システムの判断がブラックボックス化された場合、行政が行う決定・処分の理由が適切に示されない可能性があると指摘されている[33]。

このようなブラックボックス化に対する対応として、説明をする AI（xAI）の研究が注目されている。いくつか手法があるが、出力から入力を逆にたどることで、重視されているものが何かを探る手法（LRP）や、入力を変化させることで、より大きな出力の変化を生じさせるものが重要視

されていると考える方法（SA）等が存在する[34]。しかし、現時点ではその説明のレベルはかならずしも高くない。

3．誤謬の問題

さまざまな理由でAIの判断の誤りが生じ得る。

AI・ロボットについてはセキュリティや、ネットワーク等における問題や犯罪によって、異常な結果が出力される可能性が指摘されている。また、機械学習を利用したAIを念頭に置いて、AIが出す結果を確定的に予測することができず、未知のデータに対する振る舞いが予想できないと論じられている[35]。さらに、学習の際に利用したデータ中に偏見があれば、その偏見が維持・増強される可能性もある[36]。要するに、さまざまな理由で、AI・ロボットは、人間では行わないような誤りを行ってしまう可能性があるということである[37]。

Twitter上で公開されたチャットボット「Tay」は、一般ユーザーとの対話を通じて学習する機能を有していたが、一部の悪意あるユーザーがヒトラー礼賛等を学習させ、ヘイトスピーチ等を繰り返し、公開後24時間で停止に至ったという事例がある[38]。

川崎市の試行例では、自治体業務の制度変更をはじめ運用手法などが大きく変わる場合や、市民へのサービスや申請に対して、誤った情報や誤認識によって判断されるリスクが認識された[39]。

行政情報システム研究所の検討結果においても、AIは、非構造データ（音声、画像、テキスト）を利用した業務、熟練職員の暗黙知・ノウハウ等や専門的知識に基づく判断が求められるような業務プロセスに向いているが、結果が不正確な可能性もある等の知見がまとめられている[40]。

例えば、異常検知・故障予測については見逃しのリスクや過剰反応のリスク、渋滞予測等についてはAIシステムの機能不全による交通渋滞や交通事故、困りごと相談については、プライバシー侵害等のリスクがあるといったシナリオ分析およびリスク評価も存在する[41]。

4．その他の問題

その他、尊厳の問題[42]や代表の問題[43]、プライバシー侵害[44]の問題等も検討されている。

Ⅲ．AI の都市行政への利用と責任論

1．都市行政における AI の利用と責任

このように、AI・ロボットは潜在的にさまざまなリスクを抱えている以上、都市行政において AI を利用する場合には、行政がどのような責任を負うかが重要な問題となる。以下では信頼保護、処分の取消しおよび国家賠償法について検討する。

2．信頼保護

行政が AI・ロボットを利用して提供する情報が誤っている場合、市民の当該誤った情報への信頼はどのように保護されるべきか。行政がチャットボットを利用して行政情報を提供したところ、当該情報が誤っていた場合が典型的である。

人間である職員が直接当該誤った情報を提供した場合において、それを信頼した市民は、限定的ではあるものの信義則等により保護される場合がある[45]。チャットボットも、人間である職員がこの利用の可否を決め、データ入力や検証等を行なった上で提供されている点に鑑みれば、人間である職員による直接提供の場合と同様に扱うべきという考えもあり得る。これに対し、現在の技術におけるチャットボットの精度はまだ人間よりも低いことは否定できない[46]ことから、ユーザーはそのような精度であることを前提に利用するので、信頼保護の程度はより低くなるという考え方もあり得る。

現時点では、行政側が市民に対してチャットボットの提供する情報が誤っている可能性があること等について丁寧に説明を行うことで、チャットボットの提供する誤った情報を信頼して被害を受ける市民が生じないようにすべきということになるだろうが、今後、AI の精度が上がり、

むしろ人間よりも正確だといった一般市民による信頼感が醸成された場合には、むしろ人間である職員が直接当該情報を提供した場合よりもその信頼を強く保護すべき場合も出てくるかもしれない。

3．行政処分の取消等

(1) はじめに

まず、AIの出力結果を参考にした行政処分の取消し（行訴法3条2項）を求める訴訟が提起され、これが取消される事態等が考えられる。行政処分は「公権力の主体たる国又は公共団体が行う行為」[47]であることから、現行法上はAI自身が行政処分を行うことは想定されていないが、AIの提供する情報を参考に国または公共団体が行なった行政処分について、そこに実体的または手続的に瑕疵がある場合には取り消される可能性がある。そこで以下、瑕疵の種類ごとに検討する。

(2) 実体的瑕疵

まず、実体的瑕疵の問題について検討する。

①羈束処分

取消訴訟の訴訟物を行政処分の違法性一般と解する通説[48]からは、特定の処分が羈束処分であることを前提とすると、当該処分根拠法規における処分要件がa、b、c及びdであれば、これらの要件が1つでも欠けていることが主張・立証されれば、実体的瑕疵を原因として取り消されることになる[49]。例えば、土地収用の事案において、AIの算定した「相当な価格」（土地収用法71条）に基づいて補償額を算定した場合に、当該価額が裁判所の客観的に認定した正当な補償額と異なる場合には、当該裁決が違法とされ取消される場合があり得る[50]。

②裁量処分

これに対し、裁量処分の場合には、裁量権の逸脱・濫用の有無が問題とされる（行訴法30条）ところ、裁量権の逸脱・濫用がある場合としては、重大な事実誤認、目的・動機違反、平等原則違反、比例原則違反、裁量判断の方法ないし過程の問題（判断過程統制）[51]等が代表的な例とされている。

まず、事実誤認について AI との関係ではどのような例が生じ得るだろうか。AI、とりわけ機械学習を利用したものは入力されたデータ（事実）を前提に一定の統計的処理を行って結果を出力するが、その前提となるデータ（事実）に重大な誤りがあれば、そのようなデータを元にした AI の出力結果に依拠した行政処分は重大な事実誤認とされる可能性がある。

　また、目的・動機違反も生じ得る。AI は人間と異なり目的や動機を有さず客観的に判断するといわれることがあるが、実際には、学習系であれば学習の際に過去のバイアスのかかったデータを使って学習することで、そのような過去の（人間の）バイアスや不当な動機が反映されることがある。近時、Amazon が、AI を使った採用をしたところ、過去エンジニア職に男性従業員が多かったことを踏まえて、女性差別がなされたとして AI の利用を取りやめた[52]例がある。過去において当該行政行為の根拠法規がカバーしない目的のために裁量権を行使したこと[53]に基づくデータを、AI が学習した結果として、同様のバイアスのかかった振る舞いをした場合には、目的・動機違反として行政処分が取り消される可能性がある。

　平等原則違反の問題も生じ得る。例えば、別の自治体のデータを元に AI が行なった判断が、当該自治体の過去の事例と照らして不均衡な判断となるという場合があり得る。とりわけ行政機関が裁量基準を策定している場合に、合理的理由もなくこれに反する判断をすれば平等原則違反になるとされている[54]ところ、このような各自治体の裁量基準にあわせて AI を設定できなければ、平等原則違反として行政処分が取り消される可能性がある。

　その他、重きに失する処分を AI が導いた場合にも、比例原則違反となり得る。なお、判断過程統制は、手続とも関係するので後述する。

(3) **手続的瑕疵**

　実体的規律に加え、手続を適正なものにすることにより、行政処分または行政指導の名宛て人等の個人の権利利益の救済を実質化し、法律による行政の原理およびその背後にある法治国原理を実現するという観点

から、告知・聴聞、文書閲覧、理由附記、処分基準の設定・公表がいわば適正手続四原則とでもいうべきものとして普遍化している[55]。また、裁量的処分においては、その裁量権の適切な行使という意味でも手続きを公正・透明にすることが重要であるとされる[56]。このように行政手続においては、行政処分または行政指導の名宛て人の権利利益の擁護および民主主義の観点の双方から、透明性が要求される[57]。

しかし、告知聴聞や理由附記等によって行政手続の透明性を実現しようとする際には、判断プロセスを開示し、これを検証することの困難性というAI・ロボットの特徴は重要な課題となり得る。例えば、青色申告承認取消処分に関し、最高裁は取り消すことになった基因事実自体についても処分の相手方が具体的に知り得る程度に特定して摘示しなければならない[58]としており、また、最高裁[59]によれば、不利益処分については、いかなる理由に基づいてどのような処分基準の適用によって当該処分が選択されたのかを知ることができるようにしなければならないとされ、①当該処分の根拠法令の規定内容、②当該処分に係る処分基準の存否及び内容並びに公表の有無、③当該処分の性質及び内容、④当該処分の原因となる事実関係の内容等を総合考慮して必要な理由の提示（行手法14条1項）の程度が決定されている[60]。

しかし、現実に利用されるAIが「処分の相手方が具体的に知り得る程度」等の法の要求する程度の特定をした説明をしないものであれば、手続的瑕疵により取消がされる可能性がある。

前述のとおり、説明をするAI（xAI）の研究が注目されている[61]ものの、少なくとも現時点では、研究段階に過ぎず、少なくとも、重視すべき要素や価値を軽視したり、本来考慮すべき事項を考慮に容れていない[62]といった、詳細な判断過程統制に耐える程度のレベルに至っていない場合も少なくない。すると、人間の公務員が、入力された情報、AIの出した結果および（xAIであれば）AIが重視したと思われる要素等を踏まえて法の要求する程度の説明を行うことになると思われるが、これは実際にAIが行なった判断過程そのものではなく、いわば「後付け」の説明に過ぎない点は少なくとも現行法上は重要な問題となり得るだろ

う[63]。

　今後は説明の程度が技術の進歩に従って向上する可能性があるが、「解釈性と性能のトレードオフ」[64]が存在し、なぜそうなったのかを説明できる度合いを求めると、必要とされる性能が出ない可能性が指摘されている。たとえば統計的に99.99％の正確な結果を導く「説明しない」AIと、20％の確率で間違えるが「説明をする」AIのどちらを導入すべきかは（またはどちらも導入できないのか）難しい問題であろう[65]。

(4) 立証責任との関係

　なお、取消訴訟の立証責任の配分については、実務においては侵害処分・授権処分説[66]を基本とし、ここに民事訴訟と同様の法律要件分類説[67]や、個別具体説[68]の方法論も取り入れて具体的な立証責任を決定していくとされる[69]。そこで、このような点を考慮した結果、行政が立証責任を負うと判断された場合には、仮に行政がAIの支援を受けてa、b、c及びdの要件が存在すると判断して処分をしても、結果的に裁判において各要件に該当する事実の存在が立証できなければ、処分は取消されてしまうところ、AIがブラックボックス化すれば、この要件を満たさない可能性が出てくる。例えば、仮に（機械学習による）保育園の入園許可AIが、結論（どの児童がどの保育園に入園すべきか）のみを提示するとしよう。この場合、仮に最初の試行事例において人間の公務員と100％一致した結果が出たとしても、それだけを理由として当該処分の有効性を取消訴訟において維持することは困難なように思われる。

(5) AI・ロボットの「使い方」

　前述のような、判断過程統制に堪えるAIの利用という意味では、例えば、開発許可（都市計画法29条）を行う際に、（詳細な説明をしない）AIに同法33条の各要件を満たすかを調べさせ、AIが結論として要件を満たしていると判断したことのみに依拠して許可・不許可処分を行えば、それでは、どのような要素をもとにどのように判断をしたのかという点を事後的に裁判所において検証することが不可能となってしまう。このようなAIの活用方法は少なくとも現行法の下では許容されないだろう。

これに対し、例えば、特定の要件の充足に関して参考となる情報を収集したり、分析したりするだけであれば、比較的AIの活用を許容しやすいように思われる。例えば、人間の公務員が各要件の判断をする際に参考となる通達・ガイドライン等の参考情報を提示する（例えば学習系）AIについて、なぜ今回当該参照情報を提示したかの過程がブラックボックスであったとしても、そのようなブラックボックス性だけを理由に処分が取消されるものではないだろう（但し、不適切な先例等が提示され、なぜそれが提示されたのかの理由が不明であることから、それを参考にした人間の公務員が適切な先例だと誤信して、結果的に誤った処分をすれば、当該処分が取消される可能性はなお存在する）。

このように、AI・ロボットについては、一律にルールベースでなければ活用ができないというわけではなく、機械学習系のものであっても行政過程における活用方法を工夫すれば一定範囲で活用できるように思われるものの、少なくともAIによる全面的な判断の代替を現行法と適合的に（すなわち処分取消のリスクなく）行うことには相当の困難性があるように思われる。

ここで、例えば、判断を代替するAIを行政で将来的に活用することを考えれば、人間の公務員による従来のやり方での判断と、AIによる判断の二重のプロセスを走らせながら、もし双方の結果が同じであれば「何回対応しても判断結果は同じだ」として、AIに対する社会の信頼感の醸成につなげ、また、結果が異なれば、そこで原因を探ってAIの能力向上につなげる（場合によっては人間のミスを発見する）といった対応をすることも考えられる。この場合には、少なくとも当初の効率化にはつながらないものの、AIに対する社会の信頼感が醸成されれば、行政過程に関する現行法体系の変更にもつながる可能性があるかもしれない[70]。

4．国家賠償法1条

(1) はじめに

国家賠償法1条1項は「国又は公共団体の公権力の行使に当る公務員

が、その職務を行うについて、故意又は過失によつて違法に他人に損害を加えたときは、国又は公共団体が、これを賠償する責に任ずる。」と規定する。例えば、処分の判断の過程で AI・ロボットの提供した分析結果等を人間の公務員が参考にしたものの、これが結果的に誤りであり、私人に損害が発生したという場合が考えられる。

　行政処分が客観的に違法であって、私人がこれによって生じた損害の賠償を請求するという場合、裁判所はそれだけでただちに「故意又は過失によつて違法に」他人に損害を加えた（国家賠償法1条1項）とは認めない。行政行為の適法・違法を判断し、その上で故意・過失の認定をするという二段階審査を行うのがむしろ通例であったし、現在でもこれによっている例がみられるとされる[71]。この点は過失ではなく違法性の問題として考えることもできるが、いずれにせよ、関与した（人間の）職員の職務上の義務違反の問題をさらに検討するべきことになる[72]。

(2) 導入時の問題

　関与した（人間の）職員の職務上の義務違反の問題を仮に過失で考えるとする場合においては、AI を導入することに関する過失（例えば AI に対して求める仕様の定め方における過失）および AI の出力結果を参考にして行なった具体的判断過程の過失（例えば必要な検証をせず漫然と AI の出力結果をそのまま出力したのではないか）の双方が問題とされ得る。ここで、過失の有無は平均的公務員を基準として客観的に判断されるべきであり、また、一応の論拠がある解釈に従った場合や実務上疑問をもたれていない解釈に従った場合に過失が否定され得るとされる[73]。しかし、もしも具体的事案における問題の所在が AI の判断の際に依拠した規範の解釈にあるのであればこのような議論によって行政が免責される可能性があるが、その前提となる事実（データ）の誤りや、AI の設定・仕様の誤り等によって AI・ロボットの「当てはめ」が法令にどおりになっていない場合には、AI・ロボットを導入する際に平均的公務員がなすべき注意や AI・ロボットの判断を参考にする際に平均的公務員がなすべき注意を怠った場合に国家賠償法1条1項の意味の「過失」が認められ、同条に基づく行政の責任が認められてもおかしくない。

現時点では、何がAI・ロボットを導入する際に平均的公務員がなすべき注意なのかは明確ではない。しかし、一般的なAIの導入プロセスを参考にすると[74]、行政処分の参考にするための結果を出力させるAIであれば、その情報をどの程度行政処分における判断の際に重視する予定かに応じて当該AIに求められる正確性や説明の程度についての基準を考え、このような基準を満たすかを審査するためPoC（概念検証）といわれる実際にいくつかのデータを入れて結果を評価するプロセス等を経てその結果を踏まえて導入の可否を決するといったプロセスが必要であろう。

　例えば、保育園入所マッチングAI（ここでは学習系を想定している）で何千人、何万人という入所希望者の希望を踏まえてマッチングをし、それをもとに入園すべき保育園を決める（児童福祉法24条1項参照）という例では、AIに求められる正確性や説明の程度は、AIの位置づけによって変わるだろう。従前の手作業での対応を継続するが、それと並行してAIの判断をさせ、AIの判断結果と手作業の判断結果を対比して、相違がある場合には間違いがあったのではないかということで人間の公務員が再度確認するといった位置づけであれば、AIに求められる正確性の程度等はそこまで高くなくてもよい。しかし、従前の手作業の対応は行わず、AIの判断結果をそのまま利用するということであれば、（上記の処分取消しの問題をさておくとしても）相当高度な正確性や説明が必要である[75]。

(3) 運用時の問題

　また、AI・ロボットの判断を参考にして処分を下す際に何が平均的公務員がなすべき注意なのかも明確ではない。もっとも、前述の報告書2018が提示する利活用原則[76]や内閣府「人間中心のAI社会原則」[77]を参照すべきであろう。例えば「人間中心のAI社会原則」では、人間中心、つまり基本的人権を侵さないことが重要とされることが想定されているが、行政、とりわけ都市行政は、住民の基本的人権とも密接な関わりをもつ以上、この点に留意が必要である[78]。

　具体的には、AIに含まれる典型的な誤りの可能性に留意すべきだろう。

例えば、AI が学習の際に利用したデータの特徴と異なる特徴のあるデータに対しては正しく判断できない可能性があり[79]、特定の AI を適用する対象たるデータが、当該 AI の適用にふさわしいものかを検討して、そうでなければ参考にしない等の対応が必要である。例えば、都市計画において利用するシミュレーション用 AI について、（それが一般的に優れた AI であっても）当該 AI が学習してきたデータの種類や条件を踏まえて、今回具体的に適用すべき対象にふさわしいものかを検討すべきであろう。

また、AI はデータの誤りやバイアス等で、人間は絶対にしないような大きな誤りをする可能性があるので、例えば、土地収用における「相当な価格」を決定する AI が周辺の地価と大きく乖離する価格を算出した場合には、そのようなリスクが顕在化した場合の可能性があるとして、入力データのチェックをしたり、再度人間の手で計算するといった対応をすべきである。このようななすべき対応をせずに AI の出力結果を「鵜呑み」にすれば、平均的公務員がなすべき注意を怠ったとされる可能性がある。

(4) 国民に損害が生じる事態を防ぐために

今後、AI・ロボットの活用が進むにつれ、不適切な方法で AI・ロボットが活用されて国民に損害が与えられる状況が生じるおそれがある。そのような事態を防ぐための方策としては、①危険性が一定以上高い分野について少なくとも当面は AI の活用をしないまたは活用範囲を絞る[80]、② AI を活用する分野においてはそのベストプラクティスをガイドライン化する等の対応が望ましいだろう[81]。

このうち、①活用分野の限定については、何らかの限定を設けることは必要である可能性があるものの、その限定の具体的内容についてはさらに議論を深めていく必要があるだろう。例えば、特定の分野で AI が行政の本来行うべき判断を代替してはいけないとしても、当該分野において情報を収集する過程で AI を利用することさえ禁止されるのか、というように、単に分野だけを限定するのではなく、禁止される活用方法は何かという観点からも検討すべきだろう。

また、ガイドラインについては、現在すでに行われている実証実験の結果を踏まえながら、徐々にベストプラクティスを形式知化していくことが期待される。そして、このようなガイドラインが形成されるにつれ、どのような条件を満たせば平均的公務員がなすべき注意を果たしたといえるかについての基準も徐々に形成され、これによって、AI・ロボットの不適切な活用による国民に対する損害発生の事態の可及的予防、および公務員による当該水準以下の対応によって損害を受けた被害者の救済に資することだろう[82]。

5．国家賠償法2条
(1) 国家賠償法2条の救済の要件
　国家賠償法2条1項は「道路、河川その他の公の営造物の設置又は管理に瑕疵があつたために他人に損害を生じたときは、国又は公共団体は、これを賠償する責に任ずる。」と規定する。
　都市行政にAIが活用される場合、道路その他の公の営造物の設置又は管理の瑕疵があったとして、本条の責任が重要な問題となり得る。
　まず、「公の営造物」については、不動産のみならず動産も含むものの、物理的欠陥がある場合に限るべきとも論じられる[83]。確かに、拳銃の管理が不行き届きで盗まれたといった場合には保管行為を国賠法1条1項の問題として検討すべきという限りでは正当であるが、警備・見守りロボットのプログラム・アルゴリズムに問題があり、暴走して怪我をさせた等という場合のシステム・ソフトウェア的な欠陥についてもまた「公の営造物」の「瑕疵」と捉えることで、救済範囲を広げるべきである[84]。
　次に、設置又は管理の「瑕疵」とは、「営造物が通常有すべき安全性を欠いていること」[85]である。例えば、道路等のインフラに劣化、亀裂、空洞等が存在したのに、AIを利用したインフラ監視システムの誤検知が生じた場合が問題となる。ここで、客観的に劣化、亀裂、空洞等で「通常有すべき安全性を欠いている」道路で現実に事故が発生してしまったという場合、AIを利用したインフラ監視システムの精度が一般に人間

より高いとか、当該システムの導入が合理的である等の事情が存在するからといって、基本的には瑕疵を否定する理由にはならないだろう。しかも、AIを利用したインフラ監視システムは人間によるものよりもリアルタイム性が高く、AIを利用したインフラ監視システムを利用することで、安全対策を取るまでに求められる時間[86]はより短いものと解され得る。その結果、誤検知（によりタイムリーに対応ができない事態）が発生し、その結果として事故が起これば、国または地方公共団体が国賠法2条1項の責任を負う可能性は高い。なお、最高裁[87]は予算的制約は瑕疵を否定しないとしていることから、例えば予算が少ないので人間より安いAI監視を行い、その結果見逃しと事故が生じたとしても、瑕疵が否定されるものではない。

だからといって、人間によるインフラ監視を続ければこのような状況を避けられるというわけではない。新たに開発された安全施設の不設置が瑕疵になる場合について、普及率等を考慮する最高裁の傾向[88]に鑑みると、AI監視システムがある程度普及するまでは、当該システムを導入していないことを前提として発見・対応がどの程度可能なものかが問われるが、普及率が一定程度を超えると、AI監視のリアルタイム性を前提に、瑕疵の有無が問われるようになると思われる。

(2) 国家賠償法2条による幅広い救済が与えられれば、それでいいのか？

国賠法1条の場合には、平均的公務員がなすべき注意を果たしたといえるか等の議論ができるので、結果的にAIが誤っていても、それだけで損害賠償責任が生じるとは限らない。これに対し、都市行政において、インフラメンテナンス等の文脈で問題となりやすい国賠法2条については、上記で検討したとおり、より行政の責任が認められやすい。

今後、行政における人手不足等を理由として、AIにインフラ監視を委ねる場面はより増えると思われる。この場合には①現状の人間によるメンテナンスとAI監視を併用する方法と②AI監視を中心とし、人間によるメンテナンスは行わない（または従前よりも減らす）という2つの方法が考えられる。予算に限界があることから、②が選択されることが増えると思われるが、その場合には、人間がメンテナンスしていれば生

じなかったような見過ごしが発生し、それにより発生した事故について国賠法2条の責任を問われる場面が増えるだろう。

　より多くの地方自治体が「予算も人もいないので、精度は低いがリアルタイムに監視ができ、かつ安価なAIにインフラのメンテナンスを委ねよう」という判断をするようになった場合、人による監視を行っている現在では発生しないような事故（およびそれによる住民の生命・侵害の被害）が増加することが想定されるが、これは、結果的に国賠法2条で賠償される（ことが多い）からそれでよい、ということなのだろうか。これに対しては、そもそも、行政はできるだけ事故発生を防ぐように努力すべきであって、上記①の人間とAIの併用という方法をとるのが本来の姿であり、事後的賠償がされればそれでいいという発想そのものが不当という考え方もあり得るところであり、将来の（都市）行政におけるAI・ロボットの活用のあるべき姿については、さらに検討が必要なように思われる。

Ⅳ．おわりに

　以上はあくまでも試論に過ぎない。AI・ロボットと行政に関する研究はまだ始まったばかりであるところ、AI・ロボットの行政への導入を禁止でもしないかぎり、AI・ロボットはますます行政において活用されていくのだから、今後とも関係する研究、とりわけ責任論に関する研究を進めていくべきである。本章の試論がその際の参考となれば幸いである[89]。

　　＊本章の作成に当たっては、編者の久末弥生先生、共担する授業内で関連する報告をさせていただきコメント等をいただいた橋本博之先生、櫻井敬子先生（櫻井先生には、さらに先生ご担当の授業内でのご報告の機会も頂戴した）、大島義則先生、研究会にお呼びいただきコメントを下さった寺田麻佑先生および成原慧先生、そして、アドバイスおよびコメントを下さった板垣勝彦先生、横田明美先生、平裕介先生その他の諸先生方に心よ

り感謝している。さらに、AIの法的責任論等について発表をさせていただいた、AIネットワーク社会推進会議　AIガバナンス検討会（第1回）での議論も大変参考になり、感謝している。但し本章中の誤りはすべて筆者の責任である。

注

1) なお、人工知能関連技術は同法2条2項で「人工的な方法による学習、推論、判断等の知的な機能の実現及び人工的な方法により実現した当該機能の活用に関する技術」と定義されている。
2) 安本典夫『都市法概説［第3版］』（法律文化社、2017年）4頁。
3) 安本・前掲（注2）4-5頁。
4) AIネットワーク社会推進会議「報告書2017」（http://www.soumu.go.jp/main_content/000499624.pdf　以下、URLはすべて最終閲覧2018年12月14日である）。
5) AIネットワーク社会推進会議「報告書2018」別紙「AIネットワーク化が社会・経済にもたらす影響〜分野別評価〜」(http://www.soumu.go.jp/main_content/000564148.pdf)。
6) 例えば、稲継裕昭『AIで変わる自治体業務』（ぎょうせい、2018年）、井熊均・井上岳一・木通秀樹『AI自治体』（学陽書房、2018年）等を参照。
7) 国土交通省「インフラ長寿命化基本計画」(http://www.cas.go.jp/jp/seisaku/infra_roukyuuka/pdf/houbun.pdf)。
8) 経済・財政一体改革推進委員会の第13回　国と地方のシステムワーキング・グループ資料、特に「新技術・データを活用したインフラ維持管理の効率化とその横展開について」(http://www5.cao.go.jp/keizai-shimon/kaigi/special/reform/wg6/180510/pdf/shiryou5.pdf)も参照。
9) 関本義秀「人工知能を活用した道路補修業務の効率化の取組みについて」都市とガバナンス28号（2017年）71頁以下。とりわけ78頁。
10) https://tech.nikkeibp.co.jp/atcl/nxt/mag/nc/18/020600014/092000013/参照。
11) 法律問題については、山下友信『ITSと法』（有斐閣、2005年）参照。
12) 拙稿として松尾剛行「自動運転車・ロボットと法的責任」自由と正義68巻9号（2017年）55頁以下。
13) https://www.kantei.go.jp/jp/singi/it2/kettei/pdf/20180615/siryou9.pdf　例えば同14頁参照。
14) 国土交通省「交通マネジメントへの活用に向け、新たなICT・AI技術を選定」(http://www.mlit.go.jp/common/001246078.pdf)。
15) 河野彩香＝チカラ「観光地の渋滞解消へ自動車に課金も、国交省が鎌倉・京都で実証実験」新・公民連携最前線（2017年9月15日）(https://project.nikkeibp.co.jp/atclpp/PPP/news/091300453/)。
16) 日本経済新聞「犯罪、ビッグデータで防げ、京都府警がシステム、警視庁も研究、10万件を分析、地域・時間予測。」日本経済新聞2017年1月7日付夕刊。
17) 土木研究所編『人工知能技術を活用した洪水予測手法の開発』（土木研究所、2009年）。
18) 天野隆興ほか「『高い分析力』を実証したAIで業務の効率とスピードを引き上げる」自治体通信11号（2018年）参照(https://www.jt-tsushin.jp/interview/jt11_fujitsu/)。
19) 日経XTECH「保育所の入所選考わずか数秒で富士通、AIで自動化」(https://www.nikkei.com/article/DGXMZO37685460T11C18A1000000/)。
20) 川崎市総務企画局情報管理部ICT推進課「平成29年度「AI（人工知能）を活用した問合せ支援サービス実証実験【実施結果報告書】」（2018年8月）(http://www.city.kawasaki.jp/170/cmsfiles/contents/0000086/86637/AI_houkokusyo.pdf)。
21) 「報道発表資料　徹底したICTの活用」2018年2月15日 (http://www.city.osaka.lg.jp/hodoshiryo/seisakukikakushitsu/0000423679.html)。
22) 野村総合研究所「行政事務における人工知能利活用に関する調査研究」平成29年3月 (http://www.meti.go.jp/meti_lib/report/

23) 総務省「ICT街づくり推進会議 報告書」(http://www.soumu.go.jp/main_content/000235201.pdf)。
24) 国土交通省都市局「スマートシティの実現に向けて」(http://www.mlit.go.jp/common/001249774.pdf)。
25) 一般社団法人不動産協会「AI・IoT等、新技術の活用とまちづくりのあり方 調査報告」(http://www.fdk.or.jp/f_suggestion/pdf/30_AI_IoT_chosa.pdf)。
26) https://www.iais.or.jp/ja/wp-content/uploads/2016/08/H27人工知能行政活用調査研究報告書_本文_20160810.pdf参照。
27) ルールベースと学習系の相違につき松尾剛行『AI・HRテック対応 人事・労務情報管理の法律実務』(弘文堂、2018年)36頁参照。
28) 中山健太「宇城市／RPA導入により、ふるさと納税におけるPC作業ゼロ時間を実現」月刊J-LIS2018年3月号24頁、「宇城市RPA等を活用した窓口業務改革事業」(http://www.soumu.go.jp/main_content/000540331.pdf)。
29) 民事を念頭に置いた議論であるが、いわゆるElectric Person(電子法人)論につき工藤郁子「ロボット・AIと法政策の国際動向」弥永真生=宍戸常寿『ロボット・AIと法』(有斐閣、2018年)39-40頁等参照。
30) ただし、試行例がルールベースで行われている場合でも、このような学習系システムの利活用に関し参考になることは多いことから、ルールベースに関する実例や議論も引用しながら論じる。
31) AIネットワーク社会推進会議「報告書2018」3-4頁(http://www.soumu.go.jp/main_content/000564147.pdf)。
32) 川崎市総務企画局情報管理部ICT推進課・前掲(注20)。
33) AIネットワーク社会推進会議・前掲(注5) 5頁。
34) 例えばSamek, et. al., EXPLAINABLE ARTIFICIAL INTELLIGENCE: UNDERSTANDING, VISUALIZING AND INTERPRETING DEEP LEARNING MODELS (http://iphome.hhi.de/samek/pdf/SamITU18b.pdf) 等。
35) 角田美穂子・工藤俊亮『ロボットと生きる社会』(弘文堂、2018年)488頁。
36) ダニエル・J・ソロブ(大島義則他訳)『プライバシーなんていらない!?』(勁草書房、初版、2017年)209-219頁、山本龍彦「ロボット・AIは人間の尊厳を奪うか」弥永・前掲(注19)85頁等。例えば、検索サイトでthree black teenagers(3人組の黒人のティーンエージャー)と検索すると警察署で撮影された犯罪者とみられる画像が憑依されるのに対しthree white teenagers(3人組の白人のティーンエージャー)と検索すると、バスケットボールを楽しむ白人の画像が報じされるという問題があり、人々の黒人に対する差別意識がAIの判断・結論に影響しかねないと論じられている。鈴木悠介「AIと倫理」福岡真之介編『AIの法律と論点』(商事法務、2018)383頁。
37) 例えば98%の精度といった、一見優秀な数値を結果的には残すものの、残りの2%のところで、人間の目からは信じられないようなエラーがあったりすると指摘される。新井紀子「AI技術の今」角田ほか・前掲(注35)9頁。
38) 例えば、総務省「次世代人工知能推進戦略」(2018年)16頁参照(http://www.soumu.go.jp/main_content/000428750.pdf)。
39) 川崎市総務企画局情報管理部ICT推進課・前掲(注20)。
40) 一般社団法人行政情報システム研究所「平成27年度人工知能技術の行政における活用に関する調査研究報告書」(2016年3月)(https://www.iais.or.jp/ja/wp-content/uploads/2016/08/H27人工知能行政活用調査研究報告書_本文_20160810.pdf)。
41) AIネットワーク社会推進会議・前掲(注4)40頁以下。なお、AIネットワーク社会推進会議・前掲(注5)も参照。
42) 山本龍彦編『AIと憲法』(日本経済新聞出版社、2018年)60頁以下〔山本執筆〕。
43) 山本・前掲(注42)34-35頁。
44) 石井夏生利「伝統的プライバシー理論へのインパクト」福田雅樹他編著『AIがつなげる社会』(弘文堂、2017年)206頁
45) 最判昭和62年10月30日判例タイムズ657号66頁参照。
46) 例えば、川崎市の実証実験の結果としては、得たい情報を半分くらい得られたという回答が約半数で、ほとんど得たい情報を得られなかったという回答も約30%存在した。川崎市総務企画局情報管理部ICT推進課「人工知能を活用

した問合せ支援 サービス実証実験について」都市とガバナンス28号（2017年）82頁以下参照（http://www.toshi.or.jp/app-def/wp/wp-content/uploads/2017/10/reportg28_5_3.pdf）。
47) 最判昭和39年10月29日民集18巻8号1809頁。
48) 司法研修所編『改訂行政事件訴訟の一般的問題に関する実務的研究』（法曹会、2000年）142頁。
49) 司法研修所・前掲（注48）145頁。
50) 最判平成9年1月28日民集51巻1号147頁参照。
51) 塩野宏『行政法Ⅰ［第6版］』（有斐閣、2015年）147-150頁。
52) Jeffrey Dastin（2018年10月11日）「焦点：アマゾンがAI採用打ち切り、『女性差別』の欠陥露呈で」ロイター（https://jp.reuters.com/article/amazon-jobs-ai-analysis-idJPKCN1ML0DN）。
53) 塩野・前掲（注51）147頁参照。
54) 橋本博之『現代行政法』（岩波書店、2017年）83頁。
55) 塩野・前掲（注51）293頁および295頁。なお、理由附記の機能につき、最判昭和60年1月22日民集39巻1号1頁参照。
56) 塩野・前掲（注51）294頁。
57) 宇賀克也『行政法概説Ⅰ』（有斐閣）62頁
58) 最判昭和49年4月25日民集28巻3号405頁。
59) 最判平成23年6月7日民集65巻4号2081頁。板垣「住宅市場と行政法」89頁以下および山本・前掲（注42）36-41頁参照。
60) なお、ルールに基づくソフトウェアであれば処分基準を公表しこれに基づく動作をさせることが理論上考えられるが、学習系の場合の「処分基準」は過度に抽象的になりかねず、行政手続法5条3項との関係でも問題が生じ得る。
61) 2016年から2018年にかけて急増していることにつき Peeking inside the black-box: A survey on Explainable Artificial Intelligence (XAI)（https://ieeexplore.ieee.org/document/8466590/）。
62) 東京高判昭和48年7月13日行政例集24巻6-7号533頁。
63) 囲碁や将棋であれば、AIの判断を付けで人間が検討し、そこから判断過程を推測して、例えば、

これを人間が打つ際の「定石」にすることが許容されても、後付けで人間が推測することで、本当にAIが重視して判断した事由かどうかわからない事由をもって、行政処分の理由とすることは少なくとも現在の行政手続においては想定されていないだろう。なお、将来的には、検証用AIが事後的に検証できる程度でよいという方向になる可能性もあるが、その場合には法改正が必要であろう。
64) 山本一成『人工知能はどのようにして「名人」を超えたのか？』（ダイヤモンド社、2017年）78頁。
65) 加えて、説明のためにリソース（計算能力等）が余分に必要となることにも留意が必要である。
66) すなわち、国民の自由を制限し、国民に義務を課す処分が問題となる場合に立証責任を行政側が負う。
67) 根拠法規の規定によって、その条項が権利根拠規定、権利障害規定、権利阻止規定及び権利消滅規定のいずれに当たるかを確定し、その各々について、それが自己に有利に働く方が主張立証責任を負うものとする考え方。
68) 当事者の公平、事案の性質、事物に関する立証の難易等により、具体的な事案について、いずれの当事者に不利益に判断するか決るという説。
69) 司法研修所・前掲（注48）172頁参照。
70) なお、AIネットワーク社会推進会議・前掲（注5）10頁がAIが「社会的に受容」されることの重要性を挙げている。
71) 塩野宏『行政法Ⅱ［第5版補訂版］』（有斐閣、2013年）315頁。
72) 塩野・前掲（注71）319-321頁参照。
73) 宇賀克也『行政法概説Ⅱ［第6版］』（有斐閣、2015年）451頁。
74) 一般的なAIの導入プロセスについては、例えば、経済産業省情報経済課編『AIデータの利用に関する契約ガイドラインと解説』別冊NBL No.165（商事法務、2018年）42頁以下および太田ほか『データ分析・AIのビジネス導入』（森北出版、2018年）46頁以下を参照。
75) なお、ルールベースの保育園入所マッチングAIに関する議論につき横田明美「行政によるAIの利活用と行政法学の課題」自治実務セミナー 2019年1月号を参照。
76) ①適正利用の原則、②適正学習の原則、③連携の原則、④安全の原則、⑤セキュリティーの原

則、⑥プライバシーの原則、⑦尊厳・自律の原則、⑧公平性の原則、⑨透明性の原則、⑩アカウンタビリティの原則。
77) 執筆時点での報道では、①人間中心、②教育・リテラシー、③プライバシー確保、④セキュリティー確保、⑤公正競争確保、⑥公平性・説明責任、透明性、⑦イノベーションとされる（産経新聞電子版2017年12月13日付）。
78) ただし、これらのルールは抽象的であり、行政法の原則への具体的落とし込みが必要であることは、宍戸他「【座談会】総務省「AI利活用原則案」の課題」情報法制研究4号（2018年）135頁以下および横田・前掲（注75）参照。
79) 総務省「医療AIの文脈において、人工知能分野開発WG報告書」3.4.4参照（https://www.aist.go.jp/pdf/aist_j/iryoukiki/2017/techrep_AI_fy2017.pdf）。
80) 寺田麻佑『AIとガバナンス（規制）の枠組み.—規制等に適する分野、適さない分野』「第2回情報法制シンポジウム」（2018年6月3日）予稿参照。
81) その他の対応、例えば行政の専門性の強化について、寺田麻佑「先端技術の規制」行政法研究26巻（2018年）31頁以下参照。

82) ガイドラインの裁判上の意義につき松尾剛行「AIネットワーク社会の責任論、利活用の主体論、人間の介在」AIネットワーク社会推進会議　AIガバナンス検討会（第1回）発表資料参照。
83) 宇賀・前掲（注73）468頁。
84) 見守りロボット等の裁判例は見当たらないが、信号機の表示時間の不適切性等について瑕疵を認める一連の裁判例はこの議論に親和的である（西埜章『国家賠償法コンメンタール』第2版〔2014年〕942頁）。
85) 最判昭和45年8月20日民集24巻9号1268頁。
86) 最判昭和50年7月25日民集29巻6号1136頁および同年6月26日民集29巻6号851頁。
87) 最判昭和45年8月20日民集24巻9号1268頁。
88) 最判昭和61年3月25日民集40巻2号472頁。
89) なお、本章は、法的責任論を中心に検討しているが、その他の問題については、松尾剛行「行政におけるAI・ロボットの利用に関する法的考察」情報ネットワーク・ローレビュー第17巻（2019年）参照。

第7章

都市行政と現代型訴訟

Ⅰ．現代型訴訟としての医療訴訟と医療情報の利活用

　2017年の「医療分野の研究開発に資するための匿名加工医療情報に関する法律」（以下「次世代医療基盤法」という）制定により、医療情報への関心が高まっている。次世代医療基盤法の特徴は、診療録（カルテ）や診療報酬明細書（レセプト）など医療情報の利活用を広く認める点にあり、こうした情報利用を従来から認めてきた医療実務や医学研究の実態にも沿うとされている[1]。1980年代以降、「根拠に基づく医療（evidence-based medicine）」という考え方が国際的に普及し、特に欧米先進国において、大規模な医療情報データベースの構築と利用が進んでいるからである[2]。医療情報が利活用される場面としては、一次利用（医療場面）と二次利用（医学研究場面、その他の場面）が想定されており[3]、特に二次利用については医学研究目的に加えて、感染症情報や医薬品副作用情報などの公共目的、業務内容や経費の調査といった病院管理目的、医療事故情報のような医療安全目的の利用なども広く含まれる[4]。もっとも、医療情報の二次利用のうち医療事故情報に関しては、医療安全目的の利用は含まれていても、医療訴訟目的の利用は含まれていないことに注意が必要である。2014年の医療法改正に伴い2015年に新設された医療事故調査制度の目的が、あくまでも医療事故の再発防止であって、医師等の責任追及ではないことが[5]、その背景にあると考えられる。

　診療録（カルテ）を中心とする証拠の偏在が特に顕著であるとして、医療訴訟が現代型訴訟の典型例として挙げられるようになって久しい。

①集団型・同時多発型の多数当事者訴訟であり、行政や立法まで波及する公共性をもつ、②証拠の偏在が顕著である、③裁判において高度の科学的知見を求められる、という3点を特徴とする現代型訴訟[6]については、契約型の訴訟を前提とする従来の民事手続では限界があるとして、これまでもさまざまな立法政策が講じられてきた。例えば、1996年と2001年の民事訴訟法（以下「民訴法」という）改正では、文書提出義務（民訴法220条）を中核とする文書提出命令制度（同法221条～225条）が確立された[7]。この点において、1890年（明治23年）制定の旧民事訴訟法（1996年改正前の民事訴訟法。以下「旧法」という）は根本的に改正されたのである。文書提出命令を発令するためには、所持者に文書提出義務があることが必要とされ、民訴法220条1号から4号までに提出義務のある文書が列挙されている[8]。2003年の同法改正で新設された鑑定人質問制度（同法215条～215条の4・216条）により、科学的知見を有する鑑定人が意見を述べやすい手続環境が整った[9]。現代型訴訟とされる公害訴訟や環境訴訟、製造物責任訴訟や消費者訴訟などと同様に医療訴訟も、1970年代の発現期から半世紀を経て、ある程度の成熟と到達を示している。裁判実務面では、2001年4月に東京地裁の医療集中部、大阪地裁の医事部が創設された[10]ことも大きい。医療訴訟については、そもそも患者側が医療機関から証拠（診療録〔カルテ〕など）を入手できない可能性も高いため、多くの患者たちは提訴できないという、構造的な情報格差[11]が指摘されてきた。さらに、原告（患者側）が証拠を入手して裁判所に提出しても、国や製薬企業が因果関係を認めない場合は証明の困難を伴う[12]。もっとも、現在の医療訴訟では、訴訟提起前に患者側が診療録（カルテ）などについて証拠保全手続（民訴法234条）によって入手するか、事前に入手していなくても訴訟において任意開示制度を利用することで被告（医療機関側）から任意に提供されるのが一般的であることから、実務的に診療録（カルテ）などの文書提出命令が問題になることはほとんどないとされている[13]。最近はむしろ、医療機関側が事故調査目的で新たに収集・作成した文書、とりわけ医療事故調査委員会による医療事故調査報告書に対する文書提出命令の可否が問題になることが多

い[14]。近年はまた、医療事故と交通事故、医療事故と医薬品・医療機器の製造物責任など、過失の競合事例も現れている。これらの状況を背景に、医療情報利用をめぐる動向は医療訴訟にどのように関連し得るだろうか。本章では、現代型訴訟としての医療訴訟（薬害訴訟を含む）に着目し、医療情報の裁判利用について、民事手続法と情報法の双方向から分析と検討を試みる。

Ⅱ．医療訴訟と証拠の偏在──文書提出命令と診療録の開示

　医療訴訟に関しては、「医療過誤」「医療事故」「医療過誤訴訟」「医療事故訴訟」「医療関係訴訟」など類似用語が存在するが、医師等の過失を要件とする「医療過誤」よりも、「医療事故」は広い概念と考えられている。また、「医療過誤訴訟」は医師等の過失を前提としているとして、医療現場からの批判が多い[15]。そこで本章では、「医療事故」と「医療訴訟」という、最も広義の語を用いることにしたい。

　医療訴訟は、債務不履行構成（民法415条）も不法行為構成（同法709条）も可能なため[16]、論点は潜在的に多岐にわたる。もっとも、情報法との交錯を探るという観点からは、本章では文書提出義務および文書提出命令に着眼を絞って分析・検討を進めたい。1980年代からの一連の薬害エイズ事件（ミドリ十字ルート、帝京大ルート）では、厚生省による証拠ファイル隠ぺいが発覚し、行政文書について文書提出義務を一般化すべきとの議論が起こると共に、情報公開法の制定を求める声が高まった。他方、現代型訴訟における証拠の偏在が顕著になり、1996年の民訴法改正により、文書提出義務が一般化されることになった。その際、行政文書に関する改正政府案は撤回され、行政文書の文書提出義務の一般化は、民訴法と情報公開法を架橋するかたちで後に検討することとされた。情報公開法が2001年4月に施行された一方で、同年6月に成立、同年12月に施行された2001年の民訴法改正では、行政文書に関して民訴法220条4号ロ（公務秘密文書）および同号ニ（自己利用文書）が新設され、情報公開法との整合性を図るかたちで行政文書についても文書提

出義務が一般化された[17]。このように、現代型訴訟としての医療訴訟こそが、民事手続法と情報法をつなぐ要になっている。

　医療訴訟において原告の患者が被告の医療機関に診療録（カルテ）の提出を求める例は、1970年代から見られた。ここで改めて診療録とは、医師によって特定の患者ごとに診療に関する事項を経時的に記録したものと考えられるが[18]、法令上、「診療録」の定義規定は存在しない。もっとも、医師法24条1項は「医師は、診療をしたときは、遅滞なく診療に関する事項を診療録に記載しなければならない。」として診療録の作成義務を定め、医師法施行規則23条は診療録の記載事項を①診療を受けた者の住所、氏名、性別及び年齢、②病名及び主要症状、③治療方法（処方及び処置）、④診療の年月日、と定めている。また、歯科医師法23条1項と歯科医師法施行規則22条にも、同様の規定がある。さらに、診療録の保存義務も定められていることから[19]、法的に作成・保存を義務づけられたものが「診療録」あるいは慣用的に「カルテ」とも呼ばれ、紙媒体ではない電子カルテもこれに含まれる[20]。したがって、診療録の定義は演繹すると、「患者を診療した医師が、その診療後遅滞なく、診療を受けた者の住所、氏名、性別及び年齢、病名、主要症状、治療方法（処方及び処置）、診療年月日並びにその他の法令により特に記載すべきものとされている事項その他医師が記載することを必要とすると判断した事項を、医師の専門的立場から記載して作成され、かつ、これを作成した医師……ないしその医師の勤務する病院又は診療所の管理者において、一定期間保存されるべき文書」ということになるだろう[21]。

　診療録（カルテ）は診療経過を解明する上できわめて重要な証拠になる（診療経過解明機能）として[22]、患者が医療機関に診療録（カルテ）の提出を求めるかたちの医療訴訟は、現代型訴訟の発現初期から見られた。例えば、証拠保全申立事件の東京地決昭和47・3・18（下民集23巻1-4号130頁）は、「診療録は患者にとって医師の診療行為の適否を判断するための資料となるべき診療に関する事項が法律の要請にもとづき記載されている文書ということができるから、患者またはその相続人が医師に対し医療過誤ありとして債務不履行ないし不法行為による損害賠償請

求をなす場合においては、診療録は患者と医師との間の診療契約……という法律関係について作成された文書と解することができる。」として、診療録を「法律関係文書」と位置づけ、証拠保全手続において医師に診療録の提出を命じた。また、いわゆるスモン訴訟カルテ提出命令申立事件の福岡高決昭和52・7・13（高民集30巻3号175頁）は、「民事訴訟法第312条3号前段にいう「挙証者の利益のため作成された」文書とは、挙証者の権利義務を発生させるために作成されたものや、また後日の証拠とするために作成されたものであって、挙証者の地位や権利ないしは権限を明らかにする文書をいうのであるが、それは、挙証者のみの利益のために作成されたことに限られるものではなく、挙証者と所持人その他の者の共同の利益のために作成されたものでもよく、また、それが直接挙証者のために作成されたものはもちろん、間接に挙証者の利益を含むものであってよいものと解すべきである。」として、診療録（カルテ）は「利益文書」に該当するものと判断した。本件は、被告製薬会社がキノホルム服用と罹患との因果関係を争うために、投与の有無・量や経過を記載した第三者所持の診療録（カルテ）の文書提出命令を求めた事例で[23]、原告患者が自らの診療録の提出を被告医師に求めるという従来からの典型例ではなかった。しかし、本決定は原審決定を取り消し、診療録（カルテ）の提出を命じたのである[24]。このように、旧法下の現代型訴訟においては事案解明の観点から、旧法312条3号前段の「利益文書」または同条3号後段の「法律関係文書」の拡張解釈によって文書提出義務を負う文書の範囲が拡大される傾向にあり[25]、医療訴訟における診療録（カルテ）の提出は典型例であった。

旧法下での文書提出義務の拡大傾向に歯止めをかけることになったのが、いわゆる千葉川鉄訴訟カルテ提出命令事件の東京高決昭和59・9・17（高民集37巻3号164頁）である。「診療行為の当事者でない本件相手方にとって、本件文書が、その法的地位を直接証明し、又はその権利ないし権限を基礎付ける目的で作成されたものといえないことは明らかである。」として診療録の利益文書該当性を否定した本決定は、大気汚染公害訴訟（いわゆる千葉川鉄事件の千葉地判昭63・11・17判時臨増元8・

5号161頁）の被告製鉄所が訴外の医師に対して原告公害病患者の診療録などの文書提出命令を申し立てた事例であった。近時は特に、文書提出命令で診療録などの開示が問題となるのは、患者の立場にあった者と訴訟で争っている相手側（医師、保険会社、損害賠償被告）から、訴外の医師や医療機関（後医、前医を含む）に対して提出を求める場合が多いのではないかとの指摘がある[26]。ともあれ、旧法312条3号の拡張解釈による文書提出義務の拡大には限界があったため、この限界を克服すべく1996年改正が民訴法220条4号を新設して文書提出義務を一般化した[27]のは先に述べたとおりであり、本件が公害病の地域指定のある大気汚染公害訴訟という背景をもつとはいえ[28]、本決定を旧法下での拡張解釈の限界例と見ることも可能だろう（現行法下では端的に、220条4号ハの秘密文書該当性を判断すれば足りる[29]）。

III. 医療訴訟における過失の競合

　医療訴訟、交通事故訴訟、製造物責任訴訟、薬害訴訟などはいずれも、現代型訴訟に分類することができるが、2000年頃からは、これらの現代型訴訟を掛け合わせたような事例が散見されるようになった。医療訴訟における過失の競合事例としては、こうした事例すなわち医療事故と交通事故、医療事故と製造物責任、医療事故と薬害のほか、予防接種禍、医療事故と労働災害、複数の医療従事者（医師、看護師、検査技師等）の過失の競合、さらに患者側の過失や素因が競合することもある[30]。

　医療事故と交通事故の競合は、医療訴訟における過失の競合の典型例だが、リーディングケースである最三判平成13・3・13民集55巻2号328頁（以下「最高裁平成13年判決」という）は、「本件交通事故と本件医療事故とのいずれもが、被害者の死亡という不可分の一個の結果を招来し、この結果について相当因果関係を有する関係にある。したがって、本件交通事故における運転行為と本件医療事故における医療行為とは民法719条所定の共同不法行為に当たるから、各不法行為者は被害者の被った損害の全額について連帯して責任を負うべきものである。」とし、「被

害者との関係においては、各不法行為者の結果発生に対する寄与の割合をもって被害者の被った損害の額を案分し、各不法行為者において責任を負うべき損害額を限定することは許されない」し、「本件のような共同不法行為においても、過失相殺は各不法行為の加害者と被害者との間の過失の割合に応じてすべきものであり、他の不法行為者と被害者との間における過失の割合をしん酌して過失相殺をすることは許されない。」と判示した。「本件は、本件交通事故と本件医療事故という加害者及び侵害行為を異にする二つの不法行為が順次競合した共同不法行為であり」と述べることから本判決の射程の限界も指摘されているが[31]、医療訴訟における過失の競合場面で、共同不法行為の成否を検討するという道筋を示した本判決の意義は大きい。医療事故と製造物責任の競合事例のリーディングケースである東京高判平成14・2・7判時1789号78頁が、市立病院を設置する市の債務不履行と人工心肺装置の製造会社の不法行為との競合によって医療事故が発生したのであるから、「共同不法行為の場合と同様に不真正な連帯関係にある」と判示した部分にも、最高裁平成13年判決の影響がうかがわれる。

　共同不法行為については民法学説上、特に因果関係の要件をめぐって長く論じられてきた。医療事故と交通事故の競合は因果関係の立証が困難であり、例えば、被害者が交通事故の加害者に対して、不法行為の成立を主張し、医療事故によって拡大した損害も含めた全損害について損害賠償を請求しても、交通事故の時点ではその後の医療事故による損害の拡大を予見できないという理由で因果関係が否定されてしまうため、被害者は単なる不法行為ではなく共同不法行為を主張する傾向にある[32]。医療情報の利活用が進むことで、過失の競合場面における共同不法行為の成否に何らかの変化が見られるようであれば、医療訴訟というアプローチを通じて、共同不法行為をめぐる従来の議論に風穴を明けることも不可能ではないだろう。

Ⅳ. 医療事故調査報告書と文書提出命令

　現在の医療訴訟では、診療録（カルテ）についてはそもそも訴訟前に証拠保全手続（民訴法234条）がなされ、また訴訟においては被告の医療機関側から任意に提供されるのが一般的なため[33]、診療録（カルテ）の文書提出命令が実務上ほとんど問題にならないことは先に述べた。むしろ問題となるのは、医療機関側が事故調査目的で新たに収集・作成した文書についてである。これまでに文書提出命令が問題となった実例として、医療事故経過報告書のうち事情聴取部分は民訴法220条4号ニの自己利用文書に該当するとした例（東京高決平成15・7・15判タ1145号298頁、以下「東京高裁平成15年決定」という）、国立大学医学部附属病院の医療事故状況報告書が民訴法220条4号ロの公務秘密文書に該当するとした例（広島高岡山支決平成16・4・6判タ1199号287頁、以下「広島高裁岡山支部平成16年決定」という）、救急活動記録表は民訴法220条4号ロの公務秘密文書にも同号ハの秘密文書にも該当しないとした例（東京地決平成16・9・16判時1876号65頁）、全国国立病院院長協議会の医療事故報告書が民訴法220条4号ロの公務秘密文書に該当するとした例（東京高決平成23・5・17判タ1370号239頁、以下「東京高裁平成23年決定」という）などがある[34]。

　医療事故調査制度が新設された2015年以降は専ら、同制度に基づいて医療事故調査委員会が作成する「医療事故調査報告書」について文書提出義務の有無と範囲が論じられるようになった。ここで改めて医療事故調査報告書とは、医療事故の発生を受けて、その医療事故の調査のために当該医療機関内に設置された医療事故調査委員会による調査の結果を取りまとめた報告書をいう。医療事故調査報告書は従来から、当事者的な立場から作成されたものと第三者的な立場から作成されたものに分類されてきたが[35]、2015年新設の医療事故調査制度の下で医療事故調査報告書は、院内調査の結果作成される「院内調査報告書」と医療事故調査・支援センター[36]による調査の結果作成される「センター調査報告書」の2種類に分類される。医療事故の再発防止を最大の目的とする同

制度では、多様な調査方法で収集された情報に基づき、医療提供の経過、事故発生原因、再発防止策等がまとめられた院内調査報告書原案が作成され、検討・議論を経た後に、最終版の院内調査報告書が作成されることになる。他方、センター調査報告書は院内調査の検証を中心にまとめられ、院内調査が前提となっている（但し、センター調査報告書には、院内調査報告書等の内部資料は含まない[37]）[38]。なお、医療事故調査制度の目的は医療安全の確保であって個人の責任を追及するためのものではないため、医療事故調査・支援センターはセンター調査報告書や内部資料について、法的義務のない開示請求には応じないという運用がなされている[39]。

　先述の裁判例のうち、私立大学病院事例の東京高裁平成15年決定では民訴法220条4号ニの自己利用文書該当性、国立大学病院事例の広島高裁岡山支部平成16年決定と東京高裁平成23年決定では同号ロの公務秘密文書該当性が主に論じられたことから[40]、2015年（平成27年）以降の医療事故調査報告書の文書提出命令についても、判断枠組みの見当がつかないという現状ではない。しかし近時は、医療事故調査報告書について、民訴法220条各号の文書該当性を改めて分析・検討する動きもある。そのなかには、「医療訴訟で所持者が医療事故調査報告書の存在および内容に積極的・自発的に言及しなければ、民訴法220条1号の引用文書に該当しない。医療法に引渡請求権や閲覧請求権を患者に認めた規定がないので、医療事故調査報告書は同条2号の引渡し・閲覧請求権文書にも該当しない。医療事故調査制度は患者の遺族に対して説明責任を果たすことを制度の主たる目的とはしていないから、医療事故調査報告書は同条3号前段の利益文書に該当しないし、同条3号後段の法律関係文書は従来の通説によると、単に法律関係と関連のある事項が記載されているだけでは足りず、法律関係自体あるいはその基礎となりまたは裏付けとなる事項を明らかにする目的で作成されたことが必要だから[41]、医療事故調査報告書はこれにも該当しない」として、旧法から存続する限定提出義務（民訴法220条1号～3号）をほぼ認めない見解もある[42]。同見解はさらに、従来の裁判例でも検討されてきた民訴法220条

4号ロ（公務秘密文書）や同号ニ（自己利用文書）のみならず、同号イ（自己負罪拒否特権文書）、同号ハ（秘密文書）、同号ホ（刑事関係文書）のいずれにも該当しないとして、医療事故調査報告書を一般義務文書と位置づける[43]。

医療事故調査報告書の文書提出命令に関しては、国公立医療機関と民間医療機関で差を設けるべきではないという視点から、民訴法220条4号ロの公務秘密文書該当性が比較的よく論じられている。国公立医療機関の方が、むしろ強い説明責任が求められるし、調査結果開示の要請が大きいとの指摘も少なくない[44]。もっとも、民訴法220条4号ロが情報公開法5条3号～6号に対応する、2001年の民訴法改正による新設規定であったことは先に述べたとおりである。複数の他部局を擁する公的機関の一部局を構成している、大学附属病院などの医療事故調査報告書の公務秘密文書該当性を判断する際には、情報公開法5条（不開示情報）該当性判断とのバランスを考慮する余地があるだろう[45]。

V．医療裁判の限界と医療 ADR

医療訴訟については、患者側と医療機関側の双方にとって経済的・心理的な負担が大きい一方で、診療経過説明や早期の損害塡補といった患者側の期待、紛争の早期解決や医療事故再発防止といった医療機関側の期待などに応えるものではないことが指摘されてきた。実際、医療訴訟の年間新受件数は2004年の1089件をピークに減少し、近年は700～800件前後で推移している。また、医療訴訟の約半数が和解[46]に至っているほか、医療訴訟ではなく医療 ADR という紛争解決手法を選ぶ当事者たちが増えている[47]。

「ADR（Alternative Dispute Resolution. 裁判外紛争解決手続）」は、最広義の民事訴訟法に位置づけられるものとして、近時特に注目を集めている[48]。そもそも ADR は、2001年6月に内閣に提出された司法制度改革審議会意見書の「国民の期待に応える司法制度」項目のなかで、「国民にとって裁判と並ぶ魅力的な選択肢となるよう、その拡充、活性化を図

るべきである」とされたことを受けて、2004年の仲裁法施行、2007年の「裁判外紛争解決手続の利用の促進に関する法律」（以下「ADR法」という）施行によって普及した[49]。他方、2001年7月に最高裁に設置された医事関係訴訟委員会は、医療訴訟の審理期間の短縮を目指す趣旨の下、「医療関係訴訟の現状」と題する統計を発表してきたが、これらの統計資料は裁判による医療紛争解決には限界のあることを示していた[50]。こうした背景において、医療ADRを創設し、普及させようという動きが活発化したのである[51]。

あくまでも損害賠償に主眼を置く医療訴訟とは異なり、医療ADRにおいては当該医療事故についての情報が広くかつ柔軟に求められることになる。この意味で、医療情報の利用ニーズはより高まっていると考えられる。

VI. 医療分野と個人情報保護、医療事故情報と医療訴訟

病院の保有する個人情報への個人情報保護関係法令の適用は、開設者によって定まることになるため、開設者の分類を確認しておく必要がある。病院の開設者には、国（厚生労働省、独立行政法人、国立大学法人など）、地方公共団体（都道府県・市町村、公立大学法人など）、日本赤十字社（略称は「日赤」）[52]、社会福祉法人恩賜財団済生会（略称は「済生会」）[53]、国民健康保険団体連合会、私立学校法人、社会福祉法人、医療法人、個人などがある[54]。民間病院、国公立病院のいずれも「個人情報の保護に関する法律」（以下「個人情報保護法」という）第1章から第3章が適用され、民間病院には同法第4章から第7章も適用される一方で、国公立病院すなわち国、地方公共団体、独立行政法人等が設置する病院にはそれぞれ、「行政機関の保有する個人情報の保護に関する法律」（以下「行政機関個人情報保護法」という）、各地方公共団体の個人情報の保護に関する条例（以下「個人情報保護条例」という）、「独立行政法人等の保有する個人情報の保護に関する法律」（以下「独立行政法人等個人情報保護法」という）が適用される。個人情報保護関係法令の適用が民間分野と公的分野で棲み分

けられているのは他の情報と同じだが、医療情報のセンシティブ性から、民間分野の医療情報については個人情報保護法6条の「特にその適正な取扱いの厳格な実施を確保する必要がある個人情報」として、個人情報保護委員会および厚生労働省により「医療・介護関係事業者における個人情報の適切な取扱いのためのガイダンス」（以下「ガイダンス」という）が定められている。なお、ガイダンスの対象とはならない公的分野の医療情報についても、「個人情報保護に関する他の法律や条例が適用される、国、地方公共団体、独立行政法人等が設置するものを除く。ただし、医療・介護分野における個人情報保護の精神は同一であることから、これらの事業者も本ガイダンスに十分配慮することが望ましい。」（ガイダンス2頁）とされることから、病院の開設者によって適用される個人情報保護関係法令が異なるとしても、実際の運用を通じた均質化が志向されていると考えられる[55]。個人情報保護関係法令が縦割りになっていることは「2000個問題」とも呼ばれ、克服すべき問題点と位置づけられているが、次世代医療基盤法はこの縦割り問題を突破した成功例であり、今後は同法だけにとどまらず、医療情報の適切な取扱いのための改正や追加の立法を進めていくべきだとの指摘がある[56]。

　諸外国では「機微情報（sensitive information, sensitive data）」あるいは「特別範疇データ（special categories of data）」と呼ばれるものに該当するのが、個人情報保護法2条3項の「要配慮個人情報」だが[57]、医療情報は要配慮個人情報の中の「病歴」あるいは「犯罪により害を被った事実」に直結する[58]。つまり、医療や医学研究で用いられる個人情報にはセンシティブなものが多く、個人情報保護法上も要配慮個人情報に該当するものが多い。厳格な保護が要請される一方で、利用について高度の正当性をもつのが、医療情報の特徴である[59]。また、個人情報保護法2条2項の「個人識別符号」が医療情報に関連し得る例として、DNAの塩基配列をA（アデニン）、G（グアニン）、T（チミン）、C（シトシン）の文字列で表記したもののうち、全核ゲノムシークエンスデータ、全エクソームシークエンスデータ、全ゲノム一塩基多型（SNPs: Single Nucleotide Polymorphism）データ、互いに独立な40か所以上のSNPsか

ら構成されるシークエンスデータ、9座位以上の4塩基単位の繰り返し配列（STR）等の遺伝型情報により本人を認証できる程度の符号（個人情報の保護に関する法律施行令1条1号イ「細胞から採取されたデオキシリボ核酸（別名DNA）を構成する塩基の配列」、個人情報の保護に関する法律施行規則2条にそれぞれ該当）が挙げられている[60]。医療情報と個人情報は「特定の個人を識別することができる」「個人識別符号」などの要件が共通するものの定義は必ずしも一致せず、そもそも次世代医療基盤法と個人情報保護関係法令の法の目的が異なるため、医療情報についてはそれぞれの法の規制を踏まえた適切な取扱いが求められることになる[61]。①個人識別符号制度と②要配慮個人情報制度はいずれも、2015年の個人情報保護法改正で導入されたが、③主務大臣制の廃止および規制権限の一元化と共に、医学研究にとって重要な3つの改正点とされている[62]。

　医学研究の自由との関連では、個人情報保護法76条1項3号が、「大学その他の学術研究を目的とする機関若しくは団体又はそれらに属する者」が「学術研究の用に供する目的」で個人情報を取り扱うときは第4章（個人情報取扱事業者の義務等）の適用除外と定めるところ、私立大学や民間病院の医学研究は適用除外の対象だが、企業の医学研究は対象外、国公立大学や国公立病院の医学研究には個人情報保護法第4章から第7章がそもそも適用されないだけでなく、行政機関個人情報保護法、独立行政法人等個人情報保護法、個人情報保護条例には研究の自由に配慮した包括的な適用除外規定が存在しないことも指摘されている[63]。これらの状況を踏まえた上で、次世代医療基盤法の下で医療情報の利活用が進むことが想定される今後は、とりわけ医療情報を非開示とする場合のプロセスを明確に整理することが当面の課題といえる。

　医療情報の利活用を広く認める次世代医療基盤法が、医療訴訟目的での医療事故情報の利用を認めていないことは、本章の冒頭で述べた。医療事故調査制度の究極の目的が医療事故の再発防止であるならば、医療訴訟での経験を再発防止に生かすことも考えられなくはないが、医師等の責任追及に対する医療機関側の不安を考慮すると、医療事故情報に関

して医療訴訟目的での利用が認められない状況は、当面変わらないだろう。実質的には、本章Ⅳ．で検討した医療事故調査報告書が、医療事故情報と医療訴訟を間接的につなぐことになると考えられる。

Ⅶ．都市行政と医療訴訟、医療情報

　都市行政と医療訴訟が直結する典型例は、医療訴訟の被告が公立医療機関の場合である。医療事故における医師等の過失判断の基準となるのは「医療水準」（臨床現場における実践を前提としたものであり、当時の医学の最先端の水準を示す「医学水準」とは異なる）であるが、当該医師等が診療を行う地域や所属する医療機関によって期待される診療行為の水準が異なってくることを明らかにした、いわゆる姫路日赤病院未熟児網膜症事件の最二判平成7・6・9民集49巻6号1499頁がある。本判決の考え方によると、例えば地方都市の開業医よりも大都市の大学病院の方が、期待される診療行為の水準は高く、医療水準も高く設定されることになる[64]。

　都市行政と医療情報に関しては、公的な学術研究機関（国公立大学や国公立病院）が医学研究に際して個人情報を取り扱うためには、個人情報保護関係法令全般について最も厳しい義務に相当する取扱いが求められることは、本章Ⅵ．で述べた。このうち、国公立大学は個人情報保護委員会の権限行使の制限規定（個人情報保護法43条、行政機関個人情報保護法51条の8、独立行政法人等個人情報保護法48条の8）が適用されうるものの[65]、個人情報に該当する医療情報の適切な取扱いには、なお十分に留意する必要がある。この点、2015年の個人情報保護法改正の前後には、「個人情報について医学研究の現場では何も問題が起きていないのに、規制強化される理由が分からない」というのが医学関係者たちの主な反応だったと伝えられるが[66]、特に都市行政を直接担う公的機関においては今後、こうした認識を改めなければならないだろう。

　近年は医療分野においてもAIの活用が進み、アメリカでは外科（内視鏡）手術支援ロボット「ダ・ヴィンチ」の普及に伴い、新たなタイプ

の医療訴訟が登場している。手術支援ロボットを用いた手術をめぐる医療訴訟で問題となるのは、やはり立証の困難である。患者側が医療機関側（手術支援ロボットを含む）の過失を立証しなければならない、つまり医師等の過失と手術支援ロボットの欠陥・瑕疵を立証するための証拠を提出しなければならないというアメリカの現状は[67]、日本のかつての医療訴訟を思い起こさせる。さらに、医師等の過失と手術支援ロボットの欠陥・瑕疵をどのように区別するのか、あるいは開発危険の抗弁がどの程度まで認められるのかといった問題が考えられるし[68]、将来的にはAIの判断が医療水準とされることも予想できる[69]。他方では、2015年の個人情報法保護法改正が個人情報の取扱いのグローバル化として、外国にある第三者への個人データの提供に関する規定を新たに整備したことを受け、「人を対象とする医学系研究に関する倫理指針」の2017年改正が、インフォームド・コンセントの手続の見直しを行った経緯がある[70]。

このように、医療情報自体が変化し、それを取り巻く医療訴訟も変容していく現代において、都市行政には、従来よりも広い規模の医療連携システムが求められることになるだろう。実際、1か所に複数医療機関の医療データを集める「EHR（Electronic Health Record. 生涯電子カルテ）」の本格導入が提言されているが[71]、議会の承認を得られないことから特に公立医療機関の同意を得るのが難しく、結果として公立病院の医療連携への参画の遅れが指摘されている[72]。都市行政の医療を担う者たち（医療機関関係者、議員、有識者、実務法曹など）が、医療情報や医療訴訟について最新の知見を共有できる場を確保することが喫緊の課題といえるだろう。

注

1) 米村滋人「医療情報利用の法的課題・序論―特集にあたって」特集2「医療における個人情報の保護と利活用のあり方―次世代医療基盤法成立をうけて」論ジュリ24号（2018年）102-103頁。例えば、レセプト情報・特定健診等情報データベース（NDB）、全国がん登録データベース、医療情報データベース（MID-NET）など、医療情報を既に用いて行われている事業もある。日置巴美「健康・医療情報の活用と個人情報保護法制その他の関係法令(1)」NBL1098号（2017年）6頁。

2) 宇賀克也「医療分野の研究開発に資するための

匿名加工医療情報に関する法律（次世代医療基盤法）について(1)」情報公開・個人情報保護 69 巻（2018 年）33 頁。
3) 米村滋人ほか座談会「医療・医学研究における個人情報保護と利活用の未来——医療・医学研究の現場から」特集 2「医療における個人情報の保護と利活用のあり方——次世代医療基盤法成立をうけて」論ジュリ 24 号（2018 年）143-144 頁〔吉峯耕平発言〕。
4) 米村・前掲（注 1）103 頁。
5) 西口元＝辻村祐一「医療事故調査制度の現状と課題——委員会報告書を中心として」特集「「医療」と「法」」ひろば 71 巻 4 号（2018 年）39 頁。
6) 特徴③との関連で、「科学裁判」とも呼ばれる。川嶋四郎『民事訴訟法概説〔第 2 版〕』（弘文堂、2016 年）293 頁。また、特徴②との関連で、「証拠偏在型訴訟」とも呼ばれる。西口元「文書提出命令再々考——証拠収集と民事訴訟改革」『民事訴訟法の理論（高橋宏志先生古稀祝賀論文集）』（有斐閣、2018 年）660-661 頁。
7) 久末弥生『現代型訴訟の諸相』（成文堂、2014 年）3-4 頁。
8) 文書提出義務は、証人義務（民訴法 190 条）、検証物提示義務（同法 232 条）と同様に、裁判に協力すべき義務としての、公法上の一般義務である。山本和彦ほか編『文書提出命令の理論と実務〔第 2 版〕』（民事法研究会、2016 年）378 頁〔村田渉〕。
9) 川嶋・前掲（注 6）293 頁。
10) 福田剛久ほか編集『最新裁判実務大系　第 2 巻　医療訴訟』（青林書院、2014 年）4 頁。その後も、千葉、名古屋、福岡、札幌、さいたま、横浜の 8 庁（地方裁判所）に医療集中部が計 13 か部、設置された。秋吉仁美編著『医療訴訟（リーガル・プログレッシブ・シリーズ）』（青林書院、2009 年）169 頁〔武田学〕。
11) 山本ほか・前掲（注 8）372-373 頁〔村田渉〕。
12) 谷口郁雄『医療事故と裁判』（日本評論社、2012 年）64 頁。
13) 山本ほか・前掲（注 8）106 頁〔須藤典明〕、373 頁〔村田渉〕。
14) 医療訴訟において文書提出命令の可否が問題になった文書としては他にも、診療記録（診療録（カルテ）、看護記録、レントゲンフィルム、CT 画像、MRI 画像、各種検査記録、診断書、処方箋、投薬指示書、説明同意書、紹介状、問診票、死体検案書などを含む）、救急救命処置録、死体検案書写し、司法解剖の鑑定書の控え文書などがある。山本ほか・前掲（注 8）376 頁〔村田渉〕。
15) 西口元「医療事故・医療過誤と医療関係訴訟」特集「「医療」と「法」」ひろば 71 巻 4 号（2018 年）4-5 頁。「医療過誤」「医療事故」概念自体の問題性を指摘する見解もある。米田泰邦『医療紛争と医療裁判——その病理と法理〔第 2 版〕』（成文堂、1993 年）36-38 頁。
16) 西口・前掲（注 15）6 頁。
17) 久末・前掲（注 7）4 頁。
18) 髙橋譲編著『医療訴訟の実務（裁判実務シリーズ 5）』（商事法務、2013 年）141 頁〔関根規夫〕。
19) 福田ほか・前掲（注 10）247-248 頁〔石丸将利〕。
20) 髙橋・前掲（注 18）141 頁〔関根規夫〕。
21) 福田ほか・前掲（注 10）248 頁〔石丸将利〕。
22) 髙橋・前掲（注 18）149 頁〔関根規夫〕。
23) スモン訴訟では投薬証明書についても文書提出義務の有無が争われ、旧法 312 条 1 号の引用文書に該当するとして、提出が命じられた（福岡高決昭 52・7・12 下民集 28 巻 5-8 号 796 頁）。
24) 上田徹一郎『民事訴訟法〔第 7 版〕』（法学書院、2011 年）414 頁。
25) 西口・前掲（注 6）660-661 頁。
26) 佐藤彰一・環境法判例百選〔第 2 版〕（2011 年）239 頁（本件評釈）。なお、第 3 版（2018 年）には、千葉川鉄訴訟カルテ提出命令事件は収録されていない。
27) 久末・前掲（注 7）21 頁。
28) 上田・前掲（注 24）414 頁。
29) 佐藤・前掲（注 26）239 頁。
30) 髙橋・前掲（注 18）507 頁〔平野望〕。医療訴訟における過失の競合については、①交通事故と医療過誤の競合、②異なる医療機関に属する前医と後医の過失の競合、③同一の医療機関に属する複数の医療従事者の過失の競合、④医療従事者の過失と医療器具の欠陥等の競合、⑤医師と外部検査機関の過失の競合、などと整理する例もある。福田ほか・前掲（注 10）605 頁〔松本佳織〕。
31) 三村明子・最判解民事篇平成 13 年度（上）（2004 年）249 頁は、本判決の意義として、「交通事故と医療過誤とが競合する場合であっても、損害発生の経過や過失内容や程度等によっては、

共同不法行為と解することはできない場合があることは否定できない。本判決は、このような場合のあることを否定するものではなく、また寄与度による責任の分別の可能性についても今後検討の余地は残されている。過失相殺の方法も共同不法行為の他の類型についてまで相対的過失相殺の方法によることを判示するものではなく、本判決の射程は及ばない。」と述べる。

32) 福田ほか・前掲（注10）606頁〔松本佳織〕。
33) 診療録の廃棄、滅失、提出の拒絶は、医療訴訟における事実認定や法的判断に重大な影響を与えるため、民訴法224条3項によって医療過誤の事実を真実擬制しうるとの指摘もあるが、実務上は他の証拠等から事実を認定するのが通例である。福田ほか・前掲（注10）270-271頁〔石丸将利〕。真実擬制については、証拠の偏在現象と不作為による証明妨害を背景にしたような議論として事案解明義務を紹介した上で、医療過誤訴訟にうまく当てはまるとして、被告医師が同義務を果たさない場合には原告患者の過失・因果関係の主張を真実だと擬制する、という見解もある。高橋宏志『重点講義 民事訴訟法（上）〔第2版補訂版〕』（有斐閣、2013年）573頁。
34) 福田ほか・前掲（注10）259-260頁〔石丸将利〕、山本ほか・前掲（注8）106-107頁〔須藤典明〕。
35) 山本ほか・前掲（注8）390-391頁〔村田渉〕。
36) 医療機関への支援等を適切かつ確実に行うために指定された民間の第三者機関。具体的には、一般社団法人医療安全調査機構が指定されており、医師等に対する行政処分を行う厚生労働省とは切り離されている。山本ほか・前掲（注8）402-403頁、西口＝辻村・前掲（注5）46頁。
37) 山本ほか・前掲（注8）403頁〔村田渉〕。
38) 西口＝辻村・前掲（注5）40-41頁。
39) 山本ほか・前掲（注8）403-404頁〔村田渉〕。
40) 同上391-392頁〔村田渉〕。
41) 同上385頁〔村田渉〕。
42) 西口＝辻村・前掲（注5）42-43頁。
43) 同上45頁。
44) 山本ほか・前掲（注8）392頁〔村田渉〕、西口＝辻村・前掲（注5）44頁。
45) 公務秘密文書該当性と不開示情報の関係について、久末・前掲（注7）5-7頁参照。
46) 医療訴訟における和解事例の詳細は、吉川孝三郎＝真壁昊『医療事故訴訟における和解事例の研究』（現代人文社、2006年）参照。
47) 西口・前掲（注15）5頁、福田ほか・前掲（注10）5頁。
48) 川嶋・前掲（注6）7頁。
49) 福田ほか・前掲（注10）116頁〔五十嵐裕美〕。
50) 植木哲編著『医療裁判から医療ADRへ―動き始めた新たな医療紛争処理システム』（ぎょうせい、2011年）2頁〔植木哲〕。
51) 福田ほか・前掲（注10）116頁〔五十嵐裕美〕。
52) 公式HPは、http://www.jrc.or.jp/（最終閲覧日2018年7月8日）。
53) 公式HPは、https://www.saiseikai.or.jp/（最終閲覧日2018年7月8日）。
54) 秋山一弘「病院における個人情報の保護と共有」特集「「医療」と「法」」ひろば71巻4号（2018年）22頁。
55) 同上25頁。
56) 米村ほか・前掲（注3）166頁〔板倉陽一郎発言〕、米村滋人「医学研究における個人情報保護の概要と法改正の影響」特集「医事法と情報法の交錯―シンポジウム「医学研究における個人情報保護のあり方と指針改正」」NBL1103号（2017年）8頁。
57) 宇賀克也『個人情報保護法の逐条解説〔第6版〕』（有斐閣、2018年）45頁。
58) 秋山・前掲（注54）23頁。
59) 曽我部真裕「個人情報保護と医療・医学研究」特集2「医療における個人情報の保護と利活用のあり方―次世代医療基盤法成立をうけて」論ジュリ24号（2018年）111頁。
60) 日置・前掲（注1）7-8頁。個人情報保護委員会のガイドラインである「個人情報の保護に関する法律についてのガイドライン（通則編）」2-2イも参照。米村・前掲（注56）11頁。
61) 日置巴美「健康・医療情報の活用と個人情報保護法制その他の関係法令(2)」NBL1101号（2017年）44-45頁。
62) 米村・前掲（注56）11頁。
63) 曽我部・前掲（注59）112頁。
64) 西口・前掲（注15）9-10頁。
65) 日置巴美「健康・医療情報の活用と個人情報保護法制その他の関係法令（3・完）」NBL1102号（2017年）46頁。
66) 米村・前掲（注56）14頁。
67) 弥永真生＝宍戸常寿編著『ロボット・AIと法』（有斐閣、2018年）187頁、207頁〔弥永真生〕、ウゴ・パガロ（新保史生監訳・訳、松尾剛行ほ

か訳)『ロボット法』(勁草書房、2018 年) 38 頁〔工藤郁子訳〕。なお、ドイツにおけるロボット・AI の利用と医療過誤を詳細に論じる文献として、松尾剛行「医療分野における AI 及びロボットに関する民刑事責任——手術用ロボットを利用した手術における医療過誤の事案を念頭に」Law & Practice 12 号 (2018 年) 83 頁がある。
68) 弥永＝宍戸・前掲 (注 67) 207 頁。
69) 西口・前掲 (注 15) 13 頁。
70) 矢野好輝「平成 29 年改正・「人を対象とする医学系研究に関する倫理指針」について」特集「医事法と情報法の交錯——シンポジウム「医学研究における個人情報保護のあり方と指針改正」」NBL1103 号 (2017 年) 19 頁。
71) 米村ほか・前掲 (注 3) 145 頁〔黒田知宏発言〕。
72) 同上 147 頁〔米村滋人発言〕。

第 8 章

都市行政と議員立法

Ⅰ. はじめに

　近代化を経ていまや都市型社会となったわが国において、われわれの日常生活やさまざまな企業の活動は、電気、ガス、水道、鉄道、道路その他諸々の都市基盤なしにはもはや成り立たなくなってきている。ここで「都市基盤」といった場合に、それは先に示したような目に見えるかたちのものだけを指すわけではない。先に示した都市基盤を築き上げるに当たっては、道路法、軌道法、水道法等々といった、その基礎となるさまざまな法制度があり、そうした法制度を基に定められた規格・基準に基づき、設計、整備されている。

　また、人の一生で見れば、産まれたときから、さらにいうならば「母子健康手帳」といったかたちですでに産まれる前から福祉政策、保健政策の下に置かれることになる。幼児期には保育園、幼稚園というかたちで、学齢期になれば小学校、中学校、さらには高等学校、大学という流れで教育政策の影響を受け、職を得て社会に出れば雇用政策、労働政策の影響を受けることになる。そして定年を迎えれば年金受給者として福祉政策の下に置かれることになる。

　企業活動でいえば、法人の設立登記から始まり、ベンチャービジネス育成のための補助制度などの恩恵を受けたり、逆に従業員を雇用することによって労働法制の規制を受けたり、あるいは開発した技術が特許制度による保護を受けたりと、これもまたさまざまな制度、政策の下で円滑な企業活動が営まれている。

このように、現代の社会は、各個人の日常生活も、さまざまな企業の活動ももはや多種多様、かつ複雑な政策・制度のネットワークのなかでしか成り立たないものとなってきている。その意味でいえば、これら政策・制度のネットワークもまた、「都市基盤」といえよう。そしてこうした政策・制度の基礎となるのがさまざまな法律である。もちろん、例えば一口に政策といっても、必ずしも法律に基づかないものもありうる。政府の裁量により予算措置を行う、スローガンを掲げて国民運動を展開し、国民や企業・団体等の協力を得て実現していくという方法も当然のことながら考えられる。しかしながら一方で、多くの政策が法律を基に展開されるということもまた事実である。法律を制定し、さらにその下に政令や省令を定め、一連の法制度として政策の基本理念を明らかにし、財源を確保し、対応する行政組織を決め、行政処分の権限、さらには刑事上の罰則などを定めていくといったことを通じて実現していくのがやはり一般的な方法であろう。政策とは法制度の裏付けを受けてこそ安定的に実施できるものなのである。特にまちづくりのように、土地利用や建築の制限など、国民の権利制限や義務づけなどを伴うような政策の実施に際しては、法律による根拠づけは必須のものとなる。

　さて、この法律の制定について提出者という観点から見たとき、大別して二つの型に分かれる。「閣法」、すなわち各省庁が中心となって立案し、内閣が提出する法律案と、国会の構成員たる議員が発議する「議員立法」である。前者と後者を比較すると、特に成立した法律を見た場合、圧倒的に閣法が優位である。例えば2018年6月に閉会した第196回通常国会において成立した法律81本のうち、議員立法は20本（うち、衆議院の議員もしくは委員会提出のもの〔以下「衆法」という〕16本、参議院の議員もしくは委員会提出のもの〔以下「参法」という〕4本）で、残りの61本は閣法ということで、成立した法律の実に75.3％を占めている。過去数回の国会を見ても、多少の変動はあるものの、成立した法律のうち閣法の占める割合は大体7割から8割の間で推移している。

　このように、成立率の点で見ると、圧倒的に閣法が優位な状況である。その理由の1つとして、例えばわが国が議院内閣制を採用していること

が挙げられている。議院内閣制の下では、議会の多数派である与党の指導者を中心とした内閣が政治のリーダシップをとることは自然の流れであり、したがって立法においても閣法が中心となるのはやむを得ないということである[1]。また、閣法が、先にも示したように各省庁が中心となって立案されることから、各省庁が有する豊富な情報や数多くのスタッフを当てにすることができ、その完成度も高いものであるとされていることも閣法優位の理由として挙げられている。行政国家、福祉国家化という流れのなかで、立法の場面のおいても高度な専門的、技術的知識が要求されるようになってきており、そうしたなかで「日本最大のシンクタンク」と形容される巨大、かつ豊富な専門知識をもった官僚機構と、それらを駆使して集められるさまざまな情報を利用し、立案される閣法が優位になるのも当然ということである。

こうしたなかで「少数派」である議員立法にあえて着目するのは、筆者としてもちろんそれなりの意義があると考えるからである。閣法はここに挙げたように、さまざまな面で議員立法と比較して優位な点が多く存在する。しかしながら一方でその制定過程を見たとき、後にⅢ.で詳述するように、議員立法にはない問題点も数多く存在する。そしてその問題点こそが逆に議員立法の存在意義を浮き上がらせるものとなる。

本章では、都市行政をめぐる諸政策の展開において重要となる法制定のプロセスについて、議員立法の有効性という観点からアプローチをしていくこととする。本章ではまず都市行政をめぐるさまざまな法制度について概観し、次にこの法制度の制定過程、すなわち立法過程について、閣法と議員立法それぞれの過程を概観するとともに、両者のプロセスに含まれる問題点、特に閣法のそれについて明らかにしていく。そして都市行政に係る議員立法の姿について、1947年の第1回国会から2018年の第196回国会までのデータをもとに概観し、最後に、本章で検討した事項を総括し、「都市行政と議員立法」についての今後の展望を述べることとする。

Ⅱ．都市行政をめぐる法制度

1．都市行政をめぐる法制度

　Ⅰ．で示したように、現代社会におけるわれわれの生活、各企業の活動は多種多様、かつ複雑な政策・制度のネットワークによって成り立っており、その基礎となっているのがさまざまな法律である。ここでは、都市行政に係る法律を概観し、その多種多様性を確認していきたい。

　都市行政をめぐる法律はさまざまな法律が係わり合い複雑な関係を構築している。五十嵐敬喜・小川明雄は著書『都市計画─利権の構図を超えて』のなかで都市計画法を中心にその複雑な関係を図示している（図8-1参照）[2]。

　図8-1を見ると、国土形成計画法、国土利用計画法など全国的な計画を定める根拠となる法律、首都圏整備法や近畿圏整備法など複数の都府県に渡る圏域の整備を図る法律、広島平和記念都市建設法など特定の都市を建設するための法律、道路法、軌道法、都市公園法、下水道法といった都市施設に関する法律、地方税法や租税特別措置法など、都市計画のための財源確保に関する法律、公有地の拡大の推進に関する法律や土地収用法など、公共用地の確保や収用の手続について定めた法律、そのほか環境基本法や廃棄物の処理及び清掃に関する法律、文化財保護法、さらには墓地、埋葬等に関する法律といった具合に、そこにはさまざまな法律が挙げられている。「都市」に係る法律はかくも幅広く、多種多様なものであることがこの図を見てもわかるのではないだろうか。

2．都市行政をめぐる法制度を所管する府省

　先に見たように、「都市」をめぐる法律は幅広く、多種多様なものである。「都市」に係る法律というと、わが国の国レベルの行政機関の役割分担で見た場合、一般的にいえば「国土交通省」の担当になると思われるところである。実際、国土交通省設置法における同省の所掌事務を見ると、「大都市の機能の改善に関する総合的な政策の企画及び立案並びに推進に関すること」（国土交通省設置法第4条第1項第37号）、「都市

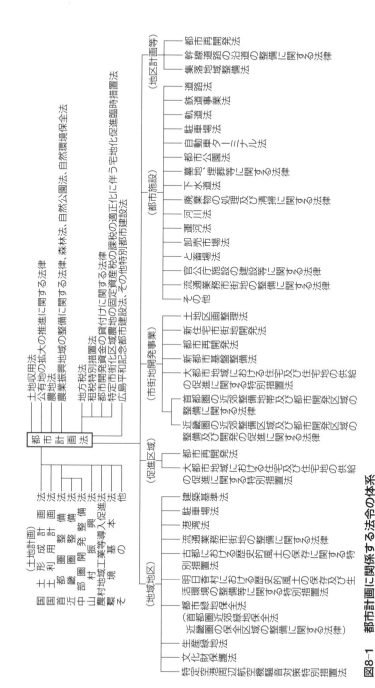

図8-1 都市計画に関係する法令の体系
(出所)五十嵐敬喜・小川明雄『都市計画—利権の構図を超えて』岩波新書、1993年、15頁より改変[2]

第8章｜都市行政と議員立法　167

計画及び都市計画事業に関すること」（第44号）、「都市における緑地の保全及び緑化の推進に関すること」（第49号）、「河川、水流及び水面の整備、利用、保全その他の管理に関すること」（第54号）、「道路の整備、利用、保全その他の管理（これに関連する環境対策及び交通安全対策を含む。）に関すること」（第64号）、「住宅（その附帯施設を含む。）の供給、建設、改良及び管理並びにその居住環境の整備に関すること」（第66号）、「建築物（浄化槽を含む。）に関する基準に関すること」（第69号）、といった具合に、「都市」の機能に関する事項が数多く規定されている。先に図8-1で見た法律のうち、都市計画法や鉄道事業法、軌道法、駐車場法、自動車ターミナル法、運河法、港湾法、建築基準法などは国土交通法の所管する法律である。

　もっとも、都市をめぐる法律のなかには必ずしも国土交通省が所管していない法律もある。先に図8-1で見た法律のうち、農地法（農林水産省）、森林法（農林水産省）、自然公園法（環境省）、墓地、埋葬等に関する法律（厚生労働省）、廃棄物の処理及び清掃に関する法律（環境省）、卸売市場法（農林水産省）、と畜場法（厚生労働省）、文化財保護法（文部科学省）などは国土交通省以外が主管となっている法律である。こうしたことから、国土交通省以外にもさまざまな府省が「都市」に係る法律、ひいては、都市をめぐる政策に関わっているということが見て取れるのではないだろうか。

　さらに、図8-1で見た法律のなかには、複数の府省が関わっている法律も数多く存在する。法律の制定に際し憲法第74条では、「法律及び政令には、すべて主任の国務大臣が署名し、内閣総理大臣が連署することを必要とする」と定めており、「主任の国務大臣」、すなわち当該法律を所管することとなる大臣は、制定に際し当該法律に署名することとされている。制定に際し複数の大臣が署名をしているものがあれば、それは当該法律について複数の府省が所管している、すなわち「共管」であるということを意味するのである。図8-1に挙げられた法律で見ると、例えば「農業振興地域の整備に関する法律」では農林水産大臣と建設大臣（現・国土交通大臣）が署名をしており、「都市開発資金の貸付けに関す

る法律」では大蔵大臣（現・財務大臣）、建設大臣、自治大臣（現・総務大臣）が署名をしている。また、「新都市基盤整備法」は法務大臣、通商産業大臣（現・経済産業大臣）、建設大臣、自治大臣が署名をしており、「環境基本法」に至っては、内閣総理大臣、法務大臣、外務大臣、大蔵大臣、文部大臣（現・文部科学大臣）、厚生大臣（現・厚生労働大臣）、農林水産大臣、通商産業大臣、運輸大臣（現・国土交通大臣）、建設大臣、自治大臣と、実に11名の大臣が署名をしている[3]。

このように、都市をめぐる法制度はきわめて広範であり、関連する府省も多岐に渡る。このことは、ひとたび問題が生じ、新規の法制度が必要とされる場合や既存の法制度に変更の必要とされる場合の調整、解決の難易度を高めることとなる。次節では、こうした法制度の制定過程、すなわち立法過程について概観していくこととする。

III．閣法と議員立法——法制定をめぐる2つのルート

I．で示したように、法制定に関して提出者という観点から見たとき、「閣法」と「議員立法」という2つの型がある。成立率の点から見れば、閣法が圧倒的に優位であるものの、閣法の立法プロセスにはさまざまな問題点があり、その問題点こそが議員立法の存在意義を浮き上がらせるものであると考えられる。ここではまず議員立法と閣法の制定過程を概観し、次いで閣法の立法プロセスにおける問題点について検討をすることとする。

1．閣法と議員立法の立法プロセスの比較
(1) 議員立法の制定過程の概観
議員立法発案の契機は、日常の政治活動のなかから必要性を感じる場合や議員の地元の要請、支援団体の要望、議員個人の価値観、さらには議員個人のみならず議員の政策担当秘書や政務調査会、政策審議会といった所属政党のスタッフによるものなどさまざまである。もっとも、発案当初の段階から法案として完成したかたちになっていることはまずな

く、「要綱」のようなかたちで大体どのようなことをやりたいかを示すことからはじまる。極端な例では、「メモ程度の走り書き」の場合もあるといわれている[4]。これらを衆参両院に設置された議院法制局などの補佐を受けて、また衆参両院の委員会調査室や国会図書館の「調査及び立法考査局」などの情報提供を受けながら条文として具体化する作業へと入る。こうしてできた法案について、議員の所属する政党の手続に従って承認を経て国会提出の運びとなるが、国会において議員提出の法案を受理するに当たっては、議員の所属する政党の機関承認（国会対策委員長等の承認）を必要とする慣行がある。そのほか、議員立法発議[5]に際しては、国会法第56条により所定の賛成者を集めなければならないという制約も課せられている[6]。なお、議員立法のなかにはこうした過程を経るものとは別に、「委員会提出法案」と呼ばれるものがあり、これについては、先に挙げたような国会法第56条のような人数要件による規制は受けないが、「委員会提出法案」とするには当該委員会を構成する各会派の賛成が必要とされている。

　発議された法案は委員会に付託され、審査を受けることとなる。委員会審査は、提案理由、法案の目的・概要などを説明する趣旨説明からはじまり、質疑、（必要に応じて）修正、討論と続き採決へと至る。この際、場合によって小委員会の設置とそれによる審査、他の委員会との連合審査会、公聴会や参考人意見聴取なども行われる。なお、委員会提出法案については、こうした過程は経ずに本会議に上程されることとなる。

　委員会審査が終わると本会議へと移る。本会議では、委員長報告、質疑、討論、採決と続き、可決されるともう一方の院へと送付されることとなる。ここでも同じような過程を経て採決、成立へと至るが、送付された院で修正があった場合、先議院へと回付される。先議院でこの修正案に同意した場合法案は成立となるが、回付案に同意しなかった場合、または、先ほどの先議院から送付された法案を後議院が否決した場合は、両院協議会などの手続に入ることとなる。なお、憲法では衆議院の優越を認めており、法案については、参議院が上記のように送付案を否決した場合、送付を受けて（国会休会期間を除いた）60日以内に議決しない

場合、もしくは修正した場合、衆議院は両院協議会ではなく、出席議員の３分の２以上の多数で再議決することも可能である（憲法第59条）。憲法第95条に規定する「一の地方公共団体のみに適用される特別法」については、その後住民投票による住民の同意が必要となるが、それ以外の法案については以上の過程をもって成立の運びとなる。そして、主任の国務大臣の署名と内閣総理大臣の連署の後、内閣の助言と承認により天皇が公布し、その法律の定めた施行期日をもって施行となる[7]。

(2) 閣法の制定過程の概観

先ほど挙げた議員立法と閣法の制定過程を比較した場合、国会提出以降の過程についてはほぼ変わりはない。そこで以下では、閣法の制定過程について、国会提出に至るまでの過程に絞って見ていくこととする。

閣法は、まずその法案の内容となる分野を担当する省庁の課（主管課）レベルで、原案が起案される。その動機は、日常業務での問題提起、国会における質疑、マスコミ等による指摘、審議会等の提言、利益集団や自治体等による陳情、他省庁の勧告などさまざまである。

次に、こうした原案について、省内、省庁間の調整へと入る。これは利害関係を有するすべての部局、省庁の法案提出に対する同意が必要とされるため、その作業は非常に困難を極めるものであり、閣法の制定過程における１つのヤマ場といえる。そしてヤマ場はこれだけでなく、内閣法制局の審査も次のヤマ場として控えている。これは「下審査」と呼ばれるもので、法制局参事官の下、法律案の必要性や現行法体系との整合性、憲法との関係などさまざまな観点から審査が行われる。

こうした省庁内、省庁間の調整や内閣法制局の下審査と並行して、いわゆる「族議員」と呼称されるような与党有力議員との調整や、政務調査会、総務会といった与党における公式決定も行われる。法律の制定というものは、当然のことながら省庁内の原案作成から閣議決定までだけでは完結せず、法案が国会で可決されて初めて法律となる。こうした法案の国会通過に対して、成否の鍵を握っているのは、極言すれば政権与党である。連立政権が常態となった今日では、従来の自民党内の手続だけでなく、「与党政策調整会議」のような連立与党間の手続も加わったが、

政権与党内の合意形成をスムーズに進めるためにも、与党有力議員への根回しは非常に重要な作業となる。

　以上の調整過程を経て、省内では省議による正式決定や閣議請議が行われる。閣議請議を受けた内閣官房は、内閣法制局に対して正式な審査を求めるためにこれを回付し、最終的な審査が行われることとなる。もっともこの段階ではすでに下審査が終了しているので、大幅な修正は通常行われないとされている[8]。こうした審査や与党内の正式な意思決定が終了すると、次官連絡会議（かつての事務次官等会議）を経て閣議にかけられ、閣議決定の後、閣法として国会へ提出の運びとなる[9]。

2．閣法の制定過程における問題点

　閣法の制定過程における問題点の1つとして挙げられるのが、省内の意見調整や「法令協議」といわれる省庁間の意見調整である。先にも述べたように、法案提出に際しては、当該法案に関して利害関係を有するすべての部局、省庁の同意を得ることが必要とされるため、その作業は非常に困難を極めるものとなる。キャリア官僚で、農林省の課長補佐（総括補佐）であった井上誠一は、中央省庁における意思決定方式について経験論的観点から『稟議制批判論についての一考察』を著したが、このなかで井上は、法令の制定などの作業について稟議書型意思決定のうちの「持回り決裁型」と分類し、その過程を詳細に説明している。そこでは、原案起草→関係各課（省内・省外）への内容説明・質疑・意見交換→原案修正→関係各課への提示……というプロセスが、関係各課のすべてが合意するまで繰り返されること、合意の形成に失敗した場合、この事案についてはここで断念されることになることなどを説明している[10]。

　元通産官僚で、経済企画庁物価局審議官まで務めた脇山俊は、こうした利害関係をもつすべての省庁の一致が必要とされるルールのなかで調整が長引いた場合、妥協を強いられるのは起案課の方であると述べている。起案する側は、政策を発動するタイミングや国会会期など、とかく日程に左右されることが多いが、それに対して調整の対象となる側には、

永久に反対していても何ら不都合なことはないからである。むしろその法案が成立することによって、自身の「ナワバリ」が縮小する可能性もあるかもしれないだけに、積極的に起案課に協力して法案を成立させるインセンティブはゼロに等しい。このように、これらの調整過程によって法案を提案する側が修正をしたり、運用面で妥協することを約束する覚書を出したりすることになるが、脇山は、行司役不在、すなわちそこに割って入って調整できる人が誰もいないことがこれらの原因であるとし、これが日本の官庁のアキレス腱であると論じている[11]。また、こうした「法令協議」については、「各省庁の所掌事務との調整という大義名分の下に、実質的には各省庁が所管する業界や利益団体相互間の利益調整が行われることもある」ということも指摘されているが[12]、このために必要な政策の導入が遅れる、もしくは不可能になるという事態が生じるならば、大きな問題といえよう。

また、「審議会」についてもいくつか問題点があるとして指摘されている。審議会の設置については、制度的根拠についても法律に基づくものから政令によるもの、さらには大臣の私的諮問機関という位置づけのものなどがあり、また、委員の任命についても国会同意を要するものから担当大臣の任命によるものまでさまざまである。この審議会に対しては「官僚のかくれみの」という批判がこれまで絶えずついて回ってきたところである[13]。

さらに、内閣法制局の審査もまた、閣法の制定過程における問題点の1つとして挙げられている。内閣法制局の業務については、設置法の規定やWebページの紹介文[14]によると、閣議にあがる法律案について法制上、条文上の観点から法案のチェック作業を行うとされており、そこに特段の問題点はないように見受けられる。しかしながら実際のところは、内閣法制局の審査がこうした法制上、条文上のチェックだけでなく、法案の中身にまで踏み込んだ審査が行われる様子が指摘されている。

例えば西川伸一は、消費者契約法案の事例を挙げ、経済企画庁がまとめた消費者契約法案の素案が、法制局の審査のなかで後退させられたものであったことを示している。これは国民生活審議会消費者対策部会で

検討が進められ、その結果を受けて経済企画庁において素案作りがなされたのだが、素案の段階で部会の報告書に盛り込まれていた「不当条項」がカットされていた。この「不当条項」には「消費者に不当に不利な契約条項は無効とする」という、EU指令などでも採用されている条項や、「消費者に不利益な情報が伝えられていなかった」、「脅されて契約させられた」といった場合における消費者の契約取消権を認める項目が盛り込まれていたのだが、こうした部分がカットされていたのである。これについて西川は、「内閣法制局に民法の体系を守ることに熱心な担当者がいて、説得できないために、素案の内容が後退を余儀なくされた」という経済企画庁内の関係者の弁を引いて、こうした「後退」の背景に内閣法制局の審査があったことを説明し、このような「一〇〇年前の民法の契約のとらえ方との整合性にこだわって、現代の事情が後景に追いやられる」ことについて、「『政策の中身』への信じがたい介入」と論じている[15]。

　以上のように、閣法の提出に際し、内閣法制局の審査が必須の条件として入ることは、極言すれば、いかに現代的な要請があろうとも、100年前の状況下でできた法制度の体系と整合させなければならないということを意味している。日進月歩で技術が進み、国民の生活環境や価値観が変動するなかで、こうした「関門」をクリアしなければ法律が成り立たないということであれば、その弊害はきわめて大きなものであるといわざるを得ない。

　そのほかとしては、次官連絡会議（かつての事務次官等会議）なども問題点として挙げられる。次官連絡会議は閣議が行われる前日に開催され、ここで全会一致で賛成したものしか閣議に掛けられることはないとされている。次官連絡会議については、閣議が儀式と化しているなか、国の行政の事実上の最高意思決定機関となっているという意見も存在するが、一方で、ここまでの段階で各省庁、与党手続等すべての調整がすんでおり、この次官連絡会議ですらそれを確認するための形式的役割しか与えられていないという主張もなされている[16]。しかしながら、閣議請議後の本審査をスムーズに行うために内閣法制局の下審査が行われているよ

うに、全会一致である次官連絡会議のような存在があるからこそ、それをスムーズに乗り切るために、それ以前の段階で完璧に調整を行うインセンティブが生ずるという考えも成り立ち得る。こうした観点から見ると、この次官連絡会議については、形式的役割を果たしているにすぎないという意見があるとはいっても、十分に注意を払う必要があるといえよう。

ここまで見てわかるように、閣法の制定過程には、議員立法のそれとは異なる数多くの手続がある。それぞれの共通の基盤となっているのが従来の政策との「整合性」の確保であり、それだけに従来の例にないような画期的な政策を導入する際には高い障壁となり得る面もあろう。

Ⅳ．都市行政に係る議員立法の概観

1．議員立法による都市法制の概観
　　——第1回国会から第196回国会まで

(1) 都市関連議員立法の発議件数

前節では、議員立法と閣法の立法プロセスを比較し、閣法の立法プロセスにおける問題点を検討した。ここでは、本章の主題である「都市行政と議員立法」について、1947年の第1回国会から2018年の第196回国会までの議員立法による都市計画、建築、河川、道路、鉄道、上下水道、環境等々、都市行政に係る法律の概観を通じて見ていく[17]。

第1回国会から2018年の第196回国会までの議員立法のなかで、Ⅰ．の図8-1で挙げた都市計画に係る法律やこれと同趣旨と考えられる法律を抽出したところ、465本の法律が挙げられた。衆法・参法の内訳を見ると、衆法が352本、参法が113本となっている。この間に発議された議員立法は全部で5769本、うち衆法3982本、参法1787本であるので、全議員立法に占める都市関連の議員立法は8.1％、衆法では8.8％、参法では6.3％となる。都市関連の議員立法が全議員立法のうち8％強ということについて、これが多いか少ないかについては議論があるかもしれないが、いずれにせよ、環境関連の議員立法の比率は衆法の方が参法よ

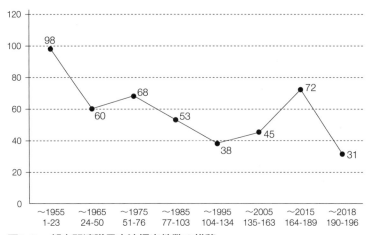

図8-2　都市関連議員立法提出件数の推移
(注)横軸のうち上段は年代、下段は国会回次を表している

りも若干高い状況にある。

(2) **都市関連議員立法の発議件数の推移**

次に、第1回国会から第196回国会までの都市関連議員立法の発議件数の推移について見ることとする。図8-2は都市関連議員立法の発議件数について、10年単位の区切りでその推移を見たものである。

図8-2で見ると、第1回国会が召集された1947年から1955年までの期間（おおむね昭和20年代）に発議件数のピークがあり、その後、1966年から1975年までの期間（おおむね昭和40年代）に一度若干回復するものの、減少に向い、1986年から1995年（昭和末期から平成3年）までの期間に底を打っている。そしてその後は現在まで上昇傾向が見られ、2006年から2015年までの期間（おおむね平成20年代）には最盛期とまではいかないものの、相当程度の回復が見られる。なお、最後の2016年から2018年までの期間については、31件と全期間中最低の件数ではあるが、対象となるのが2016年1月に開会された第190回国会から2018年7月に閉会した第196回国会までであり、その期間は2年半程度であるので、その他の期間と比較する際には注意を要する。

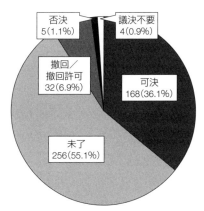

図8-3　都市関連議員立法の審議結果（全体）

(3) 都市関連議員立法の審議結果

都市関連議員立法について、結果別に示したのが図8-3である。

この図に示されているように、「未了」が一番多く、465本中256本（55.1％）となっている。この「未了」は、国会会期満了や衆議院解散などにより採決に至ることなく廃案となったものである。

次に多いのが「可決」であり、168本（36.1％）となっている。このうち79本（可決法案中47.0％）が「○○委員長提出」となっているが、これがⅢ.で挙げた「委員会提出法案」である。委員会提出法案は、各会派の賛成が得られないと提出ができないものであるため、可決率はきわめて高く、都市関連議員立法においても提出85本中79本、実に92.9％の法案が可決している。

なお、32件（6.9％）が「撤回／撤回許可」となっているが、これは当初与野党がそれぞれ法案を提出していたものの、合意により一本化がなされる、もしくは委員会提出法案とすることが可能となった等の理由により取り下げられたものである。

また、この結果について衆法、参法別に見ると、図8-4、図8-5のとおりである。衆法と参法を比較すると、衆法の方が参法よりも可決率が高く（43.2％と14.2％）、未了となる率が低くなっている（47.4％と78.8％）。

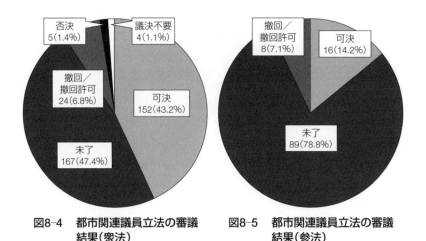

図8-4　都市関連議員立法の審議結果(衆法)　　図8-5　都市関連議員立法の審議結果(参法)

また、参法の場合、衆法にある「否決」、「議決不要」がなく、「可決」、「未了」、「撤回／撤回許可」のいずれかの結果となっている。

2．年代ごとの都市関連議員立法の検討

　前項では都市関連の議員立法について、1947年の第1回国会から2018年の第196回国会までを通して、提出件数と推移、審議結果などの観点から見てきた。ここでは、年代ごとの都市関連議員立法について、おおむね10年ごと区切りで検討をしていく。

　まず1947年から1955年までの時期(第1～第23回国会)であるが、先にも示したように、都市関連の議員立法はこの時期に一番多く出されている。特徴としては、「罹災都市借地借家臨時処理法の一部を改正する法律案」(第1回国会衆法第1号、武藤運十郎提出、可決)、「旧軍港市転換法案」(第7回国会参法第2号、佐々木鹿蔵外22名提出、可決)といったような戦後処理的な法案、「広島平和記念都市建設法案」(第5回国会衆法第7号、山本久雄外14名提出、可決)、「長崎国際文化都市建設法案」(第5回国会衆法第8号、若松虎雄外16名提出、可決)、「別府国際観光温泉文化都市建設法案」(第7回国会衆法第1号、永田節外22名提出、可決)などのさまざまな特別都市の建設法案がよく見られることである。また、「日

本列島改造論」で有名な田中角栄首相は議員立法を数多く手がけたことでも有名であるが、その著名な業績である「道路法」もこの時期に出されたものである（第13回国会衆法第27号、可決）。

次に1965年までの時期（第24～第50回国会）であるが、ここでは「水質汚濁防止法案」（第28回国会衆法第27号、中村英男外13名提出、未了）、「地盤沈下対策特別措置法案」（第31回国会衆法第51号、桜井奎夫外11名提出、未了）など、結果は未了とはいえ、早くも公害対策関係の法案が出されている。またその他では、「九州地方開発促進法案」（第31回国会衆法第33号、小沢佐重喜外62名提出、可決）、「四国地方開発促進法案」（第34回国会衆法第23号、前尾繁三郎外33名提出、可決）などの、いわゆる「○○地方開発法案」が多く出されたのもこの時期のもうひとつの特徴といえよう。

1975年までの時期（第51～第76回国会）は、「公害国会」といわれる1970年の第64回国会が含まれる時期であり、「公害対策基本法案」（第55回国会衆法第11号、角屋堅次郎外名提出、未了※同名の法案数本あり）、「環境保全基本法案」（第65回国会衆法第2号、細谷治嘉外7名提出、未了※同名の法案数本あり）、など、環境対策に係る法案が数多く出されていることが特徴である。

1985年までの時期（第77～第103回国会）は、「人口急増地域対策等特別措置法案」（第80回国会衆法第22号、小川新一郎外1名提出、未了）、「土地増価税法案」（第77回国会衆法第14号、武藤山治外3名、未了）など、都市の人口の過密化と、それに伴う地価高騰に対処するためと思われる法案が多く見られる。その他としては、「環境影響審査に基づく開発行為の規制に関する法律案」（第77回国会衆法第16号、島本虎三外4名、未了）など、いわゆる「環境アセスメント」関連の法案もまた目立つところである。この時期、同旨の法案がこの他に4本ほど出されている。

1995年までの時期（第104～第134回国会）は、実質2年半しかない2018年までに時期を除き、関連議員立法が一番少ない時期である。ここでは「日本鉄道株式会社法案」（第104回衆法第15号、島崎譲外8名提出、未了※同名の法案数本あり）、「旅客鉄道株式会社が建設主体とされている

新幹線鉄道の建設に関する事業の日本鉄道建設公団への引継ぎに関する法律案」（第108回国会衆法第20号、細田吉蔵外4名提出、可決）などが出されている。この時期、国鉄の分割民営化がなされており（1987年4月）、これに反対する、あるいは逆にこれに対応するための法案として出されたものと思われる。その他では、第123回国会に衆法、参法それぞれで「都市計画法及び建築基準法の一部を改正する法律案」（木間章外3名（衆法第10号）、青木薪次外2名（参法第4号））が出されている。都市計画法は都市をめぐる法制度のなかでも中心的な法律であるが、第1回国会からここまでの間、新規でも一部改正でも議員立法により提案されたことはなく、その意味でいえば珍しい存在といえよう。

　2005年までの時期（第135～第163回国会）は、先の10年間と比較すると、若干ながら関連議員立法の件数が増加している。この時期には公共事業の見直しをアピールする民主党から「社会資本整備基本法案」（第147回国会衆法第25号、菅直人外3名提出、未了）、「公共事業基本法案」（第151回国会衆法第36号、前原誠司外1名提出、否決）といった法律案が出されている。

　最後に2006年以降（第163回国会～）であるが、この時期には「揮発油税等の税率の特例の廃止、道路特定財源諸税の一般財源化及び地方公共団体の一般財源の確保のための関係法律の一部を改正する等の法律案」（第169回国会参法第1号、直嶋正行外7名提出、未了）、「地球温暖化の防止等に貢献する木材利用の推進に関する法律案」（第171回国会衆法第31号、宮路和明外5名、未了）、「雨水の利用の推進に関する法律案」（第180回国会参法第29号、国土交通委員長提出、未了）など、多種多様な法律案が出されている。昨今問題となっている空家問題に対処するために出された「空家等対策の推進に関する特別措置法案」（第187回国会衆法第11号、国土交通委員長、可決）もこの時期の法案である。

V. おわりに——議員立法をめぐる課題と展望

　以上のように本章ではこれまで、都市行政に係る法律の多種多様さに

ついて確認するとともに、法律の制定過程という観点において大多数を占める閣法の立法プロセスにおける問題点を検討し、そして議員立法により提案された都市行政に係る法律案の概況について見てきたところである。Ⅰ.でも示したように、筆者の基本的な立場は、閣法の立法プロセスの問題点を挙げ、そこに議員立法の存在意義を見出すというものである。

　Ⅳ.で見てきたように、1947年の第1回国会から2018年の第196回国会まで、さまざまな都市関連の議員立法が出されてきた。Ⅰ.でも示したように、閣法優位の状況のなかで、議員立法の可決率は低いものとなっている。それどころか、審議、採決の結果としての「否決」ではなく、審議も満足になされぬまま、時間切れにより「未了」というかたちで廃案とされていくものが多くを占めているというのが現状である。しかしながら、こうした状況であっても、議員立法に意義を認めるという筆者の立場は変わらない。議員立法には、例えば公害対策基本法案などのように、審議未了・廃案を繰り返し続け、必要性のアピールを重ねた向こうに、閣法による成立を見るというものもある。先にⅢ.で見たように、閣法というのはその制定過程の性質上、斬新なものや、必要性があっても、利害調整が困難なものは「法案」という形で現れにくい。その点、議員立法であれば、もちろん国会法第56条等々の制約はあるにしても、それでも閣法のさまざまなプロセスに比較すれば、「法案」という形までもってくることは容易である。これは閣法と比較した際、議員立法の1つの大きな意義といえよう。

　とはいえ、筆者としても手放しで議員立法を賞賛するわけではなく、解決すべき問題点が多々あることも理解している。議員立法の制定過程における問題点としては、例えば議員立法の提出を縛る制度、慣行の存在が挙げられる。先にも示したように、国会法第56条の規定により、議員立法を発議するには「衆議院においては議員二十人以上、参議院においては議員十人以上」、さらに、予算を伴う法案を発議するには、「衆議院においては議員五十人以上、参議院においては議員二十人以上」という賛成者を集めなければならない。こうした制度の下では、特に予算

措置という実効性を伴う法案は、限られた大政党にしかできないこととなる。もちろん少数政党であっても共同で提出するという方法も取り得るが、ここで障害となり得るのが先に挙げた政党の機関承認（国会対策委員長等の承認）を必要とする慣行である。仮に有志議員が各党横断的に国会法上発議に必要な賛成者を集めたとしても、それぞれの所属する政党ごとに発議の承認を得られなければ、国会においてその議案が受理されることはない。実際、1993年には社会党（当時）の上田哲衆議院議員による「国民投票法案」がこの慣行のため、不受理となっている[18]。

次に挙げられるのが、審議時間の短さである。さまざまな方面から指摘がなされているように、外国の議会と比較して日本の国会における法案の審議時間は短いとされている。これは閣法についても当てはまり、国会全体の問題として捉えなければならないことであるが、こと議員立法については、閣法と比較して国民に提示される情報が少ないなかで、国会において十分に審議時間が与えられないということは、法案内容についての有権者に対する説明責任の点から見ても大きな問題が含まれているといえる。もっともこれは、閣法ほどに取材、報道のエネルギーを割かないという意味で、マスコミ各社もその責を負うべきものでもあろう。

また、立法過程の問題とは多少異なるかもしれないが、人的資源の問題もその1つとして挙げられる。閣法が（そのすべてが立法に関わっているとは限らないが）約64万人の国家公務員によって支えられているのに対し、議員立法の方は、議員個人とその秘書等スタッフの他に、国会職員、国会図書館職員など約4千人が支えているとはいえ、やはり人的なサポート体制としては心もとないところがある。質の高い法案を作るには専門的知識や情報の収集が必要であり、これをいかにして確保していくかということもまた議員立法における1つの大きな問題である。

以上のように、議員立法のプロセスにおける問題点として思いついたものを挙げてみたところであるが、今後の展望として述べるのであれば、これらの問題解決の「鍵」となるのは「市民」ではないだろうか。たしかに国会における制度、慣行の問題は、国会の構成員たる議員自身が解

決していくほかないが、法案作成やそれに必要となる情報収集に関して、市民は十分にその力になると考えられる。また、立法をめぐる情報発信にしても、これまではマスコミが取り上げなければ、その情報は存在しないこととほぼ同義であったが、現在ではブログやSNSなど、さまざまなかたちの情報発信のツールを市民はもっている。もしかすると、先に挙げた国会における制度、慣行の問題についても、こうした新たなツールによる市民の情報発信から世論を喚起し、改善へとつなげることもできるかもしれない。

　このように書くと、市民を議員立法のための都合のよい道具として扱っていると捉えられてしまうかもしれない。しかしながら、議員立法を行う議員との関係構築は市民にとっても有意義なものと考えられる。冒頭にも示したように、現代の社会においては、われわれの生活はさまざまな政策・制度のネットワークのなかでしか成り立たないものとなっている。政策・制度の不備というものは、そのまま自身の生活を取り巻く状況の悪化に直結するのである。そうしたなかで、議員と協働してよりよい立法を行うということは、自身を取り巻く政策・制度の状況の改善に自身も参加するということにほかならない。さらにいうならば、自身の一票で選んだ議員を、議員立法を行わせるというかたちで「利用して」、自身を取り巻く政策・制度の状況、ひいては自身の生活の質を改善させるということだって考えられるはずである。「議会制民主主義」という前提の下であるならば、ある意味このようなかたちの「議員の利用」こそ、実は本来予期される姿なのかもしれない。

注

1) 野中俊彦・中村睦男・高橋和之・高見勝利『憲法Ⅱ [新版]』(有斐閣、1997年) 193頁、大山礼子「国会改革論の再検討―本当に必要な『立法能力』とは」世界と議会503号 (2006年) 14-15頁など。
2) 五十嵐敬喜・小川明雄『都市計画―利権の構図を超えて』(岩波新書・1993年) 15頁。なお、本図に掲載されている法律のなかには2018年10月時点において廃止や法律名が変更されたものもあるため、筆者が確認の上、該当する法律については削除・修正を行っている。また、本図においては、正式名称と異なる表記をしている法律名もあるが、当該表記が「電子政府の総合窓口 (e-Gov)」(http://elaws.e-gov.go.jp/search/elawsSearch/elaws_search/lsg0100/) 掲載の法令データ上で略称として登録されているものについては、引用元の表記をそのまま使用している。なお、本図において

は同一法律が複数登場することもある。たとえば「(地区計画等)」で挙げられている都市再開発法は「(市街地開発事業)」のところでも挙げられているが、これは同法が市街地再開発に係る規定を有するとともに、市街地再開発に係る地区計画策定の根拠法にもなっているためである。

3) 現在、環境基本法は環境大臣の所管であるが、この法律が制定された1993年時点では環境大臣は存在せず、総理府の外局である環境庁の長としての環境庁長官がいるのみであった。この場合「環境庁分」の署名は大元である総理府の長、すなわち内閣総理大臣が行っている。したがって、この法律の成立時の内閣総理大臣の署名は、先に挙げた憲法第74条規定の「内閣総理大臣の連署」ではなく、「主任の大臣」の一人としての署名ということになる。

4) 西川伸一『立法の中枢 知られざる官庁・内閣法制局』(五月書房、2000年) 202頁。

5) 厳密にいえば、閣法の場合「提出」、議員立法の場合「発議」と言葉遣いが分けられている。

6) 国会法第56条第1項では、「議員が議案を発議するには、衆議院においては議員二十人以上、参議院においては議員十人以上の賛成を要する。但し、予算を伴う法律案を発議するには、衆議院においては議員五十人以上、参議院においては議員二十人以上の賛成を要する」とされている。

7) 以上、議員立法の立案から国会提出までの過程については橘幸信「議員提出の立法の過程」法教173号 (1995年)、国会提出以降の過程については松澤浩一「国会における法律案の審議」法教173号 (1995年) を参照。

8) 場合によっては「職権修正」と呼ばれる表現の統一、修正漏れの補完、用字・用語の補正等が行われることもある。

9) 以上の閣法の過程については関守「内閣提出法案の立案過程」ジュリスト805号 (1984年) 27-28頁や岩井奉信『立法過程』(東京大学出版会、1988年)、村川一郎『政策決定過程』(信山社、2000年)、関根謙一「内閣提出法律における政策決定過程」、遠藤文夫「内閣提出法律における法文作成の過程」、江口隆裕「内閣提出法案における政党との調整」(いずれも法教173号〔1995年〕)、石村耕治「租税議員立法を考える―問われる立法プロセスの透明化」税務弘報45巻11号 (1997年) などを参考とした。

10) 井上誠一『稟議制批判論についての一考察―わが国行政機関における意志決定過程の実際』(行政管理研究センター、1981年) 23-25頁、西尾勝『行政学 [新版]』(有斐閣、2001年) 311-314頁。

11) 脇山俊『官僚が書いた官僚改革』(産能大学出版部、1994年) 26頁、99頁。

12) 江口・前掲 (注9) 27頁。

13) 森田朗『会議の政治学』(慈学社出版、2006年) 10頁など。

14) 内閣法制局HP (「法律の原案作成から法律の公布まで」) https://www.clb.go.jp/law/process.html#process_2 (最終閲覧日2018年10月30日)。

15) 西川・前掲 (注4) 129-130頁。

16) 菅直人『大臣』(岩波新書、1998年) 33頁、石村・前掲 (注9) 71頁、村川・前掲 (注9) 178-179頁など。

17) 本節における議員立法のデータのうち、第1回国会から第163回国会までのデータについては高野恵亮『戦後国会における議員立法』(志學社、2016年) 付属の議員立法データベースより、第163回国会以降のデータについては衆議院HPの議案情報 (http://www.shugiin.go.jp/internet/itdb_gian.nsf/html/gian/menu.htm) より収集した。

18) 西川・前掲 (注4) 162頁。

第9章

都市行政と議会改革

Ⅰ．問題の所在
　――大都市制度改革の動向と地方政治の台頭

　20世紀が大衆民主主義の時代であり、都市化の時代、いわば大都市の時代である。20世紀は、一方で発展途上国に見られる都市バクハツといわれる都市への人口集中、他方ではグローバル・ネットワークの進展による水平化の推進とともに、ピラミッド型を想起する新たな世界都市出現が絡み合っている。それに対応する都市制度改革も展開された。21世紀は、少なくとも今日までは、地方都市や農村の活性化は散見されるが、大都市の時代は継続している。

　日本でも、同様に20世紀は都市の時代であり、それに適合する制度改革も行われてきた。例えば、地方制度調査会（地制調）において大都市制度改革がテーマとなることは、珍しいことではない[1]。都市の時代を踏まえた都市制度改革を地方自治制度改革の主要な舞台の1つである地制調で議論することはいわば当然だった。ただしここ20年の間、都市制度を主題的に議論することはなかった（地方分権改革）。権限移譲、税財源確保といった団体自治拡充が地方自治制度の主な改革対象となっていたからである。

　21世紀に入って、再び地制調（第30次地制調答申、2013年）で大都市制度改革が主要なテーマの対象となった。地方分権改革の方向が一段落したとともに、従来とは異なる2つの環境の変化があったからである。その1つが主体の変化である。大阪都構想を掲げる日本維新の会（大阪

維新の会）が政治的影響力を増していた。また政令指定都市市長会は特別自治市構想、特別区協議会は「都の区」の制度廃止と「基礎自治体連合」の構想を提案していた。もう1つは、急激な高齢化や人口減少が日本全土を覆うとともに、都市内部でも急激な高齢化というかつて経験したことのない問題への早急な対応が求められていることである。

　制度改革として、従来のような指定都市、中核市（特例市）、特別区への権限移譲や税財源の確保とともに、新たな2つの方向が提示されていることは注意していただきたい[2]。

　1つは、自治体間連携の強化である。都市機能の「集約とネットワーク化」などと連動している。つまり、大都市制度改革は重要であるが、隣接自治体連携の模索とパラレルに提起されている。鍵概念である連携中枢都市圏は、地方中枢拠点都市圏（総務省、地制調）と、高次地方都市連合（国土交通省）や都市雇用圏（経済産業省）が統一されたものである（「まち・ひと・しごと創生総合戦略」2014年）。それを実現しやすくするために「連携協約」の活用が強調された。連携中枢都市圏は、地方圏において人口20万人以上の都市がその中心を担うという意味で、大都市制度改革の1つとして位置づけられる（定住自立圏の中心市はおおむね人口が5万人以上）。

　もう1つは、「都市内分権」の充実であり（総合区の設置等）、地域自治区等の設置とともに、選挙区選挙や区出身議員による地域ごとの常任委員会の設置（指定都市）の提案である。

　この2つの動向は、従来の地方自治の二層制を改革とはいえないまでも、その修正が想定されている。つまり、都道府県と市町村との関係だけではなく市町村間連携の強化、および都市における地域分権の制度化、これらが想定されているからである。

　こうした都市制度改革は、あくまで行政改革の枠内にあるものである。もちろん、後述するように設置に当たって議会の議決が必要なものもある。とはいえ、一度設置されれば、予算・決算などで議会は関われるが、実質的には行政の論理で作動する。そこで、住民自治を進化させるために、こうした都市制度改革を念頭に、それへの住民統制・参加（以下、

住民統制と略記)、具体的には議会が関わる手法を考えたい。より正確にいえば、行政の論理が浸透する都市制度の中に政治の論理を組み込むことを模索すること、つまり政治の覚醒を図ることである。そのために、現在進展している二元的代表制＝機関競争主義、具体的には急激に進展している議会改革を活用したい[3]。こうした問題意識から、まず議会改革の到達点を確認し、都市制度と連動させる視点を確認する。その上で、自治体間連携や「都市内分権」に関わる議会を考える。いわば自治体間連携や都市内分権への住民統制、議会運営を模索したい[4]。

　なお、大都市において独自な議会改革の論点はある[5]。大都市ほど議会改革の進展が遅いことである。この解決には、次節の議会改革のさらなる充実が不可欠である。今日提起されている大都市制度改革は(連携中枢都市圏、「都市内分権」)、大都市中心志向や行政志向である。本章では、これに政治の論理を挿入すること、つまりそれへの住民統制、具体的には議会が密接に関わる手法の模索に限定する。

II. 議会改革の到達点

1. 議会改革の金字塔としての議会基本条例

　議会改革は着実に進んでいる。議会改革の1つの集大成である議会基本条例の最初の制定から12年が経過した(北海道栗山町は2006年5月に制定)。その後、今日まで約800(全体の約4割)自治体が制定している。自主的な条例としてここまで伝播したのは稀有である。地域経営の自由度を高めた地方分権、および「あれかこれか」を選択しなければならない財政危機の時代に住民自治を進める重要な制度化の1つである。

　議会基本条例は従来の議会とは異なる運営を住民に宣言したものであり、住民に対するマニフェストとして高く評価すべきである[6]。その改革をもう一歩進めたい。議会が有している役割・権限を十分発揮して、住民福祉の向上につなげる、まさに議会運営といった形式を超えて内容・成果に関わるように議会改革のステージを上げることである。これを都市行政への住民統制につなげたい。その前に、議会改革の到達点を確認

表9-1　議会改革と住民との関係

議会改革の段階		改革方向	住民との関係
前史（議会活性化）		一問一答方式、対面式議場、委員会の公開等	住民の不信の蔓延
本史	第1ステージ	住民と歩む議会、討議を重視する議会、首長等と政策競争する議会といった新たな議会運営	見える化、住民と多くの接点
	第2ステージ	住民の福祉向上につなげる	住民の信頼づくりへ

しておこう。

　閉鎖的な議会から住民に開かれ住民参加を促進する住民と歩む議会、質問・質疑だけの場から議員間討議を重視する議会、それらを踏まえながら追認機関ではなく首長等と政策競争をする議会、という3つの原則が議会基本条例に明記された。まさに、従来の議会運営とは一線を画すものである。新たな議会運営の宣言について、筆者は議会運営のコペルニクス的転換、あるいは議会改革の本史への突入と特徴づけている[7]。北海道栗山町の議会基本条例は、たしかに新たな議会像の金字塔ではあるが、普遍的な議会像であるために多くの議会もそれに続くことになる。

　それ以前は議会活性化という名称が多く用いられていた。具体的にいえば、一問一答方式、対面式議場の導入、委員会の公開・要点筆記の公開等を想定するとよい。こうしたことは、議会改革（議会活性化）の前史である。それは、中央集権体制下で議会の役割が位置づけられず、そうであっても頑張ろうとする議会が改革の道筋をつけた。それが前史の改革である。

　時代が変わり、地方分権改革の中で議会の役割が問われてきた。それに真摯に対応したのが栗山町議会を先駆とする議会である。したがって、議会改革の本史は、地方分権改革の申し子であって、栗山町議会に限定されるものではない。より正確にいえば、栗山町やその他の自治体は、平成の大合併の嵐の中で新たな住民自治、新たな議会運営を考えざるを得ない状況だった。このように議会基本条例は全国に広がる要因があった（表9-1参照）。そして、それぞれの議会の創意工夫によって議会基本条例は豊富化された[8]。住民参加や協働といえば行政との関係が問われ、

議会は蚊帳の外に置かれていた。それを転換させるべく住民と歩む議会を明確にしたのが議会基本条例である。

2.「住民自治の根幹」としての議会

　新たな議会運営のこれら3つの原則は、それぞれの自治体の思いつきではない。地方自治の原理がまさにこれらの原則を生み出している。地方自治は、国政と同様に政府（代表制、自主的な権限財源）を有しているが、それらには大きな相違がある。

　国政における議会は二院制であり、国民代表制（一度選出されれば、国民全体の代表となる〔議員の良心に基づき考え行動し表決する〕＝リコールはない）を採用しているのに対して、地方自治では議会は一院制である。住民がチェックするからであり、だからこそリコール制度や条例の制定改廃制度など直接民主制が導入されている。ここから、住民とともに歩む議会、住民参加をさまざまに導入する議会が登場する。

　そして、二元制（議員とともに首長を住民が直接選挙）を採用していることを考慮すれば、議会は首長等とそれぞれ異なる視点から政策競争する。また、首長等とは異なる立場から議会の意思を示す。そのためには、質問・質疑の場となっていた議会を議員間（そしてそれらの首長等との、また住民も参加する）の討議空間に再編する必要がある。

　このように、新たな議会像は地方自治の原理に由来している。とはいえ、中央集権制に基づく地域経営にとってはそれが開花せず、ようやく地方分権時代に地域経営の自由度が高まることで開花した。

　なお、地方自治の原理は新たな議会像を要請する。同様に議会が有する議決責任の自覚は新たな議会運営を求めている。議会には地域経営における重要権限がほとんどすべて付与されている。議決事件（事項）を考慮すればよい（自治法96等）。条例、予算・決算、市町村合併などの重要事項、そして契約や財産の取得処分までに及んでいる。議会には次のような特徴があるからである。すべて合議制に由来している。①多様性（さまざまな角度から事象に関わり、課題を発見できる）、②討議（議会の本質の1つ：論点の明確化、合意の形成）、③世論形成（公開で討議する

議員を見ることによる住民の意見の確信・修正・発見）といった特徴を議会はもつ。だからこそ、議会は「住民自治の根幹」である（第26次・第29次地制調答申）。つまり、これらの特徴によって万国共通、議会に地域経営の権限が付与されている。

逆にいえば、この議会権限を全うすることに議会の真骨頂はある。この責任の自覚が議会改革を進める。議決責任は、説明責任を伴う。この責任を全うするためには、質疑だけではなく議員間討議が不可欠である。それを効果的に作動させるには、独善性を排除しなければならず、そのためには一方で調査研究が必要であり、他方では住民との懇談が必要である。ここに、新たな議会運営（3原則）がすべて結実している。つまり、議決責任の自覚は、新たな議会を創り出す。

3．議会からの政策サイクル——議会改革の第2ステージ

本史に突入した議会改革の実践と、それを宣言した議会基本条例の制定が広がっている。その実践のなかで、新たな課題が浮上している。議会改革はあくまで運営という形式の変更である。住民の福祉の向上に結合させることこそが必要である。本史の改革のさらなるバージョンアップ（第2ステージ）の最も重要な1つが議会からの政策サイクルの構築と実践である。

議会からの政策サイクルを回さないかぎり、つまりプツンプツンと定例会で切られると追認機関にならざるを得ず、住民福祉の向上につながらない。議会活動の連続性が必要である。追跡質問・調査、予算・決算・予算の連動、条例の検証等はすでに行われている。

そして、定例会を一回とした通年議会や、自治法において新たに規定された通年期制（自治法102の2）、さらに定例会は4回としながらも閉会中にも委員会を中心にしっかりと活動しようとする議会も含めて、通年的な発想で活動する議会は広がっている。そして、議員任期は4年間であるがゆえに、その4年間の議会の目標を決めてそれを意識して活動し首長・行政と政策競争をする。こうした通任期的な発想や実践も生まれている。議会からの政策サイクルを回す議会の登場である（表9-2参照）[9]。

表9-2　議会からの政策サイクルの要素

①起点としての住民との意見交換会（議会報告会）
　前の期の議会からの申し送りや議会・議員のマニフェストとともに、住民の意見を参考にして議会として取り組む課題・調査研究事項を抽出する。住民との意見交換会はこの起点だけではなく、政策過程全体にわたって張りめぐらされている。
②一方では、それを踏まえて行政評価
　住民の意見を踏まえて行政評価項目と行政評価を実施する。それによって決算審議・認定は充実し、それを予算提案につなげる。
③他方では、住民の意見を踏まえて政策課題の抽出と調査研究、政策提言につなげる。
④これらの2つの流れを束ねる総合計画
　総合計画を意識した活動を行う。議会は総合計画を所与のものではなく、変更可能なものとして考える。

（注）起点としての住民の意味は、会津若松市議会、飯田市議会、可児市議会のように、議会報告会・市民との意見交換会で提出された意見を政策課題とすることだけではなく、長野県飯綱町議会のように、議会側からテーマを設定してそれを住民と議論することを含んでいる。

4．都市行政に議会改革を連動させる

　議会基本条例のバージョンアップとともに、議会はそれを活用して住民福祉の向上に連動させるように地域経営に積極的に関わる議会が登場してきた。これは1つの自治体を念頭に置いていない。平成の大合併の「一区切り」（第29次地制調）後には自治体間連携・都市内分権が重要になっている。議会からの政策サイクルの応用としてこれらに関わる手法の開発が必要である。自治体の行政サービスのうちいくつかを自治体間連携で担う場合、その初動だけに議会は責任があるわけではない。一部事務組合・広域連合を含めて、その後も議会は責任ももっている。委員会等で常に監視や政策提言を行う必要がある。また、地域協議会等の設置など自治体内分権も広がっている。それは首長の審議会の位置にある。ますます、議会は蚊帳の外に置かれる。議会からの政策サイクルの起点に地域協議会委員との懇談等を位置づけることも必要である。

　一方で、連携中枢都市圏構想は連携協約に際して議会の議決が必要である。しかし、一度協約が成立すれば議会は後景に退く。他方、都市内分権は、あくまで行政内部の改革になっている。議会改革の到達点をこれらの動向に活用する（図9-1参照）。いわば、行政の論理に政治の論理を挿入することである。

　本章では、大都市を中心とした連携中枢都市圏、および「都市内分権」を念頭において、大都市行政への住民統制を検討するに当たって議会改

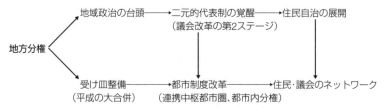

図9-1　住民統制から考える二元的代表制と都市制度改革

革の到達点を活用する。とはいえ、大都市を中心としつつも、一般の自治体連携とも、また自治体内分権（大都市だけではなく地方における地域分権）とも重なる論点がある。そこで、本章では大都市制度を念頭におきながら、より広い視点から検討する。

Ⅲ．自治体間連携への住民統制

1．柔軟な自治体間連携の台頭

　今日再び脚光を浴びている自治体間連携における新たな議会の役割を探る。市町村議会改革が自治体間連携への住民統制でも有用であることを強調したい[10]。今日、市町村合併が「一区切り」して、自治体間連携が強調される。その際、一部事務組合・広域連合といった特別地方公共団体では、決定等に時間がかかる。そのために、より柔軟な自治体間連携が目指され、その際人口減少社会において大都市を中核とした圏域が設定される。これが連携中枢都市圏である。したがって、大都市中心という意味で従来の自治体間連携とは異なる制度設計である。とはいえ、相違はあるものの、自治体間連携には共通する意義と課題がある。そこで、本章では広い視点から自治体間連携とそれへの住民統制を模索するが、その際それに議会改革の到達点を活用する。

　自治体間連携には、従来からさまざまな課題が提起されてきた。「迅速な意思決定が困難である」「構成団体の意見が反映されにくい」こととともに（総務省「市町村における事務処理の在り方に関する調査について」）、住民統制が弱いことが指摘されている。一部事務組合や広域連合を念頭

に、選出方法が間接的であり、民主的統制から考えて市町村や都道府県にも「劣る」という指摘もその1つである[11]。連携中枢都市、および定住自立圏は特別地方公共団体ではないが、同様にそれぞれの住民や議会が日常的にかかわる制度はない（共生ビジョン策定時には懇談会委員としての住民参加や、連携協約の議決の際には議会の議決（自治法252の2③）はある）。

　自治体間連携には多様な課題があるとはいえ、市町村の行政サービスのフルセット主義は採用できないし、都道府県による市町村の補完だけを強調するわけにはいかない。つまり一方で、フルセット主義の追及（さらなる市町村合併の推進）はもはや合併が可能な市町村は行っていることだけではなく、今日多くの問題が合併には指摘されていることを考慮すれば現実的ではない。他方で、都道府県による市町村の補完の強調は、それ自体は意義あるとしても市町村の自治を萎えさせる。両者を視野に入れつつ自治体間連携を念頭にその課題を解明する必要がある。

　筆者は、市町村がまずもってそれが担う事務を独自に処理することが前提だと考えている。その上で、良質なサービスを効率的に提供できる可能性があるとき、また広域的に戦略的に取り組んだ方がよい政策（福祉、観光、環境等）が実施できる可能性があるとき、それぞれの市町村が主体的に自治体間連携の方式を採用する[12]。その採用に当たって、導入期はもとより日常的に住民統制が必要である。定住自立圏、連携中枢都市圏を含めて、自治体間連携は、住民からみれば遠い存在である。透明性からも、住民統制からも改善の課題は多い。自治体間連携の重要性が増せば増すほど、これらへの住民統制が問われる。そのためには、市町村の二元的代表制を活性化させ、それと自治体間連携への住民統制に接続させるとともに、自治体間連携の方式に即した住民間、議会・議員間ネットワークを創り出すことが必要である。

　大都市に限っている調査ではあるが（人口おおむね25万人以上、82市）、自治体間連携に議会はそれほど関わっていない[13]。また、行政でも体系的な指針の制定は多くはない。これにも議会は関わる必要がある。なお、連携協約は、議会の議決が必要で（自治法252の2③）、議決事件の追加（自

治法96②）としている自治体もある。

　自治体間連携に関する基本条例（自治基本条例等の一部で規定している場合は除く）の制定状況は、「制定」「検討している」ともに0市、議員・委員会提案による自治体間連携に関する政策条例は0市である。連携協約を議決事件の追加の対象としている自治体は4市にとどまっている。自治体間連携に関する議会からの提言・要望は1市（金沢市議会）のみが行っている（2012年1月1日以降）。なお、常任委員会における自治体間連携の所管事務調査は、21市が行っている（2012年1月1日以降）。自治体間連携への議会の充実した関わりは、今後の課題だといってよい。

２．市町村議会改革を自治体間連携への住民統制に接合させる

　今日進展している市町村議会改革を自治体間連携への住民統制に活用することを確認したい（自治体間連携への住民統制）。協議会、機関等の共同設置、事務の委託、一部事務組合、広域連合、連携協約、事務の代執行を念頭に考えよう。以下の例示には、「連携協約」とは異なる特別地方公共団体も含まれる。異同の確認は必要であるが、自治体間連携という共通する課題（行政の論理）があるからである。

　第一に、起点として住民との意見交換会を作動させる。今日市町村議会の政策提言・監視機能は大幅に高まっている。それは、議会への多様な住民参加を踏まえてのことである。自治体間連携についても議会報告会等で住民に報告し住民と討議することが必要である。今日、介護保険など住民に密接に関連している事務が一部事務組合や広域連合等で処理されている。これらについて議会は住民と議論する必要がある。それを踏まえて市町村議会は自治体間連携に対する事務について十分な審議をすることができる。

　第二に、自治体間連携を検討する時に市町村議会の政策提言・監視機能を発揮する。何らかの方式を採用する際には、まずもって市町村議会として周到に議論をして決定（規約等）する必要がある。特別地方公共団体で、しかも都道府県によって構成される関西広域連合の例であるが、京都府議会ではしっかりと規約について審議し議決をした。そのために、

特別委員会を設置した（2009年）。これを舞台として住民自治の視点からの議論は弱いのではないか、屋上屋を重ねることになるのではないか、といった議論が行われた。規約の可決とともに付帯決議を行っている（関西広域連合設置に関する協議の件に対する付帯決議）。前文とともに、8項目で構成されている。広域連合への住民統制を明確に宣言している。連携協約の議決の場合も十分審議するとともに、附帯決議等を行うことも必要である。

　第三に、参考人制度を活用する。共同設置でも委託でも市町村議会は参考人として関連ある自治体の首長等を呼ぶことはできる。規約・連携協約などを行っている場合も同様に参考人を呼ぶことで議論を充実させる必要がある。

　第四に、連携中都市圏や定住自立圏において議員間ネットワークを創り出す[14]。成功事例として示される定住自立圏（例えば、南信州定住自立圏〔中心市は飯田市〕）は、従来からすでに広域連合を含めてさまざまな連携が行われている圏域である。定住自立圏単独で「成功」するかどうかは明らかではない。また、住民統制という視点からも問題をはらんでいる。圏域共生ビジョンは、民間人によって構成されている「懇談会」で定められるが、周辺の議会や首長とは関連がない。また、協定（連携協約）が結ばれれば、中心市の意向で運営される（周辺市町村は議会の議決で離脱はできるが、2年間施策は継続）。「周辺市町村の視点で見ると、定例協議や議会、住民の関与もなく、運営はほぼ完ぺきに中心市任せとなる」という指摘もある[15]。協定（連携協約）を行った議会は、住民に対する説明責任を果たす上でも、議会として関わる。つまりその政策には所管の常任委員会や特別委員会で審議し、必要があれば中心市の首長等を参考人として呼ぶことはすでに指摘した。議員間ネットワークによって、連携中枢都市圏や定住自立圏の課題を探る必要はある。すでに南信州定住自立圏の地域の市町村議会議員は合同で議員研修を行っている。そこで、定住自立圏や自治体間連携、圏域共生ビジョンについて議論すべきである。

Ⅳ. 都市内分権への住民統制

1．都市内分権の多様性

　大都市制度はそもそもその一体性を保障するために一般の市町村とは異なった制度として設置されている。自治法上の指定都市や都だけではなく、一般に中核市（特例市）も大都市と呼ばれ、都道府県からそれぞれ独自の権限を移譲されている。それらは、行政サービスを一体的に提供することが目的である。したがって、その大都市の一体性の強調が住民自治の軽視に繋がるのはいわば必然だといえよう。しかし、住民自治の軽視は都市である限り許容されるはずはなく、その充実強化の提起が常に湧き上がる。その一環として都市内分権が提示される。それを考える上での論点を簡単に確認しておきたい[16]。

①市全体の政治（大文字の大都市政治）の充実と都市内分権（小文字の大都市政治）の充実の両者が必要。一般に両者が軽視されているが、そのなかでも前者は軽視される。その「償い」として都市内分権が徐々にではあれ広がっている。

②都市内分権と自治体内分権（域内分権）の異同。両者ともに、自治体内地域をいくつかに区分し、そこに住民自治の拠点を設置することは同様である。しかし、前者が都市に限るのに対して、後者は農村地域を含めた自治体一般に活用される。都市内分権もそれほど古くから活用されている用語ではない。1980年代以降の用語だといってよい。それに対して自治体内分権（域内分権）は2000年代に入ってからである。前者は都市問題の解決、市民参加の充実、後者は市町村合併を背景（地域自治区、地域協議会等の設置）としている。

③都市内分権の要素としての政治と行政の要素。都市内分権は行政改革の契機（行政内分権）と都市内分権の政治改革（住民参加、議会）の契機がある。前者だけでは都市内分権と呼ばない。なお、都市内分権の政治改革の契機には、地区等に権限があることを前提とした住民代表制度の採用（世田谷区が目指した地域行政制度）、地区等に権限がないが住民参加制度を導入しそれの提言を全市的に採用し実

施（廃止されてはいるが中野区の地域センター・住区協議会）、といった2つのタイプがある。そうだとしても、従来議会との関わりはほとんど議論されていない。議会なき都市内分権であった。
④「都市内分権」が第30次地制調答申に登場。指定都市改革において括弧が付されているものの「都市内分権」が提起されている。行政改革だけではなく政治改革の契機も含まれている。議会との関係もようやく議論されるようになった。

このように、都市内分権の射程は長い。大都市制度をテーマとしている本章では、指定都市を念頭に大都市の都市内分権の議論をする。これによって、他の（大）都市行政への住民統制のヒントを見つけることができるだろう。一方では地方自治を前提とすれば行政重視の一体性だけでの制度設計はありえず、他方では逆に分市を目指すわけではないがゆえに、都市内分権だけの強調ではない。そこで、指定都市をはじめ大都市には、「それなり」の一体性と「それなり」の都市内分権を強化した制度化と運用になる。

あまりにも住民自治が軽視されている現状の打開の方途の1つが都市内分権である。指定都市の区は重要であるとしても、人口は10万人、20万人が一般的であり、30万人を超える区もある。区が中核市（特例市）なみの人口を有しているとすれば、そこに権限だけではなく、住民参加制度を導入することは不可欠なものだと理解できる。

そこで、区への権限移譲とともに、住民がそれに参加する手法が議論される。第30次地制調では、条例による区への権限移譲、区職員の任命権や、歳入歳出予算のうち専ら区に関わることの市長への提案権などを区長がもつというような、市長からの独立した人事や予算等の区長への権限移譲が提案される。これだけでは、都市内分権のうちの行政分権にすぎない。区長に独自の権限をもたせる場合には、区長を市長が議会の同意を得て選任する特別職とすることも可能とする制度も導入された（総合区：自治法252の20の2）。区長の公選制は「引き続き検討」となっている。また、区出身議員における地域版常任委員会の設置と区政への参加が提案されている。

住民自治には舵が切られてはいるが、いまだ充実したものではない[17]。とはいえ、現段階では妥当な提起だといえよう。指定都市では、区への権限移譲、財源確保が進んでいない段階で、区長公選や区議会の設置は、市長と区長・区議会と対立関係を内包し、調整に多大なコストを必要とする。区への権限移譲、財源確保が不十分な段階での高い調整コストは現実的ではない。現時点では、区単位で地域からの提案が有効である。逆にいえば、区への権限移譲が進めば、区議会設置や区長公選の議論が浮上する。

2．都市内分権に議会がかかわる手法
(1) 地域版常任委員会と議会

指定都市の場合、区に権限が移譲されるようになれば、その権限を行使する政治改革が必要になる。区予算案の提示や人事権といった権限が区長に与えられるようになればなるほど（総合区の拡充）、区長の正統性も議論の俎上に上る。同時に、権限を行使するには、こうした区長だけではなく住民の声を踏まえたものでなければならない。後述するように、さまざまな住民参加制度からの提案もその1つである。とはいえ、やはり住民から直接選挙された代表者が予算案や地域政策に影響を与えることが必要である。

法人格をもっていない区に「議会」と呼ぶ必要はないとしても、ともかく「区政に参与する機関のメンバーが直接公選」される制度は必要になる（第30次地制調第16回専門小委員会、2013年7月9日、西尾勝会長発言）[18]。それとまったく同じというわけではないが、区ごとに選挙管理委員会が設置され区を選挙区とする選挙区選挙が行われている現行の議員選挙制度を活用して、区出身議員における地域版常任委員会の設置による区政への参加が第30次地制調では提案されている。区への権限移譲が行われると、「区を単位とする住民自治の機能」の強化が必要になる。「区単位の議会の活動を推進するため、市議会内に区選出市議会議員を構成員とし、一又は複数の区を単位とする常任委員会を置き、区長の権限に関する事務の調査や区に係る議案、請願等の審査を行うこと」が提

案される。

　常任委員会を設置する意味は大きい。所管事務調査を行うだけではなく、参考人・公聴会制度が活用できる。また、これらを踏まえて委員会として議案も提出できる。

　なお、区ごとの出身議員による地域版常任委員会の設置によって、地域エゴの増大、地域代表となりやすいという危惧が想定される。とはいえ、従来行われていた水面下の「口利き」から、区出身議員の合意に基づく提案へと透明性を増す意味でも重要である。選挙区選挙は地域代表となりやすいということを踏まえて、他の常任委員会による出前委員会も必要になる。また、選挙区ごとに定数が異なれば、定数が多数の選挙区の意思がゴリ押しされる可能性もある。そこで、歴史や文化を加味することは当然であるが、定数の少ないいくつかの区を併せて1つの地域版常任委員会を設置したり、あるいは区を再編したりして出身議員数（したがって人口）をある程度均等にすべきである。

(2) 区ごとや区域内の住民参加組織と議会

　指定都市における区ごとや区域内の住民参加組織と議会の関係について考えたい。区ごとだけではなく区内における住民参加組織との関係を問うことに注意していただきたい。区ごとの住民自治だけでは大きすぎるからである。また、住民参加を促進させ、それらを踏まえて地域ビジョン構想者として登場する議会の役割を明確にする必要がある。現状の多くの住民参加組織は首長（あるいは区長）によって委嘱されている。議会は、独自に住民からの提言を受け取る場を設定するとともに、首長（区長）により委嘱されている住民からの提案も受け取るべきである。

　区を住民参加の拠点にすることは重要である。それにとどまらず、区内部のより狭域的な場での住民の拠点の設置も考慮する必要がある。区を念頭に「都市内分権」の充実が議論されているが、「都市内分権」（区を単位）における都市内分権（出張所等を単位）を進める視点も必要である。第30次地制調は、指定都市では「区単位の行政運営を強化する方法として、区地域協議会や地域自治区等の仕組みをこれまで以上に活用すべき」という提案もある（第30次地制調）。住民代表が「地域」の政

策に関わる1つの手法である。

　区ごとを単位とする区地域協議会の実践は、すでに「市民会議」(川崎市)や「区民会議」(横浜市)として行われている[19]。また、区内の地域自治区には地域協議会が設置される。この地域協議会は、すでにさまざまな自治体で試みられている。2つに分けて議会との関係を考えていきたい。なお、市全体に関わるテーマについては、従来の常任委員会や特別委員会で対処するが、ここでは日常的な地域課題を全市に反映させる手法を考える。

　まず、区ごとの地域協議会の設置によって、住民の提言は区ごとにまとまる。これを議会の地域版常任委員会が受け取る。それを踏まえて、市議会で全市的な視点から議論し決定する。それぞれの区出身議員および地域版常任委員会は、区の政策に影響を与えるだけではなく、一方で区ごとの地域協議からの提言を受けるという広聴機能を担うとともに、他方で市全体の視点から決定された事項についての広報機能、説明責任機能を担う。

　区域内の住民参加組織については、すでに多くの自治体で試みられている地域協議会が参考になる。地域協議会(自治法を用いない独自の場合、まちづくり委員会、地域委員会など名称はさまざまである)は、首長の諮問に対して地域課題を提案・具申したり、独自の提案を行う役割を担うことでは共通している[20]。地域協議会委員の委嘱は首長によって行われ、地域協議会からの提案は首長に向けられる。首長はそれを参考にして政策形成を行う。機関競争主義からすれば当然であり、さらに充実させることが必要である。

　しかし、多様な意見を調整するのは合議体が適している。正統に選挙された議員によって構成される議会が地域協議会からの提案・具申を受け取ってもよい。また、議会は地域協議会委員との意見交換会を恒常的に設けてもよい。これらを議会からの政策サイクルを回す際の参考として大いに活用すべきである。首長によって設置された地域協議会であっても議会は遠慮する必要はない。

　区ごとの常任委員会がこれらと恒常的な懇談会(参考人・公聴会制度

の活用も含めて）が必要である。また、特別なテーマが登場する場合には、その他の常任委員会や特別委員会が地域協議会を含めた住民と充実した意見交換が必要になる。

(3) 都市内分権を制度化する議会

　議会が区を明確に位置づけ、地域版常任委員会に連なる制度化を行った自治体がある。横浜市会は議会基本条例において区の重要性に鑑み、議会の役割を規定した（横浜市議会基本条例、2014年施行）。横浜市では、区に自由裁量で使える「個性ある区づくり推進費」（当初各区に1億円、現在1億2千万円）の設置にともない（1994年）、区と各区選出市会議員が意見交換するための協議の場として区づくり推進横浜市会議員会議を各区に設置していた。この伝統を踏まえての現実的な提案である。

　区の重要を考慮し、議会の委員会で必要があれば「区長の出席をもとめる」こと、「区行政について具体的かつ個別的に検討する場を設置する」ことを明記している。それだけではなく、地域版常任委員会に通じる区ごとに選出された議員によって構成される「区づくり推進横浜市会議員会議」の設置、およびその役割として「個性ある区づくりの推進に係る予算の編成および執行並びに当該区の主要事業について」の協議を明記している。但し、常任委員会とは異なるので、参考人・公聴会制度は活用できない。それと同様な懇談会などは可能である。議案の提案も、「議員会議」としてはできないが、議員提案としては可能である。

　このように、都市内分権の制度化を議会が提案し制度化すべきである。新潟県上越市議会は、首長提出の自治基本条例案の議決に当たって、都市内分権を肯定的に評価した。その条例には、都市内分権の推進と地域自治区の設置が明確にされている。議会基本条例前文でも、「地域自治区・地域協議会及び地域協議会委員の公募公選制」を肯定的に評価している。

　長野県飯田市議会は、自治基本条例を議会が提案し議決した唯一の議会である（理念条例としては三重県四日市市）。この条例の第4章では「地域自治」が設けられ、その推進の理念とともに、具体的な制度も明記されている。地域自治区・地域協議会だけではなく、まちづくりのための委員会等の規定もある。

政治改革の要素がなければ、住民自治の拡充にはつながらない。議会なき、また充実した住民参加制度なき都市内分権は単なる行政組織内分権にとどまる。住民自治を充実させる重要な手法の1つが、地域協議会等の住民組織の充実強化とともに、議会の関わりである。指定都市を中心に都市内分権について議論してきたが、他の大都市でも活用できる視点と制度である。

V．都市行政への住民統制の課題

今日、さまざまな利害を調整して統合し地域政策として方向づける「政治」が重要になっている。議会改革の進展に表れている。これは大都市においても同様であり、その大都市において行政の論理に対して政治の論理を組み込む手法を考えた。とはいえ、残された課題も多い。そのいくつかを考えよう。

1．住民投票制度や自治・議会基本条例

大都市の政治では、都市内分権（小文字の大都市政治）、そして自治体間連携（比喩的にいえば、さらなる大文字の政治）の充実だけではなく、大文字の大都市政治（市全体）の活性化が必要である。議会改革はその1つである。同時にさまざまな住民参加制度の充実や常設型住民投票の制定等を想定するとよい。議会の解散、議員・首長等の解職の直接請求制度は、3万人程度では活性化し、人口20万人あるいは30万人以上では死文化している（名古屋市会解散請求は例外）。このことを考慮すれば、自治法に規定されていない住民投票等の制度化が必要である（指定都市としては、広島市、川崎市）。

なお、小文字（都市内分権）、大文字（市全体）、さらなる大文字（自治体間連携）の政治の意義や役割を明確にする自治・議会基本条例の制定は不可欠である。住民との距離が遠い大都市政治だからこそ、その制定の意義はますます重要となる[21]。その制定に当たって、住民投票条項を規定することは、その意味で重要である。

2．選挙制度改革の連動

　政治を活性化させるためには、住民参加の充実、議会の活性化などとともに選挙制度改革が必要である。すでに指摘しているが、指定都市の地域版常任委員会とともに、中核市（特例市）や特別区では、条例により議員選挙において選挙区を設置することを強調したい（「引き続き検討」、第30次地制調答申）。

　この水準を超えて、第30次地制調では「議会のあり方についても面白い議論」が地制調で「展開されている」[22]。市議会と区の関係に直接的あるいは間接的に連動するものもある。

　「指定都市区域から選出される都道府県議会議員について指定都市議員との兼職を可能とすること」（第30次地制調第16回専門小委員会）が検討された[23]。市議会と区の関係に間接的に連動するものである。その理由として「指定都市選出の道府県議員の方々が、密着して議論することが少なくなっている」からである。中核都市でも同様である。

　しかし、議員活動が増加する今日の議会において兼職で活動できるか疑問であるし、指定都市と道府県の業務の比率から指定都市出身議員の人数を減少させることは、判定が困難だけではなく、平等性原則に逸脱することから、採用することは困難だと考えられる。そもそも、指定都市出身議員の役割が少ないのではないかという議論が蔓延しているが、全道府県的な視点の確保ができ、会派による議論により全道府県的視点の確立ができるなど指定都市出身議員の積極的側面もある。

　また、市議会と区の関係に直接的に連動する議論もある。区選出議員と住民とが構成員となった協議会（ドイツ）[24]、区議会議員と市議会議員を一緒に選び上位を市議会議員、下位を区議会議員（フランス）、といったものである。ほとんど議論されていないが、総務省が問題意識と持っていることはこの資料からも了解できる。これらの素材を踏まえて、都市内分権の充実を議論する必要がある[25]。

3．住民間のネットワーク、そして議会・議員間ネットワーク

　市町村議会の改革が自治体間連携への住民統制の充実・強化にとって

も有用であることを強調してきた。二元的代表制の覚醒は、自治体間連携への住民統制に連動している。そもそも、住民にとって身近な二元的代表制が作動していなければ、自治体間連携は当然ながら住民は関心をもたない。ようやく二元的代表制が覚醒している。自治体間連携を含めて住民に対する公共サービスが拡散していけば、住民や市町村議会の視野も広がらなければならない。それが自治体間連携への住民統制の前提となる。

公共サービスの広がりは住民間ネットワーク、そして議会・議員間ネットワークを要請する。このネットワークに基づいて広がりのある公共サービスが提供される。そこでは、公共サービス提供の単位をどこにするかといった行政の論理に基づく議論だけではない。それをどのように統制・管理し政策提言・監視を行うかといった政治の論理に基づく議論が必要となっている。行政の論理とともに政治の論理が自治体間連携でも必要である。議会がその自覚を今まで以上にもつことを期待している。

VI. 大都市制度と住民投票
——特別法の住民投票とのアナロジー

大都市ほど政治は住民から遠くなる。そこで、議会の活性化が必要であるとともに、単一争点には住民投票も必要なことは指摘している。大都市行政を政治化することである。なお、「大都市地域における特別区の設置に関する法律（大都市地域特別区設置法）」(2012年)に基づく住民投票の実践は、この文脈で議論してよい。

この住民投票はその意義を超えて、大都市制度だけではないが、地方自治制度改革を住民投票によって行うことを示唆する意義もある。地域政党「大阪維新の会」による地方自治制度改革は橋下徹市長率いる大阪維新の会の人気と国政の混乱といった特殊な政治的な状況のなかで生まれた。地方からの提案、および最終的には住民投票という住民自治を前提とするという要素を組み込んだ地方制度改革である[26]。

今日死文化している特別法の住民投票（憲法95）の流れとアナロジー

表9-3　大阪都構想と「特別法の住民投票」の比較

	大阪都構想	特別法の住民投票(憲法95条) ＊首都建設法を事例として
発意	地方自治制度(大阪都)をめぐる地域政党による提案、選挙による正統性の確保、当該地方議会における多数派形成、国政に対する圧力	都議会の議決、都知事による要請
国会	国会議員・政党による法律案作成・提出・可決	国会議員・政党による法律案作成・提出・可決
住民投票	当該自治体の協議会設置、当該議会の議決、当該市町村の住民による住民投票、特別区設置の処分・告示(僅差で否決)	都民による住民投票(反対約4割)
根拠	大都市地域における特別区の設置に関する法律	憲法95条、自治法

表9-4　憲法95条(特別法の住民投票)をめぐる消極的解釈と積極的解釈

消極的解釈(通説)	積極的解釈
国会の立法権に対する地方自治の観点からの制約規定(国による特別法によって自治権の侵害がなされることを防止する)。その制約については、立法府の裁量に委ねられている。	自治体の組織運営についての独自性の根拠規定(ホームルール的な自治体運営：住民の過半数の同意を条件に、自治体の組織や権能について、当該自治体の特色を踏まえた特別のルールを設けることができる)

(注)1. 財団法人社会経済生産性本部編集・発行『住民参加有識者会議報告書　地方議会と住民参加—これからの地方自治体のあり方をめぐって』、2003年、第1章(原田一明)、を参考に作成。
　　 2. 首都圏整備法の制定に基づき首都建設法は廃止された。そこでは、住民投票は行われていない。

として考えることもできる。「一の地方公共団体のみに提供される特別法は、法律の定めるところにより、その地方公共団体の住民の投票においてその過半数の同意を得なければ、国会は、これを制定することができない」。地方制度をめぐる法律制定は国会の権限ではあるが、地方が起点となる重要性を改めて示した。例えば、首都建設法(1950年制定)では、東京都議会が首都建設法の制定要請の決議をあげ、それに基づき知事が国会に制定要請をしている。これに基づき、国会は首都建設法を可決し、東京都民の住民投票に付している。地方の要請→国会議員による法案提出・審議・可決→住民投票→法律制定、といった流れとなっている(表9-3)。

　もちろん、特別法の住民投票の条文にはその解釈をめぐって相違はあ

る。大阪都構想をめぐる動向は、この解釈にも一石を投じたものといえる（表9-4）。

＊　＊　＊

　都市行政と議会改革について、今日新たに提起された大都市を中心とする自治体間連携、および都市内分権の動向を念頭に置きながら、それらが行政の論理で構想され作動していることを確認してきた。そこで、それらに政治の論理（住民統制）を挿入することを強調した。住民統制には、今日急激に進展している議会改革を活用している。議会は「住民自治の根幹」だからである。とはいえ、住民統制はより広い概念である。大都市行政へのより広い住民統制については今後の検討課題としたい。

＊附記：本章で議論したテーマを自治体間連携への住民統制という広い文脈から議論した、筆者の次の論稿を参照していただきたい（本章に活用したものもある）。「基礎自治体の変容―住民自治の拡充の視点から自治体間連携を考える」日本地方自治学会編『基礎自治体と地方自治』（地方自治叢書27、敬文堂、2015年）、「大都市制度改革の背景と軽視されてきた住民自治の拡充」地方議会人（2013年9月号）、「大都市制度のゆくえと自治体間連携の可能性」自治体法務研究（第35号、2013年）、「行政区改革と議会改革」市政研究（181号、2013年秋号）、を参照していただきたい。

＊追記：総務省に置かれた「自治体戦略2040構想研究会」は、新たな「圏域」の設置を提案している（第2次報告、2018年7月3日）。これは、第32次地方制度調査会において検討の素材になっている（7月5日設置）。これらで議論されている「圏域」は従来とは異なるものとなる可能性がある。「政府は、来年の通常国会にも、圏域を地方交付税の交付対象とすることなどを柱とする関連法案を提出する」というものである（『読売新聞』2018年8月23日付）。つまり、地方自治制度を大きく転換させる。住民統制がますます作動しなくなる可能性がある。この動向を踏まえつつ、その転換の意味を探るとともに、住民統制という視点から検討することは重要である。別途検討しなければならない。

注

1) 広域連合及び中核市に関する答申（第23次、1993年）、都区制度の改革に関する答申（第22次、1990年）、特別区制度の改革に関する答申（第15次、1972年）、大都市制度に関する答申（第14次、1970年）、都市制度に関する答申（第13次、1989年）、首都制度当面の改革に関する答申（第8次、1962年）、首都制度の改革に関する行政部会中間報告（第7次、1960年）といった大都市制度を主題的に検討した答申とともに、地方制度改革一般に関する答申でも第1次地制調答申（地方制度の改革に関する答申、1953年）のように大都市制度をめぐる答申もある。
2) 本章では、大都市制度や自治体間連携についての制度そのものについての評価は行っていない。筆者はそれぞれ課題があると考えている。ここでは、これらが行政の論理で作動していることを踏まえて、それへの政治の論理（住民統制、議会の関わり）の挿入の模索に限定している。
3) 江藤俊昭『地方議会改革—自治を進化させる自治の動き』（学陽書房、2011年）、参照。
4) 本章の立場は、住民統制は議会に収斂されるものではないが、まずもって「住民自治の根幹」としての議会の作動を考えている。
5) 議会ランキングの低さにも表れている（日経グローカルNo.350、2018年）、および議会改革度調査（各年、早稲田大学マニフェスト研究所）。会派が中央政党で占められ、与党・野党意識が強いこと、議長が名誉職として位置づけられていること、などの要因によるものである。また、これらと同時に選挙制度（選挙区制、比例代表制）などの検討も必要である。本章では、「（大）都市行政と議会改革」というテーマのなかでも、限られた論点で議論を行う。
6) 本章とは異なる視点から、議会基本条例自体の課題（組織・権限事項があまりにも少ない、自治基本条例と議会基本条例が併置されている）と、その解決を提起しているものとして、江藤・前掲（注3）『地方議会改革』第8章、参照。
7) 中尾修・江藤俊昭編『議会基本条例—栗山町議会の挑戦』（中央文化社、2008年）第2章第3節、同『議会改革の第2ステージ—信頼される議会づくりへ』（ぎょうせい、2016年）。
8) 江藤俊昭「地方議会改革と議会基本条例」自治体法務研究No.53（2018年夏号）、参照。
9) 江藤・前掲（注7）『議会改革の第2ステージ』、参照。
10) 自治体間連携への住民統制の論点のうち、これに限って議論する。その住民統制はもう少し広い文脈（一部事務組合や広域連合の議会について市町村議会で実践されている改革を応用できること、および広域連合の議会や執行機関の直接選挙や直接請求の充実等）で議論する必要がある。
11) この文脈で問題が指摘される。つまり、この方式が市町村事務の多くの割合を占めるようになればなるほど「民主主義の空洞化の問題を招く」。また、寄り合い所帯であるために定型的な事務ならともかく戦略的な判断は困難であり、そして間接統制であるために住民へ説明責任でも、構成団体の分担金に依存していることによって財政責任でも当事者になれず、「構造的に当事者責任を取ることができない団体」であり、「自治の中では付随的な役割にとどめられるべきである」という議論は傾聴に値する。市川喜宗「都道府県の性格と機能—公的ガバナンスにおける政府間関係」新川達郎編著『公的ガバナンスの動態研究—政府の作動様式の変容』（ミネルヴァ書房、2011年）、200-201頁。
12) 自治体間連携への住民統制を充実させることによって、定型的事務（委託、機関等の共同設置、一部事務組合、広域連合）でも、戦略的な施策の構想と実施（一部事務組合、広域連合、協議会、連携協約）でも効果的に行うことができる。
13) 都市行政問題研究会（全国市議会議長会）『「都市における自治体間連携のあり方」に関する調査研究報告書』2018年。この報告書は、本章の議論につながる近隣の自治体間連携だけではなく、遠隔型連携も提案している。
14) 本章では、大都市行政への住民統制、議会のかかわりを主題的に検討している。このテーマを超えて、議会間ネットワークによって、地域課題を明確にして課題解決に向けて、行政を経由せず中央政府に働きかけ、その課題を実現することも住民自治にとって重要な手法である。大津市議会は、草津市議会と合同で、景観推進協議会の運営上支障となる景観法の運用指針の改正を求めて、国土交通省に要望活動を行った。要望を受けて国が景観法の運用指針を改正している（2018年）。その協力関係を継続的なものとするため、連携協定を締結した（2018年）。それにともない、議会広域連携の推進に資する条項を、大津市議会基本条例に追加した。また、大津市議会では並行して、北部で隣接する高島

市議会とも連携を深めている。具体的な活動としては、北陸新幹線延伸に伴い湖西線が並行在来線化される問題に対処するため、国土交通省やJR西日本に共同して積極的な要望活動を展開している。議会間連携による国への提言として重要である。

15) 島田恵司「中心吸収型施策から脱却できるか—周辺地域の未来」ガバナンス（2013年2月号）、29頁。

16) 公益財団法人日本都市センター『都市内分権の未来を創る』（2016年）、などを参照。

17) さらなる展開にあたって、参考にすべき事例は多い。例えば、郡区町村編制法によって、大阪市域に東西南北の4区ができ、それぞれ区会、課税権、独自予算を持つ法人区であった。東区は1943年まで存続していた（戦時体制づくりのために法人区は解散し、財産は大阪市に寄付）（「大阪市東区会53年の歴史」（大阪府自治制度研究会『大阪にふさわしい新たな大都市制度を目指して』所収）、別当良博「大阪市で起きていること」辻山幸宣・岩崎忠編『大都市制度と自治の行方』公人社、2012年、参照）。また、自治法制定時にあった特別市の区や、アメリカのニューヨーク市のコミュニティ・ボードが、それぞれ自治法や市憲章に規定されて、区長の公選を制度化している。

18) この提起は重要である。とはいえ、制度化するに当たっては、上越市の地域審議会の公募公選制の現実などを参照して慎重に設計する必要がある。

19) 川崎市区民会議については、政策情報かわさき第28号（2013年3月号）、参照（特集指定都市川崎における区のあり方）。

20) 地域協議会にはもう1つの役割が期待されるようになった。地域協議会の「立ち位置」の変化がある。例えば、従来上越市では、地域協議会は首長に対して提言・提案することを主な役割としていた。2011年度より、地域活動支援事業として地域自治区ごと（全28地区）に総額2億円（予算額の1％）が分配される。それの活用を地域協議会が決める。この規模が大きくなれば、今後地域協議会の正統性をめぐる議論が沸騰するであろう。

21) 規模とデモクラシーとの関連は常に議論されるテーマである。ロバート・A・ダール、エドワード・R・タフティ（内山秀夫訳）『規模とデモクラシー』慶応通信、1979年（原著1973年）参照。なお、両極のモデルを提示することも重要であるが、両者を含み込む設計も必要である。本章は、この立場からのものである。

22) 新田一郎「第30次地方制度調査会の審議状況等について」都市とガバナンスVol.18（2013年）。

23) その際、1948年改正まで都道府県議会議員は、他の都道府県およびすべての市町村の職員（首長を含む）との兼職、住所地の市町村の議会議員との兼職が可能であったこと、また1950年改正までは、都道府県議会議員は住所地の市町村議会議員との兼職が可能であったことも考慮されている。

24) 公益財団法人日本都市センター『ドイツにおける都市経営の実践』（2015年）、参照。

25) 総務省に地方議会、および地方議会議員選挙に関する研究会が設置され報告書が提出されているが、これらの指摘はない（「地方議会に関する研究会」「地方議会のあり方に関する研究会」「地方議会・議員に関する研究会」「町村議会のあり方に関する研究会」）。

26) 第30次地制調第12回「専門小委員会」（2012年5月17日）において、岩崎美紀子と筆者がこの視点で議論している。

執筆者紹介

久末弥生
（ひさすえ　やよい）
[はしがき、第4章、第7章]

編者紹介参照

板垣勝彦
（いたがき　かつひこ）
[第1章]

横浜国立大学大学院国際社会科学研究院准教授。東京大学法学部卒・東京大学大学院法学政治学研究科助教、山梨学院大学法学部講師を経て現職。都市住宅学会学会賞著作賞受賞。著書に『保障行政の法理論』（弘文堂）、『住宅市場と行政法―耐震偽装、まちづくり、住宅セーフティネットと法』（第一法規）などがある。

三好規正
（みよし　のりまさ）
[第2章]

山梨学院大学大学院社会科学研究科教授・法学部法学科教授。早稲田大学法学部卒・神戸大学大学院法学研究科博士後期課程修了・博士（法学）。愛媛県職員、山梨学院大学法学部政治行政学科教授、同大学院法務研究科教授を経て現職。著書に『流域管理の法政策』（慈学社出版）、「持続的な流域管理法制の考察―公物管理法制、土地利用規制および住民協働の視点から」『阿部泰隆先生古稀記念 行政法学の未来に向けて』（共著、有斐閣）などがある。

北村喜宣
（きたむら　よしのぶ）
[第3章]

上智大学法学部教授。神戸大学法学部卒・カリフォルニア大学バークレイ校大学院「法と社会政策」研究科博士課程修了・法学博士。横浜国立大学経済学部助教授、上智大学法科大学院長などを経て現職。不動産協会優秀著作奨励賞受賞、都市住宅学会学会賞著作賞受賞。著書に『環境法［第4版］』（弘文堂）、『自治体環境行政法［第一法規]』、『分権政策法務の実践』（有斐閣）、『行政執行過程と自治体』（日本評論社）などがある。

寺田麻佑
（てらだ　まゆ）
[第5章]

国際基督教大学大学院アーツ・サイエンス研究科准教授。一橋大学法学部公共関係法学科卒業後、慶應義塾大学法科大学院を経て一橋大学大学院法学研究科博士後期課程公法専攻修了・博士（法学）。Nextcom論文賞、テレコム社会科学賞奨励賞受賞。著書に『EUとドイツの情報通信法制―技術発展に即応した規制と制度の展開』（勁草書房）、『行政法 Visual Materials』（共著、有斐閣）、『法学入門』（共著、北樹出版）、訳書に『北東アジアの歴史と記憶』（共訳、勁草書房）などがある。

松尾剛行
（まつお　たかゆき）
[第6章]

桃尾・松尾・難波法律事務所パートナー、弁護士（第一東京弁護士）、ニューヨーク州弁護士、慶應義塾大学法学部および法科大学院講師（非常勤）。東京大学法学部およびハーバード大学ロースクール卒。判例時報賞選考委員賞特別賞ほか受賞。著書に『最新判例にみるインターネット上の名誉毀損の理論と実務』（勁草書房）、『AI・HRテック対応 人事・労務情報管理の法律実務』（弘文堂）、訳書に『ロボット法』（共訳、勁草書房）などがある。

髙野恵亮
（たかの　けいすけ）
[第8章]

大阪市立大学大学院都市経営研究科教授。法政大学法学部卒・法政大学大学院社会科学研究科修了・博士（政治学）。嘉悦大学経営経済学部講師、関東学院大学経済学部講師を経て現職。日本臨床政治学会出版賞受賞。著書に『戦後国会における議員立法』（志學社）、『環境政治の展開』（共著、志學社）、『行政不服審査の実務』（共著、第一法規）、『現代日本宰相論』（共著、龍溪書舎）などがある。

江藤俊昭
（えとう　としあき）
［第9章］

山梨学院大学大学院社会科学研究科科長・法学部教授。中央大学法学部卒・中央大学大学院法学研究科博士前期課程修了・同後期課程満期退学・博士（政治学）。著書に『議会改革の第2ステージ―信頼される議会づくりへ』（ぎょうせい）、『自治体議会の政策サイクル』（編著、公人の友社）、『Q&A 地方議会改革の最前線』（編著、学陽書房）などがある。

編者紹介

久末弥生
（ひすえ　やよい）
[はしがき、第4章、第7章]

大阪市立大学大学院都市経営研究科教授。早稲田大学法学部卒、早稲田大学大学院法学研究科修士課程修了、北海道大学大学院法学研究科博士後期課程修了・博士（法学）。フランス国立リモージュ大学大学院法学研究科正規留学、アメリカ合衆国テネシー州ノックスビル市名誉市民。第5回大阪市立大学女性研究者特別賞〔岡村賞〕、第25回国際公共経済学会学会賞、大阪市立大学学友会顕彰2011年度優秀テキスト賞受賞。単著『アメリカの国立公園法─協働と紛争の一世紀』（北海道大学出版会）、『フランス公園法の系譜』（大阪公立大学共同出版会）、『現代型訴訟の諸相』（成文堂）、『都市計画法の探検』（法律文化社）、『考古学のための法律』（日本評論社）ほか著書多数。

都市経営研究叢書２

都市行政の最先端
法学と政治学からの展望

2019年2月10日　第1版第1刷発行

編　者──久末弥生
発行所──株式会社 日本評論社
　　　　〒170-8474 東京都豊島区南大塚3-12-4
　　　　電話 03-3987-8621（販売）-8601（編集）
　　　　https://www.nippyo.co.jp/　振替 00100-3-16
印　刷──平文社
製　本──牧製本印刷
装　幀──図工ファイブ

検印省略　©Yayoi HISASUE 2019
ISBN978-4-535-58733-5　Printed in Japan

〈JCOPY〉〈（社）出版者著作権管理機構 委託出版物〉本書の無断複写は著作権法上での例外を除き禁じられています。複写される場合は、そのつど事前に、（社）出版者著作権管理機構（電話03-5244-5088、FAX 03-5244-5089、e-mail: info@jcopy.or.jp）の許諾を得てください。また、本書を代行業者等の第三者に依頼してスキャニング等の行為によりデジタル化することは、個人の家庭内の利用であっても、一切認められておりません。